Perdas e Danos por Descumprimento de Contrato

Perdas e Danos por Descumprimento de Contrato

2020

Paula Eppinghaus Cirne Lima

ALMEDINA

PERDAS E DANOS POR DESCUMPRIMENTO DE CONTRATO

AUTOR: Paula Eppinghaus Cirne Lima

DIRETOR ALMEDINA BRASIL: Rodrigo Mentz
EDITORA JURÍDICA: Manuella Santos de Castro
EDITOR DE DESENVOLVIMENTO: Aurélio Cesar Nogueira
ASSISTENTES EDITORIAIS: Isabela Leite e Marília Bellio

DIAGRAMAÇÃO: Cláudia Lorena
DESIGN DE CAPA: FBA

ISBN: 9786556270982
Outubro, 2020

Dados Internacionais de Catalogação na Publicação (CIP)
(Câmara Brasileira do Livro, SP, Brasil)

Lima, Paula Eppinghaus Cirne
Perdas e danos por descumprimento de contrato /
Paula Eppinghaus Cirne Lima. -- 1. ed. -- São Paulo :
Almedina, 2020.

Bibliografia
ISBN 978-65-5627-098-2

1. Danos (Direito) 2. Perdas e danos (Direito
civil) - Brasil 3. Quebra de contrato 4. Quebra de
contrato - Brasil 5. Responsabilidade (Direito)
I. Título.

20-42339 CDU-347.426(81)

Índices para catálogo sistemático:

1. Perdas e danos : Descumprimento de contrato: Direito civil 347.426(81)

Maria Alice Ferreira - Bibliotecária - CRB-8/7964

EDITORA: Almedina Brasil
Rua José Maria Lisboa, 860, Conj.131 e 132, Jardim Paulista | 01423-001 São Paulo | Brasil
editora@almedina.com.br
www.almedina.com.br

APRESENTAÇÃO

This book contributes to not just one but several important and controversial issues arising within the worldwide Private Law doctrine. It first challenges the limitation of damages awarded for breach of contract to surpass the general principle that the compensation corresponds (only) to the extent of the damage. It then proposes the application of punitive damages and disgorgement of profits in contractual relations.

In order to do so, it questions the traditional (and basic) distinction set forth by the origins of Roman law between torts and contracts, particularly regarding liability and indemnification. This myriad of controversies reveals a compelling thesis on damages for breach a contract – even though it confronts several scholarly assumptions and beliefs.

According to German substantive law, courts should first and foremost adjudicate a contractual debtor to specific performance and may award equivalent monetary damages only as a secondary alternative. With regard to damages, German law inhibits courts from granting damages in any amount higher than the damage or loss actually suffered.

In respect to damages, the BGB sets straight that the responsible party should restore the position that would exist without the breach of contract (or illicit act), § 249 (1) of BGB. This approach is a result of the *Differenztheorie* developed by Friedrich Mommsen, that considers what the financial situation of the aggrieved party would be without the breach minus his/hers current financial situation in order to establish the correct amount to be awarded.

Therefore, German case law limits the amount of damages within the scope of the contract. This means that damages should always be limited to the exact amount of the loss, so that the aggrieved party is indifferent to restitution in rem or monetary damages.

This, however, has not prevented scholarship from analyzing and proposing different approaches – especially under a comparative analysis with other legal systems, notably the American one. After all, proper and adequate damages are not necessarily equivalent to the extent of the loss itself.

Sometimes, the damages should be awarded taking into consideration different circumstances or purposes. For instance, there is a possibility foreseen in German law to reduce the damages awarded when the amount is extraordinary and was not predicted (nor informed) by parties, in accordance with § 254 (2) of BGB.

Ironically, German law allows the disregard of the extent of the loss solely to reduce the damages awarded – but never to enlarge it. Despite the lack of legal grounds, a part of German scholarship studies and proposes the use of punitive damages and disgorgement of profits as a means to ensure a just and suitable remedy.

For example, courts and scholars accept punitive damages and disgorgement of profits in some cases involving intellectual property and personality rights (i.e. in some cases relating to torts). A famous example in German law is the ruling on the case Caroline de Monaco I – that was explained by the author in detail throughout this book.

Although scarce, there is a scholarly debate on the limitation of monetary damages in Germany – but that usually excludes contractual relations. Thus, it raises the question whether the distinct classification of contract law and tort law would justify this different approach for the purpose of quantifying damages, as inquired by Ms. Eppinghaus Cirne Lima.

German scholars and courts have been interpreting the line between contractual and tortious claims for a very long time to provide fair judgments, as the consequences of each of these are tremendously different. The arguments raised in this book only expand the outcomes of this same analysis well known by German scholarship and case law.

The author managed to induce readers into reevaluating traditional concepts and theories, while comparing the Brazilian and German legal systems in a fluid and reader-friendly narrative. This is the outcome of the extensive research conducted by Ms. Eppinghaus Cirne Lima at the Institute for Comparative Law, Conflict of Laws and International Business Law at Heidelberg University, during her Master's degree at the Federal University of Rio Grande do Sul.

The book suggests interesting ideas, supported by wide Brazilian and German scholarship and case law analysis that confront the core foundations of Civil Law systems. It is imperative that critical thinking is always encouraged in order for the law to evolve, especially throughout a comparative perspective – this is why the legal community should welcome this book as a serious contribution to, and advancement of, our understanding of how damages are granted.

PROF. DR. MARC-PHILIPPE WELLER
Heidelberg University.

PREFÁCIO

Com satisfação recebi o convite para prefaciar esta obra "Perdas e danos por descumprimento do contrato", de autoria da Paula Eppinghaus Cirne Lima. Trata-se da versão comercial de sua dissertação de mestrado no Centro de Estudos de Direito Europeu a Alemão – o CDEA, junto ao Programa de Pós-Graduação em Direito da Universidade Federal do Rio Grande do Sul. O trabalho foi aprovado com todos os méritos, tendo eu a honra de orientá-lo, e contado com o exame criterioso de banca examinadora formada pelos Professores Caroline Vaz, da PUCRS; Claudia Lima Marques e Fabiano Menke ambos integrantes do nosso CDEA e do PPGD/UFRGS; e Umberto Sudbrack, Doutor em Direito pela Universidade de Paris I – Sorbonne.

O trabalho que Paula hoje oferece ao público especializado entrecorta sua experiência profissional e acadêmica. Advogada dedicada, imergiu no estudo comparatístico do direito brasileiro e alemão, especialmente para o tema da sua dissertação, buscando examinar as hipóteses de imputação da responsabilidade por perdas e danos no caso de inadimplemento, e seus efeitos para exercício da pretensão indenizatória para o prejudicado. Para tanto, inclusive, realizou com grande êxito estágio de pesquisa na Universidade de Giessen (Alemanha), sob supervisão do eminente Professor Cristoph Benicke.

As perdas e danos por inadimplemento contratual é tema clássico do direito obrigacional, tanto no tocante às condições para sua imputação, quanto sua quantificação. O que integra os danos emergentes e os lucros cessantes é questão a que se agregam outros títulos de reparação, como é o caso do lucro de intervenção e os danos punitivos, todos objeto do exame da autora neste trabalho. Da mesma forma, de grande importância prática é a definição precisa do prazo para exercício da pretensão de reparação, o que envolve questões decisivas sobre a identificação do inadimplemento, as iniciativas para eventual superação do impasse entre os contratantes, e o ingresso de eventuais demandas decorrentes da violação contratual.

São diversos os temas que ensejam o exame atento do leitor. Não se trata, naturalmente, do contrato que Fausto – personagem recorrente da literatura alemã e consagrado por Goethe – celebra com Mefistófeles e assina com seu próprio sangue, mas cuja danação não difere cumprimento e incumprimento. Persegue-o, contudo, a noção de utilidade, e de seu sacrifício do qual resultam prejuízos a serem reparados.

Paula Cirne Lima observa estes fenômenos a partir do olhar especulativo da pesquisadora, associado à visão pragmática da advogada, construindo um modelo de interpretação, com o uso correto do método de direito comparado, que honra as melhores tradições da UFRGS e do histórico de seu intercâmbio institucional com as universidades alemãs. Aproveitarão, os leitores, o exame refinado do tema pela autora, com amplo auxílio de boas fontes em direito nacional e estrangeiro, e uma análise próxima da jurisprudência. Suas conclusões também apontam caminhos. Ao partir do papel das decisões judiciais na indução de condutas futuras das partes e demais contratantes na mesma situação, perfaz o itinerário das teorias clássicas que fundamentam a reparação das perdas e danos por inadimplemento e sua insuficiência frente às vicissitudes atuais, em especial a aproximação dos regimes de responsabilidade contratual e extracontratual. O que resulta na própria discussão das funções da responsabilidade civil no sistema contemporâneo e a adequação a elas do próprio instituto.

Desejo, afinal, que os leitores recebam as ideias da autora, não para acatá-las, necessariamente, na íntegra, mas para desacomodar os lugares comuns que o tempo costuma marcar nas categorias assentadas do Direito. O cotejo do direito dos livros e do direito em ação, da jurisprudência viva dos tribunais brasileiros e alemães, obriga a ir e retornar, olhando entre as frestas do que está dito, para perceber todo o resto.

Porto Alegre, agosto de 2020.

Bruno Miragem
Professor da Universidade Federal do Rio Grande do Sul nos cursos de Graduação e do Programa de Pós-Graduação em Direito.
Membro fundador do Centro de Estudos em Direito Europeu e Alemão (CDEA UFRGS-PUCRS)

SUMÁRIO

INTRODUÇÃO

Com o desenvolvimento do direito, juristas passaram a se preocupar com noções de eficiência e utilidade do sistema de responsabilidade civil, e não mais com a sanção do ofensor[1]. Por isso, atualmente a pretensão indenizatória é pautada de acordo com a situação da vítima, sendo, a rigor, limitada à extensão do seu dano.

Ainda assim, a doutrina e a jurisprudência vêm, há muito, debatendo os efeitos da reparação pecuniária (e seus limites), bem como as funções da responsabilidade civil. A discussão ganha ainda mais relevância em matéria de contratos, na medida em que eles consistem em eficazes instrumentos de regulação das mais diversas formas de circulação de riquezas no mercado.

Embora contratos consistam, na concepção jurídica, em manifestações de vontade[2], eles não se limitam a simples interação entre agentes, desempenhando um importante papel no direito privado. Enzo Roppo defende que, com a evolução do capitalismo, o contrato "se tornou mecanismo funcional e instrumental da empresa"[3] e, consequentemente, de iniciativas econômicas.

[1] MIRAGEM, Bruno. **Direito Civil**: Responsabilidade civil. São Paulo: Saraiva, 2015. p. 4.

[2] SILVA, Clóvis Verissimo do Couto e. **A obrigação como processo**. Porto Alegre: Emma, 1964. p. 87.

[3] ROPPO, Enzo; COIMBRA, Ana (Trad.); GOMES, Manuel Januário da Costa (Trad.). **O contrato**. Coimbra: Almedina, 1988. p. 67.

Da mesma forma, Orlando Gomes leciona que "[t]odo contrato tem uma função econômica, que é, afinal, segundo recente corrente doutrinária, a sua causa"[4]. Embora um dos princípios norteadores do direito contratual seja o *pacta sunt servanda*, segundo o qual o contrato obriga as partes[5], inadimplementos contratuais são recorrentes, o que demanda constante intervenção dos tribunais.

Assim, incumbe ao direito adotar as medidas cabíveis para fomentar a regulamentação do mercado, por meio do direito contratual (e, sobretudo, dos remédios para inadimplementos), de maneira justa e adequada. Em especial, cabe aos tribunais conceder indenizações a título de perdas e danos que atendam aos interesses da sociedade.

Note-se que, ainda que os contratos tenham eficácia *inter partes*[6], não se pode negar a existência de reflexos a terceiros, que, por exemplo, possuem deveres genéricos de não prejudicar o pacto[7]. Sob essa premissa, se os contratos irradiam alguns efeitos para terceiros, na qualidade de fatos jurídicos[8], é evidente que as consequências pelo seu inadimplemento também geram efeitos perante terceiros e, consequentemente, no mercado.

[4] GOMES, Orlando. **Contratos**. 26. ed. Rio de Janeiro: Forense, 2007. p. 22.

[5] LIMA, Renata Faria Silva. **Equilíbrio econômico-financeiro contratual: no direito administrativo e no direito civil.** Belo Horizonte: Del Rey, 2007. p. 2 e 15.

[6] AZEVEDO, Antônio Junqueira de. Os princípios do atual direito contratual e a desregulamentação do mercado. Direito de exclusividade nas relações contratuais de fornecimento. Função social do contrato e responsabilidade aquiliana do terceiro que contribui para inadimplemento contratual. In:_______.**Estudos e Pareceres de Direito Privado**:. São Paulo: Saraiva, 2004. p. 140.

[7] Nesse sentido, convém extrair as lições de Patricia Cardoso, que defende que "(...) o contrato não vincula apenas os contratantes, mas irradia regras para toda a sociedade, que deve se abster da prática de atos que dificultem o cumprimento ou violem os pactos celebrados. Dessa forma, há um dever social de colaboração e lealdade. A boa-fé não se restringe à órbita contratual, estende-se também a terceiros.". CARDOSO, Patricia. Oponibilidade dos efeitos dos contratos: determinante da responsabilidade civil do terceiro que coopera com o devedor na violação do pacto contratual. **Revista Trimestral de Direito civil - RTDC**, Rio de Janeiro/RJ, v. 5, n. 20, p. 125-150, out./dez. 2004. p. 147.

[8] Ibid., p. 130.

Ao discorrer sobre a responsabilidade civil do terceiro que contribui para o inadimplemento contratual, Antônio Junqueira de Azevedo conclui que "[o] contrato não pode ser considerado como um ato que somente diz respeito às partes; do contrário, voltaríamos a um capitalismo selvagem, em que a vitória é dada justamente ao menos escrupuloso"[9]. Justamente por isso, inúmeros juristas apontam o caráter punitivo pedagógico como um dos elementos da indenização; afinal, conforme lições de Bruno Miragem, a adequada compensação dos danos é o melhor instrumento para prevenção de danos futuros, na medida em que coíbe condutas ilícitas[10].

Inegável, portanto, que o inadimplemento contratual – em tese, concernente apenas para os envolvidos – pode gerar efeitos para terceiros, de modo a influenciar no cumprimento ou não de outras obrigações. Isso significa que a quantia arbitrada pelo Poder Judiciário a título de indenização para remediar casos de inadimplemento contratual não é pertinente tão somente para os contratantes, gerando impactos para toda a sociedade.

Por essa razão, evidente a importância de se verificar quais os parâmetros e as quantificações adequadas a serem adotados para fins de indenização contratual, a fim de incentivar adequadamente o cumprimento dos contratos. Com isto, entende-se necessária a análise de formas diversas de fixação de perdas e danos, a serem empregadas conforme as particularidades dos contratos e a conduta dos envolvidos, para responder adequadamente ao descumprimento do pacto.

Isso porque, em determinadas hipóteses, quer parecer que o valor do dano não deveria ser o parâmetro para indenização por descumprimento contratual, atraindo a utilização de outros métodos de fixação de perdas e danos. Exemplificativamente, determinadas hipóteses exigem uma condenação em valor superior ao dano do contraente lesado, em virtude do elevado proveito econômico obtido pelo inadimplente.

[9] AZEVEDO, Antônio Junqueira de. Os princípios do atual direito contratual e a desregulamentação do mercado. Direito de exclusividade nas relações contratuais de fornecimento. Função social do contrato e responsabilidade aquiliana do terceiro que contribui para inadimplemento contratual. In:______.**Estudos e Pareceres de Direito Privado**:. São Paulo: Saraiva, 2004. p. 146.

[10] MIRAGEM, Bruno. **Direito civil**: responsabilidade civil. São Paulo: Saraiva, 2015. p. 356.

Assim, considerando a insuficiência ou injustiça de danos meramente compensatórios em alguns casos, a doutrina e a jurisprudência estão constantemente debatendo a aplicação de outros institutos, em especial a viabilidade de aplicação de danos punitivos[11]. Afinal, "[i]ncentivos e desincentivos pecuniários se mantêm como a melhor orientação para o comportamento correto do cidadão"[12], cabendo ao direito manipulá-los corretamente, para estabelecer parâmetros de conduta em matéria de contratos.

Portanto, o presente livro se propõe a analisar soluções aptas a remediar inadimplementos contratuais com base nos métodos distintos (geralmente utilizados e aceitos no âmbito da responsabilidade civil aquiliana), por uma perspectiva de direito comparado[13]. Para tanto,

[11] Importante registrar que a autora desta obra concorda com Nelson Rosenvald quanto ao equívoco da nomenclatura "danos punitivos", seja pela absoluta incongruência entre as duas palavras, seja pelo erro na tradução do termo "punitive damages" do inglês para o português, que seria melhor traduzido como "indenização punitiva". Ainda assim, "dano punitivo" é o termo adotado e repetido constantemente pela doutrina e pela jurisprudência no Brasil, o que justifica a sua adoção também neste livro. De qualquer sorte, convém transcrever as considerações do referido jurista sobre a inadequação do termo: "O erro comum do civilista brasileiro é o de verter para o português o termo 'damages' simplesmente como se fosse plural do vocábulo 'damage'. Tal como se pudesse existir tradução 'danos punitivos' para expressar a ideia de punitive damages, quando, em verdade, punição e danos são ideias opostas. A punição não se relaciona com o dano, porém com a conduta ilícita do agente. O termo 'damages' representa uma indenização, ou condenação pecuniária, por vezes exercerá uma função compensatória (compensatory damages), uma função punitiva (punitive damages) ou mesmo uma função de remoção de ganhos ilícitos (gain-based damages).". ROSENVALD., Nelson. **A responsabilidade civil pelo ilícito lucrativo** – o disgorgement e a indenização restitutória. Salvador: Editora JusPodivm, 2019. p. 103.

[12] PINHEIRO, Armando Manuel da Rocha Castelar; SADDI, Jairo. **Direito, economia e mercados**. Rio de Janeiro: Elsevier, 2005. p. 141.

[13] Vale mencionar, desde já, que a análise comparativa proposta por este livro encontra uma grande dificuldade: o famigerado nível de abstração do Código Civil alemão. Assim, a análise dos seus dispositivos e inclusive da doutrina alemã é, por vezes, obstada pela opção legislativa alemã. Sobre o tema, Ole Lando enfatiza que as regras foram escritas em uma linguagem refinada para os juristas, mas incompreensível para leigos e estrangeiros. Ainda assim, o presente livro se propôs a enfrentar o desafio de analisar o direito alemão no que concerne ao tema desta obra, para fomentar o debate e enriquecer a experiência jurídica brasileira. LANDO, Ole. Das neue Schuldrecht des Burgerlichen

imperioso enfrentar a distinção (e sua eventual superação) entre as espécies de responsabilidade civil, uma vez que alguns institutos, como danos punitivos, são comumente admitidos e debatidos apenas em casos de responsabilidade extracontratual.

Deste modo, para defender a aplicação de métodos de fixação de danos que desconsideram o montante do prejuízo sofrido (quais sejam, danos punitivos e lucro da intervenção) também em matéria de contratos, e não apenas em casos de responsabilidade extracontratual[14], é necessário analisar as origens dessa clássica distinção, bem como as razões para sua manutenção ou superação. Afinal, não parece razoável aplicar, por exemplo, danos punitivos em casos de ilícitos civis, vedando a sua aplicação em casos de descumprimentos contratuais, tão somente pelo fato de consistirem em espécies diferentes de responsabilidade – sobretudo quando há uma tendência de superação desta distinção estanque.

Por essa razão, como bem pontuou Carlos Edison do Rêgo Monteiro Filho, resta saber se a dualidade hoje verificada (atribuída, em suma, pelas diferentes fontes obrigacionais) justifica a existência de dois regimes jurídicos e, "em caso positivo, até que ponto deve ser conduzida, sem que se perca de mira a coerência que inspira a unidade do ordenamento"[15]. James Gordley também enfrentou o tema, em artigo publicado em 1997, concluindo que a diferenciação entre responsabilidade contratual e responsabilidade extracontratual é um paradigma que o direito moderno se recusa a explicar por meio de princípios coerentes[16].

Gesetzbuchs und die Grundregeln des europaischen Vertragsrechts. **Rabels Zeitschrift für ausländisches und internationales Privatrecht**, Hamburg, v. 67, n. 2, p. 231-245, abr. 2003. p. 245.

[14] Cumpre ponderar que grande parte da doutrina nacional permite danos punitivos exclusivamente em casos de responsabilidade civil *stricto sensu*, como será demonstrado em detalhes no segundo capítulo deste livro. MIRAGEM, Bruno. **Direito civil**: responsabilidade civil. São Paulo: Saraiva, 2015. p. 358.

[15] MONTEIRO FILHO, Carlos Edison do Rêgo. **Responsabilidade contratual e extracontratual**: contrastes e convergências no direito contemporâneo. Rio de Janeiro: Processo, 2016. p. 8.

[16] GORDLEY, James. Contract and Delict: Toward a Unified Law of Obligations. **Edinburgh Law Review**, Edimburgo, v. 1, n. 3, p. 345-360, maio 1997. p. 360.

Diante desse cenário, pretende-se com esta obra introduzir noções sobre a fixação de indenização a título de perdas e danos oriunda de descumprimento contratual, a partir de uma perspectiva de direito comparado, mediante o exame da aproximação das espécies de responsabilidade civil. Para fins metodológicos, esta obra foi dividida em dois capítulos, sendo o primeiro deles dedicado ao estudo da distinção entre responsabilidade contratual e responsabilidade extracontratual, e o segundo deles dedicado ao estudo das formas de fixação de indenização.

Assim, no primeiro capítulo deste livro, pretende-se avaliar a clássica distinção entre as espécies de responsabilidade civil, verificando-se a sua origem histórica e as razões para manutenção da abordagem dicotômica, bem como as tendências voltadas a sua superação. Ainda, para corroborar a crescente desconsideração da teoria dualista da responsabilidade, analisar-se-á a unificação dos prazos prescricionais de ações indenizatórias (sejam elas fundadas em responsabilidade extracontratual ou responsabilidade contratual), no Brasil e na Alemanha, bem como a identidade de funções da responsabilidade civil.

Após, no segundo capítulo, propõe-se explorar as consequências do inadimplemento contratual, em especial, a indenização cabível nessas hipóteses. Especificamente, esta obra dedica-se a explorar métodos de fixação de perdas e danos que desafiem a limitação estabelecida no ordenamento jurídico brasileiro – i.e. danos punitivos e lucro da intervenção –, desvinculando-se da extensão do dano e da figura da vítima para voltar-se ao causador do dano.

Como se sabe, os tribunais brasileiros têm paulatinamente utilizado outros critérios para concessão de indenizações, tendo em vista a insuficiência dos remédios previstos na legislação positivada. Nesse cenário, este livro se vale da proposta de James Gordley de remodelar o estudo do direito a partir da análise prática do posicionamento da jurisprudência, pois este é o melhor indicativo do que a lei deveria dizer[17].

[17] Diante da relevância das afirmações do jurista, convém transcrevê-las na presente obra: "European legal education should take a much different form. It should concentrate, not on what codes or high courts say, but on what courts actually do. What they do is a better indication of the law than what they say. It should not focus on formulas set forth by high courts or in civil codes as to what the law is. Whether these formulas are the

Nesse contexto, para viabilizar a análise crítica, a presente obra irá enfrentar o posicionamento da doutrina e da jurisprudência sobre os temas propostos, demonstrando a ausência de consenso sobre o assunto e, corolário lógico, a importância desse debate.

law, even within a particular jurisdiction requires further inquiry.". GORDLEY, James. The Future of European Contract Law on the Basis of Europe's Heritage. **European Review of Contract Law**, Alphen aan den Rijn, v. 1, n. 2, p. 163-183, jul. 2005. p. 180. Em tradução livre: O ensino do direito na Europa deveria se dar de uma forma muito diferente. Ele deveria se concentrar, não no que os códigos ou tribunais dizem, mas no que os tribunais efetivamente fazem. O que os tribunais efetivamente fazem é um indicativo melhor da lei do que o que eles dizem. O ensino do direito não deveria focar em fórmulas estabelecidas pelos tribunais superiores ou pelos códigos civis como sendo a lei. Mas se tais fórmulas são leis, inclusive no âmbito de uma jurisdição específica, exige maiores considerações.

1

A Pretensão Indenizatória em Casos de Responsabilidade Contratual e de Responsabilidade Extracontratual

1.1 A distinção entre responsabilidade contratual e responsabilidade extracontratual

Há muito se discute a coerência da distinção entre as espécies de responsabilidade civil, tendo em vista a sua desconsideração pela jurisprudência para resolver casos práticos, bem como a identidade de funções da indenização, independentemente se o dano é oriundo de uma relação contratual ou de um dever legal. Este capítulo se destina a avaliar essa tendência, a partir da evolução histórica e dos debates doutrinários sobre o tema.

1.1.1 Origem histórica e fundamentos para adoção e manutenção da abordagem

Caio Mário da Silva Pereira afirma que os romanistas controvertem a respeito da origem das espécies de responsabilidade: "se a precedência foi da delitual de que a contratual foi uma consequência; ou ao revés se foi o contrato a fonte primeira da obrigação, seguindo-se-lhe mais tarde a responsabilidade delitual"[18]. Independentemente da sua origem, con-

[18] PEREIRA, Cario Mário da Silva. **Responsabilidade civil.** Rio de Janeiro: Forense, 2001. p. 246.

tratos e ilícitos civis foram (e ainda são) tratados com distinção pelos mais variados ordenamentos jurídicos.

James Gordley e Arhur Taylor von Mehren explicam que Gaio foi o primeiro jurista romano a distinguir as duas espécies de obrigações, *delictus* e *contractus*, embora não tenha descrito princípios gerais, mas apenas regras específicas de determinados ilícitos e determinados contratos[19]. Deste modo, Reinhard Zimmermann afirma que, embora o descumprimento do contrato seja uma espécie de ilícito, desde a época de Gaio se verificou a necessidade de distingui-los, categorizando-os em diferentes classificações[20].

Bruno Miragem, similarmente, ensina que as Institutas de Gaio contemplavam separadamente o contrato e o delito como fontes das obrigações; mas a matéria ganhou complexidade no Corpus Iuris Civilis de Justiniano, que classificou tais fontes em contratos, quase-contratos, delitos e quase-delitos[21]. A responsabilidade contratual decorria dos dois primeiros, ao passo que a responsabilidade civil em sentido estrito advinha dos dois últimos[22].

Jan Dirk Harke ensina que tal distinção se justificava porque a responsabilidade contratual romana permitia tão somente compensação financeira, enquanto a responsabilidade aquiliana era caracterizada também pela punição do agente[23]. Ainda assim, o direito romano não

[19] GORDLEY, James; MEHREN, Arthur Taylor Von. **An introduction to the comparative study** – readings, cases, materials. New York: Cambridge University Press, 2006. p. 236.

[20] ZIMMERMANN, Reinhard. **The Law of Obligations**: Roman Foundations of the Civilian Tradition. Cidade do Cabo: Juta, 2006. p. 903.

[21] MIRAGEM, Bruno. **Direito Civil**: Direito das Obrigações. São Paulo: Saraiva, 2017. p. 77.

[22] Ibid., p. 101.

[23] No original: "Die Haftung für mangelnde Rücksicht gegenüber einem wirklichen oder potentiellen Vertragspartner entlarvt auch die herkömmliche Unterscheidung zwischen vertraglichen und gesetzlichen Schuldverhältnissen als wenig ergiebig.In der modernen Dogmatik ist diese an die Stelle der alten römischen Unterscheidung zwischen vertraglichen und deliktischen Obligationen getreten, deren trennendes Element die Straffunktion war: Während vertragliche Verpflichtungen rein kompensatorisch wirkten, diente die Deliktshaftung gleichermaßen dem Ausgleich des eingetretenen Schadens

conhecia um "conceito geral e unitário de indemnização", mas apenas tipos individuais específicos de danos a ressarcir[24].

Carlos Roberto Gonçalves leciona que o direito francês aperfeiçoou tais ideias romanas, estabelecendo um princípio geral da responsabilidade civil (abandonando as hipóteses enumeradas de sua configuração)[25]. Como consequência, foram sendo gradativamente separadas a responsabilidade contratual e a responsabilidade extracontratual – assim como ocorrido com a responsabilidade penal e a responsabilidade civil[26].

Em virtude dessa distinção histórica, o legislador brasileiro distinguiu as espécies de responsabilidade, disciplinando-as em locais distintos do código e, portanto, "acolhendo a teoria dualista e afastando

und der Genugtuung des Opfers, ging also über den bloßen Schadensersatz hinaus. Nachdem die römischen Strafelemente in der Entwicklung des Gemeinen Rechts weitgehend verschwunden waren, bot sich die neue Unterscheidung zwischen vertraglichen und gesetzlichen Schuldverhältnissen an. Denn sie erlaubte auch eine eindeutige Zuordnung der Verpflichtungen aus Geschäftsführung ohne Auftrag (§§ 677 ff. BGB) und ungerechtfertigter Bereicherung (§§ 812 ff. BGB), für die im römischen System nur in der Zwischenkategorie der sogenannten Quasiverträge Platz war. ". HARKE, Jan Dirk. **Allgemeines Schuldrecht**. Berlin, Heidelberg: Imprint: Springer, 2010. p. 14-15. Em tradução livre: A responsabilidade decorrente do desrespeito com o efetivo ou potencial parceiro contratual revela também a menor importância da diferenciação entre obrigações legais e contratuais. Na dogmática moderna essa diferenciação ocupa o lugar da antiga distinção romana entre obrigações contratuais e delituais, no qual o elemento diferenciador era a função punitiva: enquanto as obrigações contratuais geravam efeitos meramente compensatórios, a responsabilidade delitual servia, em igual medida para equilibrar os prejuízos sofridos pela vítima, extrapolando uma mera compensação. Depois que os elementos punitivos romanos desapareceram, com o desenvolvimento do direito comum, surgiu uma nova diferenciação entre obrigações contratuais e legais. Essa distinção permitiu também uma atribuição clara de obrigações/responsabilidades à gestão de negócios (§§677 e seguintes do BGB) e ao enriquecimento sem causa (§§812 e seguintes do BGB), para as quais no sistema romano só havia lugar na categoria intermediária denominada quase-contratos.

[24] PINTO, Paulo Mota. **Interesse contratual negativo e interesse contratual positivo.** v. I e II. Coimbra: Coimbra, 2008. p. 89.

[25] GONÇALVES, Carlos Roberto. **Comentários ao Código Civil:** parte especial. Direito das obrigações. v. XI. São Paulo: Saraiva, 2003. p. 9.

[26] Ibid., p. 9.

a unitária" – o que se verifica tanto no Código Civil de 1916 como no Código Civil de 2002[27].

Deste modo, a responsabilidade civil aquiliana está prevista no título III (dos atos ilícitos) do livro III da parte geral, em especial nos artigos 186 e 187[28], bem como no título IX (da responsabilidade civil) do livro I da parte especial, especificamente nos artigos 927 e seguintes do Código Civil vigente[29]. Em contrapartida, a responsabilidade negocial encontra sua regulamentação no título IV (do inadimplemento das obrigações) do livro I da parte especial, por exemplo, nos artigos 389, 395, 402 e seguintes[30].

Diante da opção legislativa, diversos juristas defendem a manutenção da divisão de tratamentos entre responsabilidade contratual e responsabilidade extracontratual. Sílvio de Salvo Venosa, por exemplo, é adepto da manutenção dessa abordagem para fins didáticos[31]. Arnaldo

[27] GONÇALVES, Carlos Roberto. **Direito Civil**: parte geral. 15. ed. São Paulo: Saraiva, 2007. p. 198.

[28] Artigo 186, Código Civil. Aquele que, por ação ou omissão voluntária, negligência ou imprudência, violar direito e causar dano a outrem, ainda que exclusivamente moral, comete ato ilícito.

Artigo 187, Código Civil. Também comete ato ilícito o titular de um direito que, ao exercê-lo, excede manifestamente os limites impostos pelo seu fim econômico ou social, pela boa-fé ou pelos bons costumes.

[29] Art. 927, Código Civil. Aquele que, por ato ilícito (arts. 186 e 187), causar dano a outrem, fica obrigado a repará-lo. Parágrafo único. Haverá obrigação de reparar o dano, independentemente de culpa, nos casos especificados em lei, ou quando a atividade normalmente desenvolvida pelo autor do dano implicar, por sua natureza, risco para os direitos de outrem.

[30] Artigo 389, Código Civil. Não cumprida a obrigação, responde o devedor por perdas e danos, mais juros e atualização monetária segundo índices oficiais regularmente estabelecidos, e honorários de advogado.

Artigo 395, Código Civil. Responde o devedor pelos prejuízos a que sua mora der causa, mais juros, atualização dos valores monetários segundo índices oficiais regularmente estabelecidos, e honorários de advogado. Parágrafo único. Se a prestação, devido à mora, se tornar inútil ao credor, este poderá enjeitá-la, e exigir a satisfação das perdas e danos.

Artigo 402, Código Civil. Salvo as exceções expressamente previstas em lei, as perdas e danos devidas ao credor abrangem, além do que ele efetivamente perdeu, o que razoavelmente deixou de lucrar.

[31] VENOSA, Sílvio de Salvo. **Direito civil**: teoria geral das obrigações e teoria geral dos

Rizzardo manifesta-se em mesmo sentido, alegando que a distinção se justifica pela sua didática, por ser da tradição do nosso direito[32].

Cristiano Chaves de Farias, Felipe Braga Netto e Nelson Rosenvald, de modo similar, afirmam que "essa bipartição entre as fontes da obrigação de indenizar ainda faz sentido teórico e prático"[33]. Sob essa premissa, Carlos Edison do Rêgo Monteiro Filho afirma que "a dualidade de regimes entre a responsabilidade civil contratual extracontratual" é uma opção doutrinária[34].

Rui Stoco, por outro lado, parece afirmar que tal escolha é legislativa: ao mencionar os "significativos pontos de diferenciação" entre os regimes de responsabilidade civil[35], o jurista afirma que "o Código Civil fez deliberada e notada separação entre uma e outra" [36]. Ainda assim, segundo Judith Martins Costa e Cristiano Zanetti, essas duas espécies de responsabilidade não configuram "mera variação de nomen iuris", consistindo verdadeiros regimes jurídicos distintos[37].

Nesse sentido, ao abordar as modalidades do dever de indenizar, Pontes de Miranda distingue a "indenização pelo dano causado pelo fato ilícito", em que "o dever e a obrigação são de indenizar, originariamente", da indenização concedida em substituição à prestação inadimplida e da indenização oriunda do inadimplemento[38]. A segunda modalidade

contratos. 13. ed. São Paulo: Atlas, 2013. p. 499.

[32] RIZZARDO, Arnaldo. **Responsabilidade Civil.** 7. ed. Rio de Janeiro: Forense, 2015. p. 37.

[33] FARIAS, Cristiano Chaves de; NETTO, Felipe Braga; ROSENVALD, Nelson. **Novo tratado de responsabilidade civil**. São Paulo: Saraiva, 2015. p. 61.

[34] MONTEIRO FILHO, Carlos Edison do Rêgo. **Responsabilidade contratual e extracontratual**: contrastes e convergências no direito contemporâneo. Rio de Janeiro: Processo, 2016. p. 6.

[35] Ressalva-se, contudo, que o jurista afirma que, embora os pontos de diferenciação entre os regimes de responsabilidade sejam importantes e significativos, eles são secundários.

[36] STOCO, Rui. **Tratado de responsabilidade civil**: doutrina e jurisprudência. 8. ed. São Paulo: Revista dos Tribunais - RT, 2011. p. 166.

[37] MARTINS COSTA, Judith; ZANETTI, Cristiano de Souza. Responsabilidade contratual: prazo prescricional de dez anos. **Revista dos Tribunais**, São Paulo, v. 979, p. 215-241, maio 2017. p. 9.

[38] MIRANDA, Francisco Cavalcanti Pontes de. **Tratado de direito privado**: parte especial, tomo 22. 3. ed. São Paulo: Revista dos Tribunais, 1984. p. 181.

consistiria no disposto no artigo 389 do Código Civil, com caráter meramente substitutivo, e a terceira representaria o disposto no artigo 402 do Código Civil, sendo que nenhuma delas se confundiria com a primeira (i.e. responsabilidade aquiliana).

O que se percebe é que a doutrina se vale dos mais diferentes argumentos para corroborar o tratamento adotado pelo direito brasileiro. Dentre as inúmeras discrepâncias entre os regimes, talvez convenha mencionar, de início, os pressupostos das espécies de responsabilidade: enquanto a responsabilidade civil em sentido estrito exige ação ou omissão culposa, nexo de causalidade e dano, a responsabilidade contratual pressupõe a existência de contrato válido, bem como falta de cumprimento ou inexecução[39].

Sob essa premissa, a mais proeminente justificativa para tal distinção é a fonte do dano. Afinal, como visto, a responsabilidade aquiliana decorre de ação ou omissão culposa que causa prejuízo, ao passo que a responsabilidade contratual decorre de inadimplemento do pacto.

Esse é o posicionamento de Cristiano Chaves de Farias, Felipe Braga Netto e Nelson Rosenvald, por exemplo, que afirmam que a tradição dicotômica da responsabilidade civil se deve pela origem do dano[40]. Significa dizer que o dano fundado em descumprimento contratual e o dano fundado em descumprimento legal devem ser tratados com distinção pelo ordenamento jurídico, por serem provenientes de fontes obrigacionais distintas[41].

Similarmente, Arnoldo Wald e Brunno Pandori Giancoli lecionam que, em ambas as espécies de responsabilidade civil, "existe um dever jurídico preexistente", cuja violação gera o dever de indenizar, sendo a origem do dano o fator que as diferencia[42]. De forma similar, Judith Martins Costa e Cristiano Zanetti justificam o tratamento diferenciado

[39] RIZZARDO, Arnaldo. **Responsabilidade Civil**. 7. ed. Rio de Janeiro: Forense, 2015. p. 38.

[40] FARIAS, Cristiano Chaves de; NETTO, Felipe Braga; ROSENVALD, Nelson. **Novo tratado de responsabilidade civil**. São Paulo: Saraiva, 2015. p. 61.

[41] GONÇALVES, Carlos Roberto. **Comentários ao Código Civil**: parte especial. Direito das obrigações. v. XI. São Paulo: Saraiva, 2003. p. 27.

[42] WALD, Arnoldo; GIANCOLI, Brunno Pandori. **Direito Civil**: responsabilidade civil. v. VII. 2. ed. São Paulo: Saraiva, 2012. p. 167-168.

com base na origem do dano, sob o pretexto de que "a violação a direito absoluto e o inadimplemento de um direito de crédito são fontes das obrigações que não se confundem"[43].

Segundo os autores, a noção de justiça impõe que situações desiguais sejam tratadas de forma desigual, o que exigiria a manutenção da teoria dualista da responsabilidade civil. Ainda sobre a origem do dano, segundo Luiz Roldão de Freitas Gomes, em regra, a responsabilidade contratual nasce de um fato negativo ou de uma omissão (consistente na falta da prestação devida), enquanto a responsabilidade extracontratual nasce de um fato positivo ou de uma ação (consistente na violação do dever geral de abstenção)[44].

Pode-se perceber, assim, que as distinções quanto à origem do dano (pelas mais variadas perspectivas) são utilizadas pela doutrina para justificar a distinção entre as espécies de responsabilidade. Mas este não é o único argumento utilizado para explicar a adoção e manutenção da distinção entre responsabilidade contratual e responsabilidade extracontratual.

A doutrina também se vale de um critério temporal, em virtude da continuidade da relação negocial e da pontualidade da relação obrigacional oriunda de um ilícito. Nesse sentido, Judith Martins Costa e Cristiano Zanetti explicam que o contato entre ofensor e ofendido, na responsabilidade aquiliana, é efêmero e geralmente fortuito, esvaziando-se após a reparação[45].

Por outro lado, a relação consubstanciada no contrato se prolonga no tempo, o que enseja "um grau de pessoalidade no vínculo e uma confiança qualificada entre as partes"[46]. Rui Stoco também se vale do

[43] MARTINS COSTA, Judith; ZANETTI, Cristiano de Souza. Responsabilidade contratual: prazo prescricional de dez anos. Revista dos Tribunais, São Paulo, v. 979, p. 215-241, maio 2017. p. 7.

[44] GOMES, Luiz Roldão de Freitas. **Elementos de responsabilidade civil**. Rio de Janeiro: Renovar, 2000. p. 30.

[45] MARTINS COSTA, Judith; ZANETTI, Cristiano de Souza. Responsabilidade contratual: prazo prescricional de dez anos. **Revista dos Tribunais**, São Paulo, v. 979, p. 215-241, maio 2017. p. 7.

[46] Ibid., p. 7.

mesmo critério, afirmando que "não se pode desprezar o fato de que na responsabilidade contratual autor e vítima tenham se aproximado antes da ocorrência do dano"[47], sendo tal aproximação elementar para a ocorrência do prejuízo indenizável. Esse argumento também é apontado por Sergio Cavalieri Filho, que ressalva que, na responsabilidade negocial, existe uma relação jurídica pré-existente[48].

Outrossim, além da origem do dano e da circunstância temporal, Carlos Roberto Gonçalves aponta para distinções envolvendo presunção de culpa e capacidade. De acordo com o jurista, enquanto o lesado por ato ilícito tem o ônus de comprovar a culpa ou o dolo do causador do dano, o inadimplemento contratual se presume culposo, além do fato de que "a capacidade sofre limitações no terreno da responsabilidade contratual, sendo mais ampla no campo da extracontratual"[49].

Quanto à capacidade, o artigo 104 do Código Civil[50] aponta como causa de invalidade do negócio a incapacidade do agente[51], o que sabidamente não obsta o reconhecimento da responsabilidade civil em sentido estrito. Isso porque o artigo 928 do Código Civil[52] imputa responsabi-

[47] STOCO, Rui. **Tratado de responsabilidade civil**: doutrina e jurisprudência. 8. ed. São Paulo: Revista dos Tribunais - RT, 2011. p. 166.

[48] CAVALIERI FILHO, Sergio. **Programa de responsabilidade civil**. 11. ed. São Paulo: Atlas, 2014. p. 31.

[49] GONÇALVES, Carlos Roberto. **Direito Civil**: parte geral. 15. ed. São Paulo: Saraiva, 2007. p. 198.

[50] Artigo 104, Código Civil. A validade do negócio jurídico requer: I - agente capaz; (...).

[51] Sobre a capacidade negocial, vale transcrever os comentários de Carlos Edison do Rêgo Monteiro Filho: "Como se bem sabe, para contrair obrigação fundada em relação jurídica contratual necessário que o agente seja capaz (artigos 166, I e 171, I, do Código Civil) – ressalvados, evidentemente, os casos em que a falta de capacidade civil plena é tolerada, como no clássico exemplo da criança que compra um pacote de balas de um doceiro, sem que ninguém cogite da nulidade da compra e venda - trata-se, a rigor, de hipótese de atividade negocial sem negócio fundante -, ou até mesmo expressamente dispensada pela lei, como no caso da doação pura a incapaz (artigo 543 do Código Civil).". MONTEIRO FILHO, Carlos Edison do Rêgo. **Responsabilidade contratual e extracontratual**: contrastes e convergências no direito contemporâneo. Rio de Janeiro: Processo, 2016. p. 10-11.

[52] Artigo 928, Código Civil. O incapaz responde pelos prejuízos que causar, se as pessoas por ele responsáveis não tiverem obrigação de fazê-lo ou não dispuserem de meios

lidade aos incapazes pelos prejuízos que causarem, em caráter subsidiário aos seus responsáveis.

Consequentemente, a responsabilidade contratual exige que os envolvidos sejam capazes, ao passo que nos atos ilícitos, nada impede que eles tenham sido praticados por menores, por exemplo, sujeitando-se às consequências juntamente com seus respectivos responsáveis (se mantidos sob autoridade ou companhia)[53]. Nesse contexto, percebe-se que a incapacidade torna nulo o contrato, impedindo-o de produzir efeitos indenizatórios, ao passo que o ordenamento jurídico vigente tem cada vez mais expandido a responsabilidade dos incapazes em matéria de responsabilidade extracontratual[54].

Ademais, quanto à presunção da culpa, Caio Mário da Silva Pereira afirma que, na culpa contratual, a "equação geradora da responsabilidade civil acha-se reduzida aos termos mais simples", já que a demonstração do dever violado é o mero descumprimento do pacto celebrado[55]. Diversamente, a culpa na responsabilidade aquiliana pressupõe que se verifique qual o dever violado por determinada conduta[56].

Nessa linha, Cristiano Chaves de Farias, Felipe Braga Netto e Nelson Rosenvald defendem que "uma das grandes funções práticas, em termos de reparação, da distinção entre responsabilidade civil contratual e extracontratual é que, na primeira, ao contrário da segunda, não é preciso provar, em regra, a culpa"[57]. Também nesse sentido, Maristela Basso e Letícia Martins sintetizam as diferenças entre a culpa contra-

suficientes. Parágrafo único. A indenização prevista neste artigo, que deverá ser eqüitativa, não terá lugar se privar do necessário o incapaz ou as pessoas que dele dependem.

[53] RIZZARDO, Arnaldo. **Responsabilidade Civil**. 7. ed. Rio de Janeiro: Forense, 2015. p. 38.

[54] GONÇALVES, Carlos Roberto. **Comentários ao Código Civil**: parte especial. Direito das obrigações. v. XI. São Paulo: Saraiva, 2003. p. 27.

[55] PEREIRA, Cario Mário da Silva. **Responsabilidade civil**. Rio de Janeiro: Forense, 2001. p. 250.

[56] BASSO, Maristela; MARTINS, Letícia. **Responsabilidade civil nas negociações preliminares**: boa-fé, deveres anexos e relações negociais. In: RESPONSABILIDADE civil contemporânea: em Homenagem a Silvio de Salvo Venosa. São Paulo: Atlas, 2011. p. 273.

[57] FARIAS, Cristiano Chaves de; NETTO, Felipe Braga; ROSENVALD, Nelson. **Novo tratado de responsabilidade civil**. São Paulo: Atlas, 2015. p. 698.

tual e a culpa extracontratual com base na facilidade da sua percepção, afinal, a descrição da obrigação se encontra definida no âmbito do negócio jurídico[58].

Sob uma perspectiva histórica, Sergio Cavalieri Filho explica que as origens da facilitação do ônus da prova na responsabilidade contratual remontam ao período da Revolução Industrial[59]. Na ocasião, surgiu a necessidade de estipulação de "uma situação jurídica mais favorável às vítimas, principalmente para os casos de acidentes de trabalho e de transporte", já que a prova da culpa do empregador ou do transportador era "praticamente impossível"[60]. Diante disso, os juristas franceses determinaram que, na responsabilidade contratual, em que já existe um vínculo jurídico pré-estabelecido, a culpa é presumida, tendo em vista que "o dever jurídico violado está perfeitamente configurado nessa relação jurídica".

Ainda sobre culpa, cumpre enfatizar que ela é, a rigor, elementar para configuração de ambas es espécies de responsabilidade civil lato senso, nos termos dos artigos 186[61] e 392[62] do Código Civil – exceto em casos de responsabilidade objetiva[63]. Entretanto, parte da doutrina defende atualmente a desconsideração da culpa no âmbito da responsabilidade

[58] BASSO, Maristela; MARTINS, Letícia. **Responsabilidade civil nas negociações preliminares**: boa-fé, deveres anexos e relações negociais. In: RESPONSABILIDADE civil contemporânea: em Homenagem a Silvio de Salvo Venosa. São Paulo: Atlas, 2011. p. 273.

[59] CAVALIERI FILHO, Sergio. **Programa de responsabilidade civil**. 11. ed. São Paulo: Atlas, 2014. p. 332.

[60] Ibid., p. 332.

[61] Artigo 186, Código Civil. Aquele que, por ação ou omissão voluntária, negligência ou imprudência, violar direito e causar dano a outrem, ainda que exclusivamente moral, comete ato ilícito.

[62] Artigo 392, Código Civil. Nos contratos benéficos, responde por simples culpa o contratante, a quem o contrato aproveite, e por dolo aquele a quem não favoreça. Nos contratos onerosos, responde cada uma das partes por culpa, salvo as exceções previstas em lei.

[63] Sobre o tema, Sergio Cavalieri ressalva que a culpa não pode ser utilizada como elemento unificador da responsabilidade nas hipóteses de responsabilidade objetiva, já que ela "não terá nenhuma relevância" CAVALIERI FILHO, Sergio. **Programa de responsabilidade civil**. 11. ed. São Paulo: Atlas, 2014. p. 336.

contratual[64], o que causaria ainda maior distinção entre os regimes de responsabilidade (já que, como regra, exige-se culpa para configuração do dever de indenizar na responsabilidade aquiliana).

Independentemente desta discussão doutrinária, é certo que incumbe à vítima do ilícito demonstrar a culpa do agente para poder ser ressarcida pelos prejuízos incorridos, ao passo que cabe ao contratante inadimplente demonstrar, se possível, que o seu inadimplemento não foi culposo, para poder se eximir da sua responsabilidade. Afinal, o ônus da prova incumbe ao autor quanto ao fato constitutivo do seu direito (que, em caso de responsabilidade civil aquiliana, é a culpa do agente e, em caso de responsabilidade contratual, é o mero inadimplemento), nos termos do artigo 373 do Código de Processo Civil ("CPC")[65].

Por isso, Arnoldo Wald afirma que a responsabilidade contratual desempenha um relevante papel na implementação da "teoria do risco profissional", já que imputa ao empresário o ônus de comprovar eventual excludente de responsabilidade para se eximir da responsabilidade

[64] Arnoldo Wald e Brunno Pandori Giancoli afirmam que há uma tendência de exclusão da culpa no âmbito da responsabilidade contratual moderna. WALD, Arnoldo; GIANCOLI, Brunno Pandori. **Direito Civil**: responsabilidade civil. v. VII. 2. ed. São Paulo: Saraiva, 2012. p. 170. Nesse sentido, Marcos Catalan defende, em sua tese de doutorado, a morte da culpa contratual, afirmando que ela não seria um requisito para o dever de indenizar. Segundo o referido autor, culpa não pode ser confundida com a violação de um dever contratual, de modo que é desnecessária para configuração da responsabilidade contratual. Vejamos transcrição do seu trabalho: "Infira-se que, quando se enxerga que o dever de reparar é imputado a alguém em razão de distintos fatores, também se compreende por que a culpa não é fonte de responsabilidade, ao contrário do que pretendem autores como Carlos Young Tolomei. A culpa, como se pode perceber, há de ser compreendida apenas como potencial fator de atribuição do dever de reparar, embora não tenha utilidade alguma na conformação do dever de reparar os danos contratuais, como será demonstrado ao longo da tese ainda em construção. A culpa não é, repita-se, uma vez mais, pressuposto do dever de reparar os danos contratuais, afixando-se, desse modo, mais um pilar na sustentação da tese em construção". CATALAN, Marcos. **A morte da culpa na responsabilidade contratual**. 2011. 347f. Tese de doutorado – Faculdade de Direito da Universidade de São Paulo, São Paulo, 2011. p. 124 e 191.

[65] Artigo 373, CPC. O ônus da prova incumbe: I - ao autor, quanto ao fato constitutivo de seu direito; II - ao réu, quanto à existência de fato impeditivo, modificativo ou extintivo do direito do autor.

por inadimplemento contratual[66]. Bruno Miragem enfrentou o tema no seu livro sobre responsabilidade civil, ensinando que a teoria do risco surge justamente para resolver questões que a teoria da culpa não conseguiu, "seja pela dificuldade ou mesmo pela inconveniência do dever de reparação da vítima de um dano"[67].

Para ilustrar, convém referir que a questão da presunção da culpa foi objeto de apreciação pelo Tribunal de Justiça do Estado do Rio Grande do Sul (doravante denominado "TJRS") quando do julgamento da apelação n. 70076033372, no qual se concluiu, no âmbito de ação indenizatória fundada em relação contratual, que "[c]abia à parte ré, na condição de devedora, o onus probandi de demonstrar que não agiu com culpa ou, então, da presença de outra excludente de responsabilidade"[68]. Isso demonstra que as diferenças entre a responsabilidade contratual e a responsabilidade extracontratual irradiam efeitos para a seara processual, influenciando a forma em que os tribunais irão apreciar as pretensões indenizatórias.

Aliás, a própria competência para processamento das ações indenizatórias varia de acordo com a espécie de responsabilidade. Como sabido, o artigo 53, inciso V, do CPC[69] fixa a competência do foro do domicílio do autor ou do local do fato para julgar ações de "reparação de dano sofrido em razão de delito ou acidente de veículos".

Sobre o tema, o Superior Tribunal de Justiça ("STJ") já teve a oportunidade de apreciar a matéria, consolidando o entendimento de que o referido dispositivo legal se aplica tanto para casos de ilícitos penais como de ilícitos civis[70]. Todavia, tal entendimento não parece ser aplicável em ações indenizatórias embasadas em inadimplemento contratual, que se submetem a outros incisos do referido diploma legal.

[66] WALD, Arnoldo. **Curso de Direito Civil Brasileiro**: obrigações e contratos. v. II. 13. ed. São Paulo: Revista dos Tribunais, 1998. p. 549.

[67] MIRAGEM, Bruno. **Direito civil**: responsabilidade civil. São Paulo: Saraiva, 2015. p. 85.

[68] Apelação Cível nº 70076033372, Décima Quinta Câmara Cível, Tribunal de Justiça do RS, Relator: Adriana da Silva Ribeiro, Julgado em 28/03/2018.

[69] Esse dispositivo legal corresponde ao artigo 100, parágrafo único, do Código de Processo Civil de 1973, revogado pelo atual CPC.

[70] Nesse sentido, veja-se: "A jurisprudência desta Corte sedimentou-se no sentido de que

Especificamente, a regra de competência a ser observada em ação indenizatória oriunda de relação contratual é (i) do local da sede da empresa ré, (ii) do local onde deveria ter sido cumprida a obrigação ou, até mesmo, (iii) do lugar do dano (que não necessariamente corresponde ao local de cumprimento das obrigações contratuais), nos termos do disposto no artigo 53, inciso III, alíneas "a" e "d", e inciso IV, alínea "a", do CPC[71], respectivamente[72]. O STJ já apreciou o tema em algumas oportunidades – e já decidiu em todos os sentidos –, ora concluindo que a regra do local do dano é especial e prevalece em relação a qualquer outra[73], ora concluindo que a ação indenizatória fundada em responsabilidade contratual deve ser ajuizada no local onde a obrigação deveria ter sido cumprida[74] e ora

o art. 100, parágrafo único, do CPC abrange tanto os ilícitos de natureza penal quanto de natureza civil - como no caso vertente -, facultando ao autor propor a ação reparatória no local em que se deu o ato ou fato, ou no foro de seu domicílio" AgRg no Ag 1366967/MG, Rel. Ministro MARCO BUZZI, QUARTA TURMA, julgado em 18/02/2016, DJe 24/02/2016). Também nesse sentido: REsp 1180609/SP, Rel. Ministro CASTRO MEIRA, SEGUNDA TURMA, julgado em 08/06/2010, DJe 18/06/2010.

[71] Artigo 53, CPC. É competente o foro: III - do lugar: a) onde está a sede, para a ação em que for ré pessoa jurídica; (...) d) onde a obrigação deve ser satisfeita, para a ação em que se lhe exigir o cumprimento; (...) IV - do lugar do ato ou fato para a ação: a) de reparação de dano; (...) V - de domicílio do autor ou do local do fato, para a ação de reparação de dano sofrido em razão de delito ou acidente de veículos, inclusive aeronaves.

[72] Esses dispositivos legais correspondem ao artigo 100, inciso IV, alínea "a" e alínea "d", e inciso V, alínea "a", do Código de Processo Civil de 1973, respectivamente.

[73] Veja-se, exemplificativamente: "É reiterado o entendimento da preponderância da regra específica do art. 100, inciso V, alínea "a", do CPC sobre as normas genéricas dos arts. 94 e 100, inciso IV, alínea "a" do CPC, permitindo que a ação indenizatória por danos morais e materiais seja promovida no foro do local onde ocorreu o ato ou fato, ainda que a ré seja pessoa jurídica, com sede em outro lugar, pois é na localidade em que reside e trabalha a pessoa prejudicada que o evento negativo terá maior repercussão.". REsp 1168547/RJ, Rel. Ministro LUIS FELIPE SALOMÃO, QUARTA TURMA, julgado em 11/05/2010, DJe 07/02/2011.

[74] Nesse sentido: "Em se tratando de ação de reparação de danos que tenha por causa de pedir inadimplemento contratual, o foro competente para processamento e julgamento da demanda é o do lugar onde deveria ter-se dado o cumprimento da obrigação, porquanto o pedido de indenização é sucedâneo da obrigação descumprida. A responsabilidade civil, como dever jurídico secundário, surge do descumprimento do dever jurídico primário ou originário. Aplica-se, na espécie, a regra de competência estabelecida no art. 100, IV, d, do Código de Processo Civil, que é especial em relação à regra da alínea a desse

concluindo que o foro competente é o da sede da empresa ré[75].

Naturalmente, a questão é bastante controvertida, pois os casos são resolvidos com critérios legais variados, inexistindo consenso doutrinário e jurisprudencial sobre a aplicação do referido dispositivo legal. Ainda assim, pode-se afirmar que a ação indenizatória decorrente de responsabilidade civil em sentido estrito não é confundida com a ação indenizatória envolvendo responsabilidade contratual, pelo menos não para fins de definição da competência territorial; afinal, não houve aplicação do disposto no inciso V do artigo 53, do CPC para ações indenizatórias oriundas de contratos.

Não bastasse, o termo inicial dos encargos legais incidentes sobre o montante da condenação também sofre variações conforme a espécie de responsabilidade. Especificamente, a Súmula 54 do STJ[76] estabelece que os juros de mora incidem a partir da data do ato ilícito, nos casos de responsabilidade aquiliana, ao passo que o artigo 405 do Código Civil[77] determina que os juros de mora incidem desde a citação em ações indenizatórias fundadas em relações contratuais.

O referido dispositivo legal está em consonância com o posicionamento do STJ sobre o tema, conforme se verifica, exemplificativamente, do Recurso Especial n. 437.614/SP, no qual se concluiu que "[e]m se tra-

mesmo dispositivo legal.". Ag 1431051/DF, Rel. Ministro RAUL ARAÚJO, QUARTA TURMA, julgado em 12/06/2012, DJe 21/08/2012.

[75] Exemplificativamente: "É competente o foro do lugar onde está a sede, para a ação em que for ré a pessoa jurídica, nos termos do art. 100, IV, "a", do CPC. 3. A pessoa jurídica será demandada no domicílio em que situada a agência ou sucursal somente nas situações em que as obrigações discutidas tenham sido assumidas pela filial. Para determinação da competência prevista no art. 100, IV, "b", não basta a simples existência de agência ou sucursal na comarca em que as partes pretendam litigar. 4. A autora é empresa multinacional devidamente estruturada em território nacional e sob o enfoque financeiro, jurídico e técnico, é suficientemente capaz de demandar na comarca da sede da ré sem que isso implique prejuízo para a sua defesa. 5. Recurso especial conhecido em parte e provido." REsp 1528596/SP, Rel. Ministro JOÃO OTÁVIO DE NORONHA, TERCEIRA TURMA, julgado em 10/05/2016, DJe 23/05/2016.

[76] Súmula n. 54, STJ. Os juros moratórios fluem a partir do evento danoso, em caso de responsabilidade extracontratual.

[77] Artigo 405, Código Civil. Contam-se os juros de mora desde a citação inicial.

tando de responsabilidade contratual, os juros moratórios devem incidir a partir da citação"[78]. Isso significa que o cálculo da indenização irá variar de acordo com a causa do dano e, corolário lógico, com a espécie de responsabilidade civil (legal ou contratual)[79].

Em adição, também podem ser apontadas discrepâncias nas espécies de responsabilidade civil no que tange à solidariedade dos agentes: na responsabilidade contratual, a solidariedade exige expressa disposição legal ou contratual, nos termos do artigo 265 do Código Civil[80], ao passo que, na responsabilidade aquiliana, ela é imposta como regra geral[81], fulcro no artigo 942 do Código Civil[82]. Percebe-se, portanto, que a doutrina brasileira se vale dos mais diversos fundamentos para justificar a divergência entre os institutos e, com isto, justificar a manutenção da abordagem dicotômica da pretensão indenizatória.

[78] REsp 437.614/SP, Rel. Ministro HÉLIO QUAGLIA BARBOSA, QUARTA TURMA, julgado em 12/12/2006, DJ 05/02/2007.

[79] Ressalta-se, contudo, que os parâmetros para incidência dos encargos legais variam na jurisprudência. Exemplificativamente, nos seguintes julgados, envolvendo responsabilidade contratual, o STJ concluiu que os juros moratórios e a correção monetária devem incidir a partir do evento danoso, em casos de dívidas líquidas, a despeito da previsão do artigo 405 do Código Civil, senão vejamos: "Com efeito, incidem atualização monetária e juros de mora a partir do vencimento de cada prestação - ocasião (termo) em que, por decorrência do inadimplemento contratual, a credora ficou privada do valor especificado no contrato ao qual fazia jus." (AgInt no AgInt no AREsp 986.993/RJ, Rel. Ministro PAULO DE TARSO SANSEVERINO, TERCEIRA TURMA, julgado em 09/11/2017, DJe 20/11/2017); "Tratando-se de dívida líquida com vencimento certo, os juros de mora e a correção monetária devem incidir desde o vencimento da obrigação, mesmo nos casos de responsabilidade contratual." (AgInt no AgInt no AREsp 1001068/MG, Rel. Ministro ANTONIO CARLOS FERREIRA, QUARTA TURMA, julgado em 21/11/2017, DJe 27/11/2017).

[80] Artigo 265, Código Civil. A solidariedade não se presume; resulta da lei ou da vontade das partes.

[81] MONTEIRO FILHO, Carlos Edison do Rêgo. **Responsabilidade contratual e extracontratual**: contrastes e convergências no direito contemporâneo. Rio de Janeiro: Processo, 2016. p. 23-24 e 27.

[82] Artigo 942, Código Civil. Os bens do responsável pela ofensa ou violação do direito de outrem ficam sujeitos à reparação do dano causado; e, se a ofensa tiver mais de um autor, todos responderão solidariamente pela reparação.

Embora o mais proeminente fator de diferenciação entre responsabilidade contratual e responsabilidade extracontratual seja a origem do dano, os adeptos da teoria dualista se valem de todas as consequências discrepantes de cada uma delas para defender o sistema adotado pelo direito brasileiro. O mesmo fenômeno pode ser verificado em outros ordenamentos jurídicos que também distinguem o dever de indenizar oriundo de descumprimentos contratuais e de atos ilícitos – a despeito dos debates sobre a sua pertinência e relevância.

O direito português, por exemplo, também adotou a corrente dualista da responsabilidade civil. Segundo Mário Júlio de Almeida Costa, o legislador português sistematizou a responsabilidade civil de forma separada, em duas partes distintas, havendo ainda uma série de artigos destinados à obrigação de indenizar, aplicáveis para ambas as espécies de responsabilidade[83].

Sobre o tema, António Menezes de Cordeiro afirma que que o legislador português se inspirou no BGB para, a despeito da opção de separar as espécies de responsabilidade, viabilizar uma "interpenetração entre ambas"[84]. Afinal, alguns dispositivos são igualmente aplicáveis para ambos os regimes.

Naturalmente, isso viabilizou que juristas discutissem eventual superação desta distinção, tal qual ocorrido no Brasil, como será demonstrado no próximo tópico deste livro. Ainda assim, António Menezes de Cordeiro afirma já ter defendido a adoção da teoria unitária, em consonância com a tradição da Faculdade de Direito de Lisboa, mas hoje a critica, ante a complexidade das relações obrigacionais[85].

No Bürgerliches Gesetzbuch (o "BGB"), assim como no Código Civil brasileiro, o legislador alemão fez uma distinção geográfica entre as duas espécies de responsabilidade. Ainda assim, antes das regras específicas de cada um dos institutos, o BGB regulamenta as regras gerais

[83] COSTA, Mário Júlio de Almeida. **Direito das obrigações.** 8. ed. Coimbra: Almedina, 2000. p. 485-486.

[84] CORDEIRO, António Menezes. **Tratado de direito civil.** Direito das obrigações: gestão de negócios. Enriquecimento sem causa. Responsabilidade civil. v. VIII. Coimbra: Almedina, 1953. p. 394.

[85] Ibid., p. 399-400.

do direito das obrigações, que se aplicam para contratos, responsabilidade civil em sentido estrito e enriquecimento sem causa[86] – o que será abordado em detalhes no decorrer deste livro.

Além da separação normativa, Jan Peter Schmidt esclarece que a responsabilidade contratual é muito mais regulamentada e 'potente' do que a extracontratual[87]. Isso porque o BGB não contém uma cláusula geral sobre responsabilidade por ato ilícito[88] – tal qual prevista no Código Civil brasileiro –, de modo que o dispositivo aplicável exige não somente a existência de dano, como também violação a determinados bens jurídicos[89].

Esses bens jurídicos são a propriedade, a integridade física, a liberdade pessoal e "demais bens jurídicos" – conceito indeterminado inserido no código pela impossibilidade de elaboração de um rol exaustivo[90], que permite a flexibilização da norma para tornar-se uma cláusula geral, ainda que este não tenha sido o intento do legislador alemão. Justamente para salvaguardar esse intento, a jurisprudência interpreta o referido conceito de maneira restritiva[91].

86 LANDO, Ole. Das neue Schuldrecht des Burgerlichen Gesetzbuchs und die Grundregeln des europaischen Vertragsrechts. **Rabels Zeitschrift für ausländisches und internationales Privatrecht**, Hamburg, v. 67, n. 2, p. 231-245, abr. 2003. p. 232.

87 SCHMIDT, Jan Peter. Responsabilidade civil no direito alemão e método funcional no direito comparado. **Revista Trimestral de Direito Civil**, Rio de Janeiro, v. 10, n. 40, p. 139-150, out./dez. 2009. p. 139.

88 Sobre o tema, James Gordley ensina que o primeiro rascunho do projeto do BGB continha uma provisão idêntica ao do Code Civil francês, que estabelecia uma regra geral de indenização por ato ilícito. Contudo, a versão final limitou a possibilidade de compensação aos danos à vida, ao corpo, à saúde, à propriedade, à liberdade e a outros direitos similares (que sabidamente não incluem danos puramente econômicos). GORDLEY, James. Contract and Delict: Toward a Unified Law of Obligations. **Edinburgh Law Review**, Edimburgo, v. 1, n. 3, p. 345-360, maio 1997. p. 357.

89 SCHMIDT, Jan Peter. Responsabilidade civil no direito alemão e método funcional no direito comparado. **Revista Trimestral de Direito Civil**, Rio de Janeiro, v. 10, n. 40, p. 139-150, out./dez. 2009. p. 140.

90 GORDLEY, James; MEHREN, Arthur Taylor Von. **An introduction to the comparative study** – readings, cases, materials. New York: Cambridge University Press, 2006. p. 235.

91 SCHMIDT, Jan Peter. Responsabilidade civil no direito alemão e método funcional no direito comparado. **Revista Trimestral de Direito Civil**, Rio de Janeiro, v. 10, n. 40, p. 139-150, out./dez. 2009. p. 141.

Especificamente, o § 823 (1) do BGB[92] determina que uma pessoa que, com intenção ou negligência, ilicitamente fira a vida, a integridade física, a saúde, a liberdade, a propriedade ou outro direito de outrem, é responsável por compensar essa pessoa pelos danos resultantes[93]. Segundo James Gordley e Arthur Taylor Von Mehren, o intuito do legislador alemão foi excluir do escopo de proteção da responsabilidade civil extracontratual determinados danos pelos quais o lesado não deveria ser ressarcido[94].

Em paralelo, o dever de indenizar por força de relação obrigacional, previsto no § 280 (1) do BGB[95], está fundado nas seguintes premissas: relação obrigacional válida[96], violação de deveres, nos exatos termos do

[92] Vale mencionar que o referido dispositivo legal vinculou ilicitude e responsabilidade, como bem observou Bruno Miragem. MIRAGEM, Bruno. **Abuso do direito**: ilicitude objetiva e limite ao exercício de prerrogativas jurídicas no Direito Privado. 2. ed. São Paulo: Revista dos Tribunais, 2013. p. 119.

[93] No texto original: § 823 (1), BGB. Wer vorsätzlich oder fahrlässig das Leben, den Körper, die Gesundheit, die Freiheit, das Eigentum oder ein sonstiges Recht eines anderen widerrechtlich verletzt, ist dem anderen zum Ersatz des daraus entstehenden Schadens verpflichtet.

[94] GORDLEY, James; MEHREN, Arthur Taylor Von. **An introduction to the comparative study** – readings, cases, materials. New York: Cambridge University Press, 2006. p. 235.

[95] § 280 (1), BGB. Verletzt der Schuldner eine Pflicht aus dem Schuldverhältnis, so kann der Gläubiger Ersatz des hierdurch entstehenden Schadens verlangen. Dies gilt nicht, wenn der Schuldner die Pflichtverletzung nicht zu vertreten hat. Em tradução livre: Se o devedor violar a obrigação decorrente da relação obrigacional, o credor pode exigir indenização pelo dano causado. Isso não se aplica se o devedor não for responsável pelo inadimplemento contratual.

[96] Quanto à exigência do BGB de obrigação válida para fins de direito à indenização, vale enfatizar que somente na reforma realizada em 2001, o código passou a contemplar a noção de *culpa in contrahendo*, no seu § 311. Assim, foram as contribuições da doutrina e da jurisprudência que passaram a permitir a ideia de *culpa in contrahendo* sistematizadas inicialmente por Jhering antes do processo de codificação na Alemanha e incorporadas na norma positivada apenas em 2001. CAMPOS, Miriam de Abreu Machado e. Jus commune contemporâneo? **Revista da Faculdade de Direito Milton Campos**, Belo Horizonte, v. 25, p. 191-288, 2012.

§ 241 do BGB[97], existência de dano[98] e culpa. Isso significa que todo e qualquer dano advindo de uma relação contratual será devidamente compensado, inexistindo restrição similar àquela prevista para ilícitos.

Note-se que o patrimônio não foi listado, pelo menos de maneira individualizada, pelo legislador alemão no § 823 do BGB, de modo que, em regra, o regime de responsabilidade extracontratual não admite indenização por danos de caráter exclusivamente patrimonial[99]. Para ilustrar essa regra, a doutrina aponta para um julgado da Suprema Corte Alemã em que se discutiu se um construtor deveria indenizar uma fábrica que teve sua produção interrompida por dano causado ao cabo elétrico de distribuição de energia.

Naquele caso, o tribunal entendeu que não seria devida qualquer reparação por lucros cessantes, tendo em vista que os danos causados eram de caráter exclusivamente patrimonial[100]. Em contrapartida, a Suprema Corte Alemã concedeu indenização pleiteada por um frigorífico em situação idêntica, em virtude da paralização das suas atividades por falta de energia decorrente de danos em cabo elétrico[101].

A diferença é que, neste caso último caso, o frigorífico perdeu a sua mercadoria (que acabou perecendo pela falta de climatização), acarretando uma violação ao bem jurídico da propriedade – passível de repa-

[97] § 241, BGB. (1) Kraft des Schuldverhältnisses ist der Gläubiger berechtigt, von dem Schuldner eine Leistung zu fordern. Die Leistung kann auch in einem Unterlassen bestehen. (2) Das Schuldverhältnis kann nach seinem Inhalt jeden Teil zur Rücksicht auf die Rechte, Rechtsgüter und Interessen des anderen Teils verpflichten. Em tradução livre: (1) Em virtude da relação contratual, o credor pode exigir performance do devedor. A performance pode também consistir em uma omissão. (2) A obrigação também pode, dependendo do seu conteúdo, exigir que cada uma das partes respeite os direitos e outros interesses da outra parte.

[98] NORDMEIER, Carl Friedrich. O novo direito das obrigações no Código Civil Alemão. **Revista Cadernos do Programa de Pós-Graduação em Direito PPGDir./UFRGS**, Porto Alegre, v. 1, mar. 2004. p. 215-216.

[99] SCHMIDT, Jan Peter. Responsabilidade civil no direito alemão e método funcional no direito comparado. **Revista Trimestral de Direito Civil**, Rio de Janeiro, v. 10, n. 40, p. 139-150, out./dez. 2009. p. 141.

[100] Ibid., p. 142.

[101] Ibid., p. 142..

ração pelo instituto da responsabilidade civil *stricto sensu*. Diante dessas considerações, é evidente que o ordenamento jurídico alemão diferencia a responsabilidade civil de acordo com a origem do dano, exigindo requisitos distintos e, por consequência, atribuindo efeitos diferenciados para danos oriundos de ilícitos e de inadimplementos contratuais.

No direito inglês também se verifica a mesma tendência de diferenciar as duas espécies de responsabilidade, o que influencia no resultado de ações indenizatórias com fundamentos distintos, eis que "[a] quebra de um contrato não teria a mesma magnitude de uma ilicitude extracontratual ou mesmo de uma quebra de um dever fiduciário, sendo mesmo em alguns casos considerada economicamente eficiente"[102].

Diante dessas considerações, não restam dúvidas de que a tradicional distinção entre responsabilidade contratual e responsabilidade extracontratual gera diversos impactos na indenização a ser concedida. Como visto acima, no Brasil, tal abordagem dicotômica influencia, por exemplo, no ônus de prova da culpa, na exigência de capacidade do ofensor/inadimplente, na competência territorial da ação indenizatória, na forma de cálculo da indenização (quanto à incidência de juros moratórios) e na solidariedade dos agentes.

De forma mais grave, no direito alemão, a distinção das espécies de responsabilidade civil determina o cabimento ou não da indenização pelo prejuízo sofrido. Dito isso, embora decorra de noções do direito romano, a distinção das espécies de responsabilidade civil possui efeitos práticos extremamente relevantes no direito moderno.

Entretanto, parte da doutrina defende a superação desta distinção e, inclusive, diversos julgados desconsideram a natureza do dano para concessão de indenização. Cristiano Chaves de Farias, Felipe Braga Netto e Nelson Rosenvald, por exemplo, afirmam que há uma tendência a unificar as responsabilidades sob princípios comuns, tendo em vista a necessidade, em qualquer hipótese, de reparação integral[103].

É o que se passa a expor.

[102] ROSENVALD, Nelson. **A responsabilidade civil pelo ilícito lucrativo** – o disgorgement e a indenização restitutória. Salvador: Editora JusPodivm, 2019. p. 91.

[103] FARIAS, Cristiano Chaves de; NETTO, Felipe Braga; ROSENVALD, Nelson. **Novo tratado de responsabilidade civil**. São Paulo: Atlas, 2015. p. 697.

1.1.2 Tendências voltadas à superação dessa dicotomia

Há muito se discute a pertinência da tradicional divisão dicotômica do direito privado em responsabilidade contratual e responsabilidade extracontratual. Nesse sentido, Bruno Miragem afirma que as distinções do tratamento legislativo do direito das obrigações a partir de sua distinção quanto às fontes, tal como ocorrido no direito alemão[104], "cada vez mais perdem substância diante do sentido mais amplo que se vai reconhecer à relação obrigacional"[105].

Jan Dirk Harke explica que, com a modernização do direito civil (e consequente desaparecimento das penas romanas), tal distinção estaria baseada tão somente na existência dos quase-contratos romanos (especificamente, gestão de negócios e enriquecimento sem causa, previstos no BGB nos §§ 677 e 812, respectivamente)[106]. Todavia, de acordo com Bruno Miragem, a abordagem das fontes das obrigações proveniente do direito romano (em contratos, quase-contratos, delitos e quase-delitos) foi sendo gradativamente superada, dada a "multiplicidade de fatos juridicamente relevantes (negócio jurídico, atos ilícitos, atos justificados, fatos jurídicos e atos jurídicos lícitos), que em dado momento importam na fonte de uma obrigação"[107].

Esse é precisamente o posicionamento de Pontes de Miranda ao afirmar que a classificação quadripartida romana era incompleta, justamente pelos efeitos irradiados por obrigações que não cabiam nelas, quais sejam, fatos jurídicos, atos-fatos jurídicos, atos jurídicos *stricto*

[104] Sobre o tema, Bruno Miragem esclarece na sua obra, em nota de rodapé, que, no direito alemão, "é possível identificar as duas grandes fontes, quais sejam: (a) obrigações que decorrem de ato jurídico, como o contrato sinalagmático (gegenseitiger Vertrag); o contrato bilateral imperfeito (unvollkommen zweiseitiger Vertrag); o contrato unilateral (einseitig verpflichtender Vertrag), assim como as decorrentes de ato unilateral; e (b) as obrigações criadas por efeito de lei, como a gestão de negócios (Geschätsfürhrung ohne Autfrag), o enriquecimento injusto (ungerechtertigte Bereicherung), e atos ilícitos dos quais decorram danos a outrem.". MIRAGEM, Bruno. **Direito Civil**: Direito das Obrigações. São Paulo: Saraiva, 2017. p. 38-39.

[105] Ibid., p. 38-39.

[106] HARKE, Jan Dirk. **Allgemeines Schuldrecht**. Berlin, Heidelberg: Imprint: Springer, 2010. p. 15.

[107] MIRAGEM, Bruno. **Direito Civil**: Direito das Obrigações. São Paulo: Saraiva, 2017. p. 79.

sensu, fatos *stricto sensu* ilícitos ou atos-fatos ilícitos[108]. De forma semelhante, Carlos Edison do Rêgo Monteiro Filho afirma que, a despeito da ausência de consenso doutrinário sobre a classificação das fontes das obrigações, é inequívoco que houve superação da clássica classificação quadripartida de origem justinianeia (em contrato, delito, quase-contrato e quase-delito) e que todas as obrigações encontram na lei a sua fonte[109]. Aliás, José de Aguiar Dias afirma que o legislador brasileiro desprezou a distinção entre delitos e quase-delitos[110].

Consequentemente, poderia-se dizer que a distinção entre responsabilidade contratual e responsabilidade extracontratual, no direito moderno, perdeu o seu propósito. Luiz Roldão de Freitas Gomes, em obra publicada nos anos 2000, já reconhecia que "[a] doutrina moderna tende, porém, a aproximar as duas matérias, destacando todos os aspectos comuns a uma e outra, sem apagar por completo as diferenças que as separam" – ainda que este jurista defendesse a manutenção da distinção, com base na escolha do legislador brasileiro[111].

Evidente, portanto, que existe uma crescente tendência à superação desta distinção, ainda que não haja consenso sobre o tema. Ainda, a aplicação dos dispositivos legais de cada um dos regimes de responsabilidade não encontra mais uma separação estanque, de modo que artigos que regulamentam responsabilidade aquiliana são usados em casos envolvendo responsabilidade contratual e vice-versa.

Aliás, a confusão entre os institutos é tanta que, em seu manual de direito civil, Pablo Stolze Gagliano e Rodolfo Pamplona Filho exemplificam o conceito de perdas e danos previsto no artigo 403 do Código

[108] MIRANDA, Francisco Cavalcanti Pontes de. **Tratado de direito privado**: parte especial, tomo 22. 3. ed. São Paulo: Revista dos Tribunais, 1984. p. 53.

[109] MONTEIRO FILHO, Carlos Edison do Rêgo. **Responsabilidade contratual e extracontratual**: contrastes e convergências no direito contemporâneo. Rio de Janeiro: Processo, 2016. p. 5-6.

[110] DIAS, José de Aguiar. **Da responsabilidade civil**. 11. ed. Rio de Janeiro: Renovar, 2006. p. 151.

[111] GOMES, Luiz Roldão de Freitas. **Elementos de responsabilidade civil**. Rio de Janeiro: Renovar, 2000. p. 30 e 36.

Civil[112] tanto com casos de responsabilidade contratual quanto com exemplos envolvendo responsabilidade extracontratual, sem qualquer ressalva[113]. Todavia, de acordo com a dinâmica do Código Civil brasileiro, as perdas e danos instituídas pelo referido dispositivo legal são devidas apenas em matéria de contratos, porquanto constantes no título "do inadimplemento das obrigações".

Da mesma forma, Gustavo Tepedino, Heloisa Helena Barboza e Maria Celina Bodin de Moraes mencionam a possibilidade de aplicação do artigo 944, parágrafo único, do Código Civil, que dispõe sobre redução equitativa da indenização (e que será novamente abordado no segundo capítulo), também em casos de responsabilidade contratual[114]. Entretanto, o referido dispositivo está inserido dentro do título da "respon-

[112] Artigo 403, Código Civil. Ainda que a inexecução resulte de dolo do devedor, as perdas e danos só incluem os prejuízos efetivos e os lucros cessantes por efeito dela direto e imediato, sem prejuízo do disposto na lei processual.

[113] Especificamente, os referidos juristas afirmam que: "Imagine que uma indústria de veículos haja celebrado um contrato de compra com um fornecedor de pastilhas de freios, que se comprometera a entregar-lhe um lote de dez mil peças até o dia 10. O pagamento efetivou-se no ato da celebração do contrato. No dia fixado, o fornecedor, sem justificativa razoável, comunicou ao adquirente que não mais produziria as referidas peças. Dessa forma, abriu-se ao credor a possibilidade de resolver o negócio, podendo exigir as perdas e danos, que compreenderiam o dano efetivo causado pelo descumprimento obrigacional (as suas máquinas ficaram paradas, tendo a receita mensal diminuído consideravelmente), e, bem assim, o que razoavelmente deixou de lucrar (se as pastilhas de freio houvessem chegado a tempo, os carros teriam sido concluídos, e as vendas aos consumidores efetivadas, como era de esperar). Outro exemplo, agora extraído do campo de estudo da responsabilidade extracontratual, também nos servirá. Um indivíduo, guiando imprudentemente o seu veículo, abalroa um táxi que estava corretamente estacionado. Em tal hipótese, o causador do dano, por sua atuação ilícita, será obrigado a indenizar a vítima, pagando-lhe as perdas e danos, que compreenderão, conforme já vimos, o dano emergente (correspondente ao efetivo prejuízo material do veículo – carroceria danificada, espelhos laterais quebrados, danos à pintura, etc.), e, bem assim, os lucros cessantes (referentes aos valores a que faria jus o taxista durante todo o tempo em que o seu veículo ficou parado, em conserto na oficina).". GAGLIANO, Pablo Stolze. PAMPLONA FILHO, Rodolfo. **Novo curso de direito civil**: abrangendo o Código de 1916 e o novo Código Civil. São Paulo: Saraiva, 2002. p. 312.

[114] TEPEDINO, Gustavo; BARBOZA, Heloisa Helena; MORAES, Maria Celina Bodin de. **Código Civil interpretado conforme a Constituição da República**. 2. ed. Rio de Janeiro: Renovar, 2007. p. 701.

sabilidade civil", que, pela sistemática do direito brasileiro, limita-se aos casos de responsabilidade aquiliana.

Além disso, Paulo Nader afirma que o artigo 389 do Código Civil[115] consiste em disposição geral que não se restringe às duas espécies de responsabilidade aqui tratadas[116]. Similarmente, Sergio Cavalieri Filho defende a aplicação do referido dispositivo tanto para responsabilidade contratual como para responsabilidade extracontratual[117]. Entretanto, este artigo regulamenta "a regra geral das consequências da inexecução das obrigações"[118], o que é inclusive reconhecido por Sergio Cavalieri Filho em outro momento da mesma obra[119].

Nesse cenário, nem mesmo a distância geográfica dos dispositivos legais que regulamentam as responsabilidades contratual e extracontratual consegue justificar a manutenção do tratamento dicotômico atribuído aos institutos. Afinal, a doutrina defende a aplicação de certos dispositivos "privativos" de uma das espécies de responsabilidade também para a outra, perdendo o propósito da dita distinção (embora não haja consenso, sobretudo quanto ao artigo 944 antes referido).

Somado a isso, dentro dos dispositivos legais do título "do inadimplemento das obrigações" encontram-se regras específicas do campo da responsabilidade civil pura, tal qual o artigo 398 do Código Civil[120],

[115] Artigo 389, Código Civil. Não cumprida a obrigação, responde o devedor por perdas e danos, mais juros e atualização monetária segundo índices oficiais regularmente estabelecidos, e honorários de advogado.

[116] NADER, Paulo. **Curso de direito civil**: obrigações. v. 2. 6. ed. Rio de Janeiro: Forense, 2012. p. 459.

[117] CAVALIERI FILHO, Sergio. Programa de responsabilidade civil. 11. ed. São Paulo: Atlas, 2014. p. 15.

[118] ANDRADE, Marcus Vinícius dos Santos et. al. **Comentários ao código civil brasileiro**: do direito das obrigações. v. 4. Rio de Janeiro: Forense, 2006. p. 420.

[119] O jurista menciona, em outro capítulo da mesma obra, a abordagem dicotômica adotada pelo Código e afirma que "o art. 389 cuida dos efeitos decorrentes da responsabilidade contratual", em contradição ao dito no início do livro, de que tal dispositivo seria aplicável em ambas as espécies de responsabilidade. CAVALIERI FILHO, Sergio. Programa de responsabilidade civil. 11. ed. São Paulo: Atlas, 2014. p. 336.

[120] Artigo 398, Código Civil. Nas obrigações provenientes de ato ilícito, considera-se o devedor em mora, desde que o praticou.

que disciplina a mora das obrigações provenientes de ilícitos extracontratuais. Esse dispositivo também regulamenta a obrigação geral de não causar danos, assim como o artigo 186, razão pela qual "apesar de estar localizado no capítulo relativo à responsabilidade contratual, o ato ilícito mencionado pelo artigo 398 é aquele que tem como um de seus elementos a culpa extracontratual ou aquiliana" [121].

De forma inversa, o artigo 946 do Código Civil[122] regulamenta indenizações devidas em decorrência de obrigações indeterminadas, ou seja, hipótese de responsabilidade contratual. Ainda assim, ele está inserido dentro no título "da responsabilidade civil", especificamente no capítulo "da indenização".

O que se percebe é que, apesar do esforço legislativo de separar a lei dos contratos da lei da responsabilidade civil em sentido estrito, tais institutos estão regulamentados de forma esparsa no Código Civil, justamente por possuírem diversas similitudes, o que têm levado a uma crescente tendência de superação da sua distinção. É o que Sergio Cavalieri Filho denomina de "verdadeira simbiose entre esses dois tipos de responsabilidade"[123].

Da mesma forma, no Código Civil português, a separação legislativa entre os institutos antes referida não é absoluta, uma vez que os artigos 483 e seguintes, que regulamentam responsabilidade extracontratual, se aplicam também para casos de responsabilidade civil aquiliana[124]. Aliás, Mário Júlio de Almeida Costa afirma que os regimes, embora distintos, não possuem "diferenças essenciais" no direito português[125].

121 TEPEDINO, Gustavo; BARBOZA, Heloisa Helena; MORAES, Maria Celina Bodin de. **Código Civil interpretado conforme a Constituição da República**. 2. ed. Rio de Janeiro: Renovar, 2007. p. 724.

122 Art. 946, Código Civil. Se a obrigação for indeterminada, e não houver na lei ou no contrato disposição fixando a indenização devida pelo inadimplente, apurar-se-á o valor das perdas e danos na forma que a lei processual determinar.

123 CAVALIERI FILHO, Sergio. **Programa de responsabilidade civil**. 11. ed. São Paulo: Atlas, 2014. p. 31.

124 COSTA, Mario Júlio de Almeida. **Direito das obrigações**. 8. ed. Coimbra: Almedina, 2000. p. 486.

125 Ibid., p. 492.

Outrossim, Bruno Miragem aponta para outra possível forma de distinção do regime de responsabilidade, não pela origem do dano, mas pelo conteúdo do dever violado. Segundo o jurista, desconsidera-se a fonte do dever originário violado, voltando-se "a uma visão mais unitária da responsabilidade civil, em contraposição à tradicional distinção entre responsabilidade contratual e extracontratual", com base no (i) dever de não causar danos, (ii) dever de segurança e (iii) dever de proteção[126].

Nessa linha, Mário Júlio de Almeida Costa explica que existem diversos casos de descumprimento de outras fontes, além dos contratos, que também acarretam responsabilidade contratual – o que inclusive faz com que se critique a nomenclatura empregada, preferindo-se, por vezes, a responsabilidade negocial ou responsabilidade obrigacional[127]. Esses são os casos, por exemplo, de descumprimento de negócios jurídicos unilaterais ou até mesmo da lei.

Percebe-se, diante disso, que o argumento mais proeminente empregado pelos adeptos da teoria dualista (no sentido de diferenciar a origem do dano) não é absoluto, já que nem sempre a responsabilidade contratual emana de um contrato propriamente dito. Em complemento, existem casos "em que a preexistência de um contrato não resta cristalina, porque tanto a responsabilidade contratual como a extracontratual se interpenetram, ou correm paralelas"[128].

A propósito, Patricia Cardoso se vale deste fenômeno ao discorrer sobre a responsabilidade do terceiro que contribui com o inadimplemento contratual[129], afirmando que tais circunstâncias culminam na

[126] MIRAGEM, Bruno. **Direito Civil**: Responsabilidade civil. São Paulo: Saraiva, 2015. p. 97-100.

[127] COSTA, Mário Júlio de Almeida. **Direito das obrigações**. 8. ed. Coimbra: Almedina, 2000. p. 484.

[128] VENOSA, Sílvio de Salvo. **Direito civil**: Teoria geral das obrigações e teoria geral dos contratos. 13. ed. São Paulo: Atlas, 2013. p. 497.

[129] Embora não adentre no tema da distinção entre as espécies de responsabilidade contratual e extracontratual, Antônio Junqueira de Azevedo compartilha do entendimento de que a responsabilidade do terceiro que fomenta inadimplemento contratual é aquiliana, manifestando-se, em parecer, sobre a responsabilidade de distribuidoras de gasolina de bandeiras distintas frente à distribuidora Ipiranga pela venda de combustíveis aos postos Ipiranga, em virtude da violação da cláusula de exclusividade inserida nos contratos de

"responsabilidade extracontratual que é agravada em virtude do contrato negocial", causando aproximação entre os institutos[130]. Isso corrobora a assertiva de que a doutrina vem desconsiderando a natureza do regime de responsabilidade civil lato senso, para que todo e qualquer dano seja devidamente reparado, independentemente da sua origem ou classificação.

Significa dizer que nem mesmo as diferenças entre os institutos teriam o condão de justificar o seu tratamento diferenciado no ordenamento jurídico. Afinal, segundo, Mário Júlio de Almeida Costa, "a maior parte, pelo menos, das diferenças tradicionalmente admitidas não encontra qualquer justificação prática lógica"[131].

Sobre o tema, Carlos Edison do Rêgo Monteiro Filho afirma que a cláusula penal, geralmente indicada como "catalizadora" dessa distinção, é insuficiente para atribuir tratamento diferenciado às espécies de responsabilidade; afinal, nem todo contrato contém tal previsão[132]. Nesse sentido, percebe-se uma forte corrente visando a desconsiderar eventuais diferenças entre os regimes para, com isto, unificar as espécies de responsabilidade.

Vale notar que as distintas formas de definição de competência territorial também não parecem ser suficientes para fundamentar a divisão estanque das espécies de responsabilidade, uma vez que sequer há consenso doutrinário ou jurisprudencial acerca da aplicação dos incisos

distribuição. AZEVEDO, Antônio Junqueira de. Os princípios do atual direito contratual e a desregulamentação do mercado. Direito de exclusividade nas relações contratuais de fornecimento. Função social do contrato e responsabilidade aquiliana do terceiro que contribui para inadimplemento contratual. In:_______.**Estudos e Pareceres de Direito Privado:**. São Paulo: Saraiva, 2004. p. 145.

[130] CARDOSO, Patricia. Oponibilidade dos efeitos dos contratos: determinante da responsabilidade civil do terceiro que coopera com o devedor na violação do pacto contratual. **Revista Trimestral de Direito civil - RTDC**, Rio de Janeiro, v. 5, n. 20, p. 125-150, out./dez. 2004. p. 150.

[131] COSTA, Mario Júlio de Almeida. **Direito das obrigações**. 8. ed. Coimbra: Almedina, 2000. p. 486.

[132] MONTEIRO FILHO, Carlos Edison do Rêgo. **Responsabilidade contratual e extracontratual**: contrastes e convergências no direito contemporâneo. Rio de Janeiro: Processo, 2016. p. 79.

do artigo 53 do CPC, como ressalvado anteriormente. Aliás, a 3ª Seção do STJ já teve a oportunidade de constatar a divergência do posicionamento dentro do próprio Tribunal Superior quando do julgamento do Recurso Especial n. 1.087.471/MT, concluindo que a ação de reparação de danos – seja ela fundada em responsabilidade contratual ou em responsabilidade extracontratual – deve ser proposta no local do dano, e não no domicílio do réu pessoa jurídica[133].

Depreende-se que o STJ unificou as espécies de responsabilidade civil para fins de aferição da competência territorial, pelo menos no julgado acima referido, a despeito da teoria dualista adotada pelo direito brasileiro. Logo, embora não haja consenso jurisprudencial, nem mesmo no STJ, é certo que existe uma corrente no sentido de desconsiderar as distinções entre as espécies de responsabilidade (razão pela qual não parece razoável adotar a competência territorial como um fundamento para justificar a manutenção da abordagem dicotômica).

Assim, superada a questão da competência, outras eventuais distinções entre as espécies de responsabilidade, tais quais, capacidade e culpa, não afastariam as suas similitudes. Muito pelo contrário: eventuais particularidades decorrem das diferentes origens do dever de indenizar (o que é incontestável), mas que não obstam o seu tratamento unitário, superando-se a tradicional dicotomia que parece não mais representar o direito moderno.

Especificamente quanto à culpa, Caio Mário da Silva Pereira critica o posicionamento dos juristas que "procuram encontrar distinção ontológica entre culpa contratual e culpa aquiliana"[134]. Segundo o referido autor, eventuais pontos de diferenciação (quanto à matéria de prova e à extensão dos efeitos) são meramente acidentais, uma vez que ambas "sujeitam o contraventor a responder civilmente pelos prejuízos causados"[135].

[133] REsp 1087471/MT, Rel. Ministro SIDNEI BENETI, TERCEIRA TURMA, julgado em 14/06/2011, DJe 17/06/2011.

[134] PEREIRA, Cario Mário da Silva. **Responsabilidade civil.** Rio de Janeiro: Forense, 2001. p. 247.

[135] Ibid., p. 247.

Similarmente, Rui Stoco aponta para o fato "de o dever jurídico violado ter por fonte primária um contrato, uma lei ou o dever genérico do neminen laedere" não alterar a essência da culpa[136]. Da mesma forma, Cristiano Chaves de Farias, Felipe Braga Netto e Nelson Rosenvald defendem que nem mesmo as distinções quanto ao ônus da prova da culpa justificam, atualmente, a distinção entre as espécies de responsabilidade, indagando "se não seria o caso de abandonar o dualismo"[137].

Afinal, questões envolvendo o ônus da prova são pautadas conforme a natureza do fato (constitutivo, impeditivo, modificativo ou extintivo do direito), nos termos do artigo 373 do CPC, e não conforme a origem do dano indenizável. Significa dizer que a distinção entre ônus da prova da culpa se deve ao direito processual, e não aos regimes da responsabilidade civil do direito material civil.

Ainda sobre culpa, convém destacar que o seu papel é cada vez menor, ante o crescente número de hipóteses de responsabilidade objetiva[138]. Nesse sentido, Eugênio Facchini Neto defendeu a necessidade de "afastar-se, progressivamente, do princípio da culpa" para ampliar

[136] STOCO, Rui. **Tratado de responsabilidade civil**: doutrina e jurisprudência. 8. ed. São Paulo: Revista dos Tribunais - RT, 2011. p. 166.

[137] Os referidos autores se valem também do clássico exemplo da responsabilidade civil dos médicos, afirmando que, embora a relação seja contratual, inexiste presunção de culpa. Isso corrobora mais uma vez que nem mesmo a distinção quanto à presunção de culpa entre os regimes de responsabilidade é absoluta. FARIAS, Cristiano Chaves de; NETTO, Felipe Braga; ROSENVALD, Nelson. **Novo tratado de responsabilidade civil**. São Paulo: Atlas, 2015. p. 698.

[138] Ainda que assim não fosse, Rosa Maria de Andrade Nery e Nelson Nery Junior lecionam que ambas as espécies de responsabilidade contemplam os critérios objetivo e subjetivo. Vejamos: "No sistema de direito privado, há hipóteses de responsabilidade extracontratual que se determinam pelo critério subjetivo (CC 186 e 927 caput) e pelo critério objetivo (CC 927 par. ún.). Igualmente, há situações de responsabilidade civil por dano contratual que se apuram pelo critério da responsabilidade subjetiva (hipótese em que se verificam os aspectos que compõem a base subjetiva do negócio jurídico), e outros que se resolvem pelo sistema de responsabilidade objetiva, quando a matéria sob análise aborda a base objetiva do negócio jurídico (CC 421 e 422), ou, ainda, nos casos em que se põe para análise o cumprimento de contratos que geram obrigações de resultado.". NERY, Rosa Maria de Andrade; NERY JUNIOR, Nelson. **Instituições de direito civil**. v. II. São Paulo: Revista dos Tribunais. p. 406.

a abrangência da responsabilidade civil e, logo, possibilitar que todo o dano possa ser reparado[139].

Ademais, vale enfatizar que determinados inadimplementos contratuais são mais complexos de serem constatados, inexistindo a presunção de culpa invocada pela doutrina. Para ilustrar, pode-se pensar no exemplo do seguro de transporte de bens (regido pelos artigos 743 e seguintes do Código Civil), em que há cláusula obrigando o transportador a contratar seguro facultativo contra roubo de carga[140]: a prova da culpa em caso de não contratação parece evidente, havendo inclusive precedente do STJ nesse sentido[141], mas e os casos de descumprimento das condições da apólice, de valor segurado insuficiente ou de simples recusa da seguradora de pagar a indenização devida ao proprietário do bem transportado?

Ainda que tenha havido contratação do seguro, se o proprietário do bem roubado não for indenizado pela seguradora pelo prejuízo sofrido, indaga-se se há descumprimento contratual culposo passível de responsabilização (afinal, o intento da cláusula é justamente que o proprie-

[139] FACCHINI NETO, Eugênio. Da responsabilidade civil no novo código. **Revista do Tribunal Superior do Trabalho**, Porto Alegre, v. 76, n. 1, p. 17-63, jan./mar. 2010. p. 26-27.

[140] Veja-se que este exemplo didático não contraria o posicionamento quase uníssono na jurisprudência sobre impossibilidade de responsabilização do transportador pelo roubo do bem. Nesse sentido, por exemplo, o seguinte julgado do STJ: "1. A jurisprudência do Superior Tribunal de Justiça firma-se no sentido de que, não obstante a habitualidade da ocorrência de assaltos em determinadas linhas, é de ser afastada a responsabilidade da empresa transportadora por se tratar de fato inteiramente estranho à atividade de transporte (fortuito externo).". AgRg no AREsp 175.821/SP, Rel. Ministro RICARDO VILLAS BÔAS CUEVA, TERCEIRA TURMA, julgado em 23/08/2016, DJe 05/09/2016. Em verdade, o referido exemplo discute tão somente a existência ou não de descumprimento contratual referente à cláusula de obrigatoriedade de contratação de seguro facultativo contra roubo de carga, quando não há ressarcimento do proprietário do bem roubado pela seguradora.

[141] Nesse sentido, já decidiu o STJ: "Se, contratualmente, o transportador estava obrigado a fazer o seguro facultativo da carga para evitar os prejuízos resultantes do seu desaparecimento, inclusive em decorrência de roubo, e deixa de fazê-lo, caracterizada está sua responsabilidade pelo ressarcimento dos danos resultantes desse evento.". AgRg no REsp 439.628/MG, Rel. Ministro ARI PARGENDLER, TERCEIRA TURMA, julgado em 16/03/2006, DJ 10/04/2006, p. 169.

tário do bem seja prontamente ressarcido pela seguradora em caso de roubo da carga). Com base neste exemplo, percebe-se que nem todos os descumprimentos contratuais são facilmente perceptíveis e, portanto, presumidos.

Isso significa que, em ambas as espécies de responsabilidade, compete ao lesado demonstrar como a ação ou omissão da parte adversa causou o dano que se pretende reparar, conforme sistemática do CPC. Logo, esse não parece ser um critério válido para adoção da teoria dualista da responsabilidade civil.

Ademais, quanto à capacidade, Carlos Edison do Rêgo Monteiro afirma que "a ausência do requisito da capacidade civil na responsabilidade contratual não elide o dever de reparar o dano causado à contraparte"[142]. Significa dizer que a celebração de contrato com agente sabidamente incapaz pode, ainda assim, ensejar dever de indenizar[143].

Nesse sentido, o TJRS já teve a oportunidade de analisar diversos casos envolvendo concessão de crédito ou fornecimento de cartão de crédito em que a instituição financeira foi condenada a pagar indenização pela inscrição indevida do agente incapaz nos órgãos restritivos de crédito. Aliás, em um destes julgados, concluiu-se textualmente que, apesar "de a sentença ter declarado nulo (plano da validade) o negócio jurídico, querendo ou não o contrato existiu (plano da existência)"[144].

Para problematizar ainda mais, Mário Júlio de Almeida Costa destaca que existem fatos que violam, ao mesmo tempo, uma relação de crédito e um dos chamados direitos absolutos, preenchendo os requisitos de ambas as espécies de responsabilidade. O referido jurista ilustra o

[142] MONTEIRO FILHO, Carlos Edison do Rêgo. **Responsabilidade contratual e extracontratual**: contrastes e convergências no direito contemporâneo. Rio de Janeiro: Processo, 2016. p. 80.

[143] Veja-se, exemplificativamente: Apelação Cível Nº 70072264112, Décima Segunda Câmara Cível, Tribunal de Justiça do RS, Relator: Guinther Spode, Julgado em 13/06/2017. Apelação Cível Nº 70073064339, Décima Oitava Câmara Cível, Tribunal de Justiça do RS, Relator: Giuliano Viero Giuliato, Julgado em 09/05/2017. Apelação Cível Nº 70066648676, Décima Câmara Cível, Tribunal de Justiça do RS, Relator: Marcelo Cezar Muller, Julgado em 26/11/2015.

[144] Apelação Cível Nº 70066863507, Nona Câmara Cível, Tribunal de Justiça do RS, Relator: Eugênio Facchini Neto, Julgado em 16/12/2015.

tema do "concurso de ambas as espécies de ilícito civil" com os seguintes exemplos: o transportador que culposamente causa ferimentos à pessoa transportada, o médico que lesiona o paciente, o farmacêutico que entrega substância nociva ao paciente e o depositário que danifica o bem que lhe fora confiado[145].

Isso significa que diversos atos implicam simultaneamente violação à lei e ao contrato. Nesse sentido, conforme se extrai das lições de Bruno Miragem, os limites das espécies de responsabilidade não são tão claros, ao que o jurista atribui como causa o dirigismo estatal, que se manifesta em forma de lei e de intervenção no conteúdo dos negócios jurídicos[146].

Aliás, em matéria de direito do consumidor, relações contratuais são geralmente tratadas como ilícitos civis, sob o pretexto de que, ainda que exista um contrato celebrado, a responsabilidade civil geralmente decorre da legislação. A título ilustrativo, cumpre destacar que casos de erro médico costumam ser tratados com base em responsabilidade civil pura, embora em regra exista um contrato celebrado entre o médico e o paciente[147].

Também nesse sentido, convém mencionar o exemplo trazido por Cristiano Chaves de Farias, Felipe Braga Netto e Nelson Rosenvald, no sentido de que terceiros lesados pela explosão de uma geladeira são consumidores, ainda que não a tenham adquirido[148] – de modo que, para a responsabilidade do fornecedor, é indiferente a existência ou não de

[145] COSTA, Mario Júlio de Almeida Costa. **Direito das obrigações.** 8. ed. Coimbra: Almedina, 2000. p. 490-491.

[146] MIRAGEM, Bruno. **Direito civil**: responsabilidade civil. São Paulo: Saraiva, 2015. p. 88.

[147] Nesse sentido, o TJRS decidiu inúmeras ações indenizatórias movidas contra médicos e hospitais (públicos e privados) com base nos artigos que regulamentam a responsabilidade civil estrito senso, aplicando os seus requisitos, ainda que reconhecessem a existência de um contrato: Apelação Cível Nº 70077041531, Décima Câmara Cível, Tribunal de Justiça do RS, Relator: Paulo Roberto Lessa Franz, Julgado em 26/04/2018; Apelação Cível Nº 70074188723, Nona Câmara Cível, Tribunal de Justiça do RS, Relator: Eugênio Facchini Neto, Julgado em 27/09/2017; Apelação Cível Nº 70072243686, Quinta Câmara Cível, Tribunal de Justiça do RS, Relator: Jorge André Pereira Gailhard, Julgado em 31/05/2017.

[148] FARIAS, Cristiano Chaves de; NETTO, Felipe Braga; ROSENVALD, Nelson. **Novo tratado de responsabilidade civil**. São Paulo: Atlas, 2015.

um contrato. Sergio Cavalieri Filho vai além, afirmando que o Código de Defesa do Consumidor ("CDC") superou a clássica distinção das espécies de responsabilidade, adotando a teoria unitária, sob o pretexto de que os casos de defeito do produto ou serviço estão lastreados em violação ao dever de segurança, independentemente da existência de uma relação contratual[149].

Ainda que se discorde dessa assertiva, é certo que existe uma interpenetração entre os diferentes regimes em matéria de direito do consumidor, o que acarreta no tratamento unitário da obrigação de indenizar[150], independentemente das peculiaridades inerentes a cada espécie. Para corroborar, cumpre citar os ensinamentos de Claudia Lima Marques sobre contratos de consumo, eis que a jurista afirma que a relação contratual consiste em uma vinculação de pessoas que gera deveres gerais boa-fé: "[e]stes deveres de conduta (Verhaltenspflichten) obrigam-nos a todos, todos os dias, nas relações extracontratuais e, muito mais, nas relações contratuais"[151].

Sobre o tema, Caio Mário da Silva Pereira aponta para a existência de corrente doutrinária que afasta a clássica dicotomia do direito civil entre responsabilidade contratual e responsabilidade extracontratual, aplicando uma terceira categoria, que leva em consideração a responsabilidade profissional[152]. Segundo a abordagem proposta, transportadores, médicos, fabricantes, construtores, notários e outros profissionais que estão sujeitos à legislação especial assumem uma espécie de res-

[149] Segundo o referido autor: "Ao equiparar ao consumidor todas as vítimas do acidente de consumo (Código de Defesa do Consumidor, art. 17), submeteu a responsabilidade do fornecedor a um tratamento unitário, tendo em vista que o fundamento dessa responsabilidade é a violação do dever de segurança – o defeito do produto ou serviço lançado no mercado e que, numa relação de consumo, contratual ou não, dá causa a um acidente de consumo". CAVALIERI FILHO, Sergio. **Programa de responsabilidade civil**. 11. ed. São Paulo: Atlas, 2014. p. 31.

[150] MIRAGEM, Bruno. **Direito Civil**: Responsabilidade civil. São Paulo: Saraiva, 2015. p. 88-89.

[151] MARQUES, Claudia Lima. **Contratos no Código de Defesa do Consumidor**: o novo regime das relações contratuais. 6. ed. São Paulo: Revista dos Tribunais, 2011. 217.

[152] PEREIRA, Cario Mário da Silva. **Responsabilidade civil**. Rio de Janeiro: Forense, 2001. p. 246 e 251.

ponsabilidade legal, que prescinde de aferição acerca da existência de inadimplemento contratual ou da violação de dever legal.

Contudo, se não há sequer consenso sobre a teoria dualista, quer parecer inviável falar em uma terceira espécie de responsabilidade, como sugere o referido jurista. Note-se, a propósito, que nem mesmo nos casos de erro médico (inseridos no âmbito do direito do consumidor) a matéria foi pacificada.

Embora inúmeros julgados concedam indenizações nessas circunstâncias como se responsabilidade civil pura fossem (ou pelo menos aplicando os seus dispositivos legais e exigindo o cumprimento dos seus requisitos) – como visto acima –, o STJ, quando do julgamento dos Embargos de Divergência em Recurso Especial n. 903.258/RS, reconheceu que a responsabilidade pela má-prestação do serviço médico tem natureza contratual. Naquele julgado, o STJ firmou o entendimento de que "[o] inadimplemento da obrigação não pode ser confundido com o ato ilícito absoluto cujos deveres genéricos não decorrem de relações anteriores entre aquele que lesa e o lesado"[153].

Embora tal posicionamento tenha se dado à luz do Código Civil de 1916, ele foi ratificado com base no Código Civil em vigor, pela Corte Especial do STJ, quando do julgamento do Recurso Especial n. 1.301.595/RJ, de relatoria do Ministro Herman Benjamin[154]. Aliás, neste precedente, o STJ distinguiu a espécie de responsabilidade civil por erro médico de acordo com o autor da ação indenizatória: quando o litígio envolver o paciente, trata-se de responsabilidade contratual; mas quando o litígio envolver os seus parentes, sem vínculo contratual com o médico ou com o hospital, trata-se de responsabilidade civil pura[155].

[153] EREsp 903.258/RS, Rel. Ministro ARI PARGENDLER, CORTE ESPECIAL, julgado em 15/05/2013, DJe 29/05/2013.

[154] REsp 1301595/RJ, Rel. Ministro HERMAN BENJAMIN, CORTE ESPECIAL, julgado em 29/05/2014, DJe 07/04/2015.

[155] Para ilustrar, convém transcrever trecho das razões daquele julgado, que ilustram a situação posta em debate: "Ocorre que, na presente hipótese, as vítimas do acidente padeceram e a reparação por dano moral é reivindicada pelos respectivos familiares. Assim, não obstante a relação originária ser contratual (vítima do acidente - transportador), o liame entre os parentes da vítima, que ora pleiteiam o ressarcimento de danos morais, e o prestador do serviço de transporte causador do dano possui natureza extracontratual,

Nesse cenário, independentemente do tratamento atribuído aos casos de erro médico, é certo que as espécies de responsabilidade estão sendo constantemente aproximadas, confirmando a assertiva de que elas podem ser tratadas de forma unitária, a despeito das suas particularidades. Ressalva-se, contudo, que Judith Martins Consta e Cristiano Zanetti limitam esse fenômeno tão somente ao direito do consumidor (defendendo a manutenção dessa dicotomia em matéria de direito civil), sob o pretexto de que a responsabilidade consumerista estaria dividida em fato do produto e vício do produto – e não em inadimplemento contratual e ato ilícito[156].

Ainda assim, quer parecer que tal posicionamento é contrário às correntes modernas, eis que a tendência de aproximação das espécies de responsabilidade não se restringe ao direito do consumidor, sendo discutida no âmbito do direito civil. Nesse sentido, Carlos Roberto Gonçalves explica que a maioria das codificações adotou a tese dualista ou clássica da responsabilidade civil, ainda que ela seja largamente combatida, havendo atualmente tendências voltadas à sua aproximação, como no BGB e no Código Civil português[157].

Somado a isso, também podemos verificar a convergência entre responsabilidade contratual e responsabilidade extracontratual em maté-

notadamente por configurar reparação de danos morais com base no art. 927 do Código Civil.". REsp 1301595/RJ, Rel. Ministro HERMAN BENJAMIN, CORTE ESPECIAL, julgado em 29/05/2014, DJe 07/04/2015.

[156] MARTINS COSTA, Judith; ZANETTI, Cristiano de Souza. Responsabilidade contratual: prazo prescricional de dez anos. **Revista dos Tribunais**, São Paulo, v. 979, p. 215-241, maio 2017. p. 6.

[157] O referido jurista afirma que: "Nos códigos de diversos países, inclusive no Brasil, tem sido acolhida a tese dualista ou clássica, embora largamente combatida. Algumas codificações modernas, no entanto, tendem a aproximar as duas variantes da responsabilidade civil, submetendo a um regime uniforme os aspectos comuns a ambas. O Código alemão e o português, por exemplo, incluíram uma série de disposições de caráter geral sobre a 'obrigação de indenização', ao lado das normas privativas da responsabilidade do devedor pelo não-cumprimento da obrigação e das regras especificamente aplicáveis aos atos ilícitos. Ficaram, assim, fora da regulamentação unitária apenas os aspectos específicos de cada uma das variantes da responsabilidade.". GONÇALVES, Carlos Roberto. **Comentários ao Código Civil**: parte especial. Direito das obrigações. v. XI. São Paulo: Saraiva, 2003. p. 25.

ria de abuso de direito. Conforme lições de Bruno Miragem, "abusar do direito pressupõe o exercício de um direito que se abuse", de modo que, embora exista um direito, ele deve "restringir-se aos limites que ele próprio impõe"[158].

Por isso, segundo Caio Mário da Silva Pereira, o abuso de direito é geralmente classificado como ato ilícito, tendo em vista que o exercício de um direito é lícito, mas toda a conduta que o ultrapasse é ilícita[159]. Nesse sentido, o artigo 187 do Código Civil estabelece que "comete ato ilícito o titular de um direito que, ao exercê-lo, excede manifestamente os limites impostos pelo seu fim econômico ou social, pela boa-fé ou pelos bons costumes".

Entretanto, existem casos em que o abuso é oriundo de uma relação contratual, de modo em que a responsabilidade contratual se equipara à responsabilidade delitual[160]. Evidente, portanto, que a relação contratual irradia efeitos para a seara da responsabilidade civil pura e vice-versa, o que leva à indagação se tal distinção estanque estaria em consonância com o direito moderno.

Deste modo, percebe-se que existem diversas situações que aproximam as espécies de responsabilidade e, consequentemente, desconsideram as suas diferenças, o que sugere a pertinência da sua unificação. Essa é precisamente a tese sustentada por Carlos Edison do Rêgo Monteiro ao referir que "tanto num caso como noutro, o que se verifica é que há sempre um dano a clamar por reparação"[161].

Assim, parece que a postura tradicional de separação das espécies de responsabilidade contratual e extracontratual irá gradativamente ser superada, considerando que as circunstâncias que a originaram não

[158] MIRAGEM, Bruno. **Abuso do direito**: ilicitude objetiva e limite ao exercício de prerrogativas jurídicas no Direito Privado. 2. ed. São Paulo: Revista dos Tribunais, 2013. p. 121.

[159] PEREIRA, Cario Mário da Silva. **Responsabilidade civil**. Rio de Janeiro: Forense, 2001. p. 252.

[160] Ibid., p. 258.

[161] MONTEIRO FILHO, Carlos Edison do Rêgo. **Responsabilidade contratual e extracontratual**: contrastes e convergências no direito contemporâneo. Rio de Janeiro: Processo, 2016. p. 80.

mais subsistem, de modo que a estrutura dicotômica da responsabilidade civil parece ter perdido o seu propósito. Nessa linha de raciocínio, Bruno Miragem menciona a existência de "interpenetração entre os diferentes regimes, mediante o tratamento unitário da obrigação de indenizar, assim como de efeitos da responsabilidade que, mesmo no caso da responsabilidade negocial, decorrem de lei"[162].

No direito alemão, a doutrina aponta para a mesma tendência. Por exemplo, ao discorrer sobre a responsabilidade pré-contratual, Karina Nunes Fritz explica que a relação obrigacional alemã, diferentemente da brasileira, não está necessariamente pautada em "um dever de prestação", seja ele oriundo de um negócio jurídico ou de uma ação ilícita[163].

Na verdade, segundo a referida autora, a relação obrigacional na Alemanha dispensa, em determinadas hipóteses, o dever de prestação, que, especificamente no caso da *culpa in contrahendo,* se justifica pelos deveres deduzidos da boa-fé objetiva – que corresponderia a uma vinculação especial, denominada *Sonderverbindung.* Isso corrobora a assertiva de que a responsabilidade (como dever de reparar o dano) não está pautada na origem desse dano; tanto que a *culpa in contrahendo,* paulatinamente expandida e fortalecida no direito alemão[164], decorre justamente de deveres anexos à boa-fé, como deveres de proteção, cuidado, lealdade, informação, entre outros (e não de um negócio jurídico ou de um ato ilícito)[165].

[162] MIRAGEM, Bruno. **Direito civil**: responsabilidade civil. São Paulo: Saraiva, 2015. p. 89.

[163] FRITZ, Karina Nunes. A responsabilidade pré-contratual por ruptura das negociações. **Revista dos tribunais,** v. 883. p. 10-56, maio 2009. p. 17.

[164] O instituto está regulamentado no § 311 do BGB, assim disposto: §311, BGB. (1) Zur Begründung eines Schuldverhältnisses durch Rechtsgeschäft sowie zur Änderung des Inhalts eines Schuldverhältnisses ist ein Vertrag zwischen den Beteiligten erforderlich, soweit nicht das Gesetz ein anderes vorschreibt. (2) Ein Schuldverhältnis mit Pflichten nach § 241 Abs. 2 entsteht auch durch 1. die Aufnahme von Vertragsverhandlungen, (...). Em tradução livre: (1) Para criar uma obrigação por meio de uma transação legal e para alterar o conteúdo de uma obrigação, é necessária a existência de um contrato entre as partes, salvo se estipulado em sentido contrário pela lei. (2) Também surge uma obrigação com deveres conforme § 241 (2) quando houver 1. Início das negociações contratuais, (...).

[165] FRITZ, Karina Nunes. A responsabilidade pré-contratual por ruptura das negociações. **Revista dos tribunais,** v. 883. p. 10-56, maio 2009. p. 14.

De forma semelhante, no direito brasileiro, o direito das obrigações contemporâneo está lastreado na cláusula geral da boa-fé[166]. Nesse sentido, Bruno Miragem ensina que "a compreensão da obrigação como um processo, e o reconhecimento de eficácia jurídica às fases anterior à celebração e posterior ao cumprimento do dever principal da relação obrigacional" implicam diminuição das distinções entre as espécies de responsabilidade[167].

Ressalta-se, contudo, que a questão ainda é bastante controversa: enquanto no Brasil a responsabilidade pré-contratual é tratada pela maioria dos juristas[168] como responsabilidade civil aquiliana, por força da proibição de lesar outrem, ela é regida na Alemanha pelas regras de responsabilidade contratual, tendo em vista o vínculo obrigacional prévio[169]. Ainda assim, essa aproximação (e até confusão) entre os regimes de responsabilidade corrobora a possível impertinência da sua distinção.

[166] MIRAGEM, Bruno. Função social do contrato, boa-fé e bons costumes: nova crise dos contratos e a reconstrução da autonomia negocial pela concretização das cláusulas gerais. In: MARQUES, Claudia Lima. **A nova crise do contrato**: estudos sobre a nova teoria contratual. São Paulo: Revista dos Tribunais, 2007. p. 214.

[167] MIRAGEM, Bruno. **Direito Civil**: Direito das Obrigações. São Paulo: Saraiva, 2017. p. 37.

[168] Daniel Ustárroz, por exemplo, parece defender que a responsabilidade pré-contratual deve ser tratada ora como responsabilidade contratual, ora como extracontratual. Vejamos: "Sobre o histórico debate acerca da divisão entre responsabilidade aquiliana e contratual, parece que existem condições de aproveitas ambas as modalidades na resolução dos litígios. Haverá casos em que a responsabilidade deverá pautar-se pela 'vontade', quando existente uma prova suficiente de que houve um consenso parcial (o indigitado pré-contrato, memorial de entendimentos, documentos firmados prevejam obrigações, etc.). Noutras hipóteses, quando inexistir acordo expresso sobre o modo como deveriam ser levadas as negociações, fatalmente a responsabilidade será delitual e a análise seguirá os parâmetros gerais da ilicitude civil. Valorizam-se, assim, as duas grandes fontes da responsabilidade: vontade e destino." USTÁRROZ, Daniel. **Temas atuais de direito contratual**. Porto Alegre: Notadez, 2010. p. 72.

[169] Karina Nunes Fritz ressalva, em contrapartida, que alguns juristas defendem a existência de uma terceira espécie de responsabilidade, o que exigiria a criação de um sistema próprio de regras, hoje inexistente. FRITZ, Karina Nunes. A responsabilidade pré-contratual por ruptura das negociações. **Revista dos tribunais**, v. 883. p. 10-56, maio 2009. p. 24.

Outrossim, como verificado no Código Civil brasileiro, existe uma interpenetração entre os dispositivos legais esparsos do BGB, que regulamentam as duas espécies de responsabilidade. A título exemplificativo, o § 253 do BGB[170], que institui indenização para danos imateriais, está previsto no título 1 do livro 2 do BGB, que é aplicável para ambas as espécies de responsabilidade civil[171].

Significa dizer que, tanto no Brasil como na Alemanha, a opção legislativa de separação e distinção das normas que regem os ilícitos e os descumprimentos contratuais é relativizada pela aplicação simultânea de determinadas regras para ambas as espécies de responsabilidade civil. Além da confusão legislativa, a jurisprudência alemã também se vale da interpenetração entre as espécies de responsabilidade civil para resolver casos concretos.

Aliás, uma das críticas dessa dicotomia no direito alemão (em consonância com a situação verificada no Brasil) é que alguns casos são resolvidos com base na responsabilidade contratual, embora sejam, em verdade, ilícitos extracontratuais[172], para viabilizar a devida reparação da parte lesada. Sob essa premissa, ao discorrer sobre precedentes britânicos e suas possíveis classificações como *torts* ou *contracts*, Basil Markesinis explica que o direito alemão ampliou o conceito de contrato a favor de terceiro, para abranger determinados ilícitos[173].

Isso porque, como visto anteriormente, a responsabilidade extracontratual encontra uma série de limitações. Exemplificativamente, a responsabilidade por atos de terceiro exige *culpa in vigilando* ou *culpa in eligendo*.

Por essa razão, a jurisprudência passou a admitir remédios contratuais para estes casos, embora eles fossem caracterizados pelo direito alemão como ilícitos. Para ilustrar, a doutrina aponta para o caso do "car-

[170] Este dispositivo será explorado em detalhes no capítulo 2.1.2.

[171] HARKE, Jan Dirk. **Allgemeines Schuldrecht**. Berlin, Heidelberg: Imprint: Springer, 2010. p. 16.

[172] SCHMIDT, Jan Peter. Responsabilidade civil no direito alemão e método funcional no direito comparado. **Revista Trimestral de Direito Civil**, Rio de Janeiro, v. 10, n. 40, p. 139-150, out./dez. 2009. p. 147.

[173] MARKESINIS, Basil S. An expanding tort law - the price of a rigid contract law. **Law Quarterly Review**, v. 103, p. 354-397, jul. 1987. p. 2-3.

pete de linóleo", em que uma cliente foi atingida por um rolo grande de linóleo que caiu de uma das prateleiras de uma loja[174].

Nesse caso específico, o Tribunal alemão negou direito da cliente a compensação via responsabilidade extracontratual contra a loja, diante da inexistência dos requisitos de responsabilidade por ato de terceiro, mas permitiu ação com base na responsabilidade contratual[175]. Embora a cliente ainda não tivesse adquirido o carpete, o *Reichsgericht* (Suprema Corte alemã durante o período imperial e da Constituição de Weimar) entendeu que haveria uma relação negocial preparatória, de natureza semelhante a uma relação contratual, que imporia deveres de proteção à integridade física e à propriedade – posicionamento posteriormente confirmado pelo Bundesgerichtshof ("BGH")[176] – tribunal alemão com atribuição similar àquela do STJ.

A aplicação inédita da culpa *in contrahendo* (inserida formalmente no ordenamento jurídico alemão somente com a reforma do BGB em 2002)[177] se deu justamente para possibilitar a condenação da loja; do contrário, apenas o funcionário responsável seria responsabilizado. Logo, as noções de responsabilidade civil e a sua classificação (como relação contratual ou não) foram relativizadas a fim de manipular o resultado do julgamento, isto é, para a concessão ou não de indenização.

Essa expansão da responsabilidade contratual se deve ao fato de ela não encontrar tamanha resistência: todos os danos são compensáveis, existe uma responsabilidade automática do devedor por seus auxiliares e, ainda, há uma inversão do ônus da prova de culpa em favor do credor[178]. Rui Stoco analisa criticamente o tema, afirmando que "[a]

[174] USTÁRROZ, Daniel. **Temas atuais de direito contratual**. Porto Alegre: Notadez, 2010. p. 63-64.

[175] SCHMIDT, Jan Peter. Responsabilidade civil no direito alemão e método funcional no direito comparado. **Revista Trimestral de Direito Civil**, Rio de Janeiro, v. 10, n. 40, p. 139-150, out./dez. 2009. p. 143.

[176] Ibid., p. 145.

[177] LANDO, Ole. Das neue Schuldrecht des Burgerlichen Gesetzbuchs und die Grundregeln des europaischen Vertragsrechts. **Rabels Zeitschrift für ausländisches und internationales Privatrecht**, Hamburg, v. 67, n. 2, p. 231-245, abr. 2003. p. 243.

[178] SCHMIDT, Jan Peter. Responsabilidade civil no direito alemão e método funcional

insuficiência, ou menor desenvolvimento do sistema alemão de responsabilidade extracontratual levou a uma hipertrofia do sistema de responsabilidade contratual"[179].

Deste modo, indaga-se se a simples distinção da origem do dano justificaria tamanha discrepância entre os regimes, sobretudo quando a doutrina e a jurisprudência desconsideram os limites da responsabilidade contratual e da responsabilidade extracontratual, quando conveniente, para adequadamente reparar os danos sofridos. A respeito, Basil Markesinis não fomenta a superação da distinção entre estas espécies de responsabilidade, defendendo a necessidade de fixação de limites para controlar a expansão do tratamento de ilícitos como contratos no direito alemão[180].

Apesar das críticas, inúmeros julgados enquadraram casos de responsabilidade civil aquiliana como relações contratuais[181], para dar a solução mais adequada ao litígio. A título ilustrativo, o BGH estendeu os efeitos de contrato de prestação de serviços de advocacia para o filho

no direito comparado. **Revista Trimestral de Direito Civil**, Rio de Janeiro, v. 10, n. 40, p. 139-150, out./dez. 2009. p. 144.

179 STOCO, Rui. **Tratado de responsabilidade civil**: doutrina e jurisprudência. 8. ed. São Paulo: Revista dos Tribunais - RT, 2011. p. 166.

180 A respeito, Basil Markesins comenta que: "First, the test that will determine who is to be included within the protective umbrella of the contract is crucial if the concept of contract with protective effects vis-à-vis third parties is to be employed. Most German lawyers agree that the list of such persons must be limited; but they differ greatly as to the criteria that must be employed to achieve this aim and, as a result, as to who precisely enjoys such protection.". MARKESINIS, Basil S. An expanding tort law - the price of a rigid contract law. **Law Quarterly Review**, v. 103, p. 354-397, jul. 1987. p. 9. Em tradução livre: Inicialmente, é crucial o teste que irá determinar quem será incluído dentro do escopo de proteção do contrato, caso o conceito do contrato com efeitos protetivos vis-à-vis para terceiros seja empregado. A maioria dos advogados alemães concorda que a lista de tais pessoas deve ser limitada; mas eles divergem consideravelmente quanto ao critério que deve ser utilizado para atingir tal intento e, como resultado, quanto a quem especificamente goza de tal proteção.

181 Sobre o tema, Reinhard Zimmermann afirma que, quando um fato ensejar pretensões de responsabilidade contratual e de responsabilidade extracontratual, o autor pode optar por qual preferir. ZIMMERMANN, Reinhard. **The Law of Obligations**: Roman Foundations of the Civilian Tradition. Cidade do Cabo: Juta, 2006. p. 905.

do contratante: tratava-se de procedimento de divórcio, em que o advogado deixou de instruir seu cliente sobre uma das obrigações assumidas no acordo de divórcio, de modo que o seu filho não pôde exigir de sua mãe a transferência de bens que ele fazia jus. Frente a isso, o BGH permitiu que o filho ajuizasse ação contra o advogado do seu pai, com base no contrato havido entre eles.

Nessa decisão, o Tribunal esclareceu a excepcionalidade da medida, de modo a evitar a confusão entre os limites da responsabilidade contratual e da responsabilidade extracontratual[182]. Essa situação ilustra a relatividade do direito contratual alemão, eis que a doutrina e a jurisprudência autorizam a expansão do contrato, debatendo apenas sobre quais pessoas devem ser incluídas no âmbito de sua proteção[183].

Consequentemente, assim como o Código Civil brasileiro, o BGB estabelece uma distinção entre as espécies de responsabilidade civil no seu texto, mas a doutrina e a jurisprudência têm relativizado esta distinção em inúmeras circunstâncias. Reinhard Zimmermann afirma que a distinção entre contratos e ilícitos é bastante delicada, e sua fronteira é em muitos aspectos de difícil visualização[184].

Assim, pode-se dizer que o direito moderno aparentemente não mais se coaduna com esta clássica distinção da responsabilidade civil, pelo menos não da forma em que realizada. Por isso, a superação desta distinção entre responsabilidade civil contratual e responsabilidade extracontratual parece estar em consonância com a evolução do direito moderno.

Nesse sentido, Giselda Maria Fernandes Novaes Hironaka afirma que a insuficiência das soluções do direito atual frente aos mais distintos casos de danos exige uma "significativa reformulação do atual sistema bipolarizado de responsabilidade civil, isto é, a responsabilidade decorrente do descumprimento contratual (responsabilidade contratual) e aquela consequente da prática de ato ilícito (responsabilidade extracontratual)"[185].

[182] MARKESINIS, Basil S. **Foreign Law & Comparative Methodology** – a subject and a thesis. Oxford: Hart Publishing, 1997. p. 262.

[183] Ibid., p. 259-261.

[184] ZIMMERMANN, Reinhard. **The Law of Obligations**: Roman Foundations of the Civilian Tradition. Cidade do Cabo: Juta, 2006. p. 903.

[185] HIRONAKA, Giselda Maria Fernandes Novaes. Responsabilidade pressuposta:

Diante dessas considerações, é inegável que existe uma tendência à superação da distinção entre responsabilidade aquilina e responsabilidade contratual; tanto que Arnoldo Wald afirmou, em 1998, que "[e]ssa diferença é discutida na doutrina e rejeitada por algumas legislações mais modernas"[186]. No mesmo sentido, mas muitos anos antes, José de Aguiar Dias já defendia, em 1954, que a responsabilidade civil deveria ser estudada em um plano único, sendo conveniente transcrever seus comentários visionários sobre o tema:

> O Código Civil distinguiu entre responsabilidade contratual e extracontratual, regulando-as em seções marcadamente diferentes do seu texto. Nisto, acompanha a generalidade das codificações mais antigas, contra as quais se manifesta a tendência das legislações modernas, inclinadas à unificação, tendo em vista o fundamento comum da falta de diligência em relação ao direito alheio.[187]

Diante desses esclarecimentos, inegável que há uma tendência há muito discutida de superação da distinção entre as espécies de responsabilidade, pautada nos mais variados argumentos. Sob essa perspectiva, passamos a analisar um exemplo concreto de unificação dos sistemas de responsabilidade, bem como as suas funções, para corroborar as considerações feitas ao longo do capítulo.

1.2 Elementos convergentes das duas espécies de responsabilidade

A distinção entre responsabilidade contratual e responsabilidade extracontratual pode ser analisada por diversos aspectos. Este capítulo propõe o estudo da unificação dos regimes com base nos prazos prescricionais aplicáveis às ações indenizatórias, no Brasil e na Alemanha, e na identidade das suas funções.

evolução de fundamentos e de paradigmas da responsabilidade civil na contemporaneidade. **Revista Jurídica**, São Paulo, v. 56, n. 364, p. 35-62, fev. 2008. p. 47.

[186] WALD, Arnoldo. **Curso de Direito Civil Brasileiro**: obrigações e contratos. v. II. 13. ed. São Paulo: Revista dos Tribunais, 1998. p. 549.

[187] DIAS, José de Aguiar. **Da responsabilidade civil**. 3. ed. Rio de Janeiro: Forense, 1954. p. 143.

1.2.1 A unificação dos prazos prescricionais de ações indenizatórias no direito brasileiro e no direito alemão

Como visto, grande parte da doutrina rechaça a distinção entre as espécies de responsabilidade. Mário Júlio de Almeida Costa, por exemplo, afirma que "o regime da responsabilidade contratual é basicamente idêntico ao da responsabilidade extracontratual"[188].

Um dos institutos que evidenciam a eventual superação dessa abordagem dicotômica, tanto no direito alemão como no direito brasileiro, é a prescrição. Isso porque os prazos prescricionais atualmente aplicáveis às ações indenizatórias – sejam elas fundadas em inadimplemento contratual ou em ato ilícito – são (ou deveriam ser) idênticos.

Com o Código Civil de 2002, os prazos prescricionais até então vintenários foram drasticamente reduzidos, estabelecendo-se uma série de prazos especiais (de um a cinco anos), além da regra geral residual de dez anos. Especificamente, o artigo 206, §3°, inciso V, do Código Civil em vigor estabelece que ações fundadas em "responsabilidade civil" prescrevem em 3 anos.

Ainda assim, a doutrina e a jurisprudência[189] entendiam que tal dispositivo se limitava aos casos de responsabilidade aquiliana, de modo que ações indenizatórias oriundas de relações contratuais deveriam ser submetidas ao prazo geral, de dez anos, estabelecido no artigo 205 do Código Civil (ou ao prazo especial, se existente, para determinadas espécies de contratos). Esse é precisamente o posicionamento de Judith Martins Costa e Cristiano Zanetti, que defendem veementemente a aplicação de prazos prescricionais distintos para ações fundadas em responsabilidade civil aquiliana e ações fundadas em responsabilidade contratual[190].

[188] COSTA, Mario Júlio de Almeida Costa. **Direito das obrigações**. 8. ed. Coimbra: Almedina, 2000. p. 486.

[189] Nesse sentido, veja-se, exemplificativamente, os seguintes julgados do STJ: AgRg no AREsp 783.719/SP, Rel. Ministra MARIA ISABEL GALLOTTI, QUARTA TURMA, julgado em 10/03/2016, DJe 17/03/2016; AgRg no Ag 1401863/PR, Rel. Ministro ANTONIO CARLOS FERREIRA, QUARTA TURMA, julgado em 12/11/2013, DJe 19/11/2013.

[190] MARTINS COSTA, Judith; ZANETTI, Cristiano de Souza. Responsabilidade contratual: prazo prescricional de dez anos. **Revista dos Tribunais**, São Paulo, v. 979,

Tais autores logicamente defendem esse argumento porque são contrários à teoria unitária da responsabilidade civil, como visto no capítulo anterior com detalhes. Para ilustrar a questão, Gustavo Tepedino escreveu um artigo dedicado ao tema em 2009, no qual explicava que, "[a] despeito da clareza do dispositivo, logo surgiram vozes para, no afã de ampliar o direito de ação, circunscrever o prazo trienal à responsabilidade extracontratual, adotando-se, em contrapartida, o prazo geral de dez anos" para caso envolvendo responsabilidade contratual[191].

Segundo o jurista, os dois argumentos utilizados por essa corrente seriam (i) o modelo "supostamente" semelhante ao do direito italiano, que também diferencia o prazo prescricional aplicável às espécies de responsabilidade civil, bem como (ii) inviabilidade de se admitir um prazo de três anos para pleitear indenização contratual, quando o prazo para pleitear execução é de cinco anos (fulcro no inciso I do §5° do artigo 206 do Código Civil). Especificamente quanto ao segundo argumento, parte da doutrina afirma que seria incoerente que o credor tivesse um prazo prescricional para pleitear perdas e danos e outro para exigir outros remédios cabíveis para descumprimento contratual, tais quais execução forçada ou resolução contratual[192]. Todavia, o STJ apreciou a questão em 2017 e concluiu que "[a] pretensão de exigir o adimplemento do contrato verbal de mútuo não se equipara à de ressarcimento por dano contratual", defendendo a aplicação de prazos prescricionais distintos para cada espécie de ação[193].

Além desses dois argumentos, diversos juristas defendem que o termo "reparação civil" só é utilizado no Código Civil em dispositivos legais que regulamentam responsabilidade aquiliana, enquanto que

p. 215-241, maio 2017. p. 10.

[191] TEPEDINO, Gustavo. Prescrição aplicável à responsabilidade contratual: crônica de uma ilegalidade anunciada. **Revista Trimestral de Direito Civil – RTDC**, Rio de Janeiro, v. 37, p. 3-5, jan./mar. 2009. p. 1.

[192] MARTINS COSTA, Judith; ZANETTI, Cristiano de Souza. Responsabilidade contratual: prazo prescricional de dez anos. **Revista dos Tribunais**, São Paulo, v. 979, p. 215-241, maio 2017. p. 5.

[193] REsp 1510619/SP, Rel. Ministro RICARDO VILLAS BÔAS CUEVA, TERCEIRA TURMA, julgado em 27/04/2017, DJe 19/06/2017.

os artigos que tratam de inadimplemento das obrigações não contêm qualquer referência a esta expressão[194]. Deste modo, afirma-se que não seria possível aplicar o artigo 206, §3°, inciso V, para ações que visam a reparar descumprimentos contratuais.

Seguindo essa linha, Humberto Theodoro Jr. defende que, quando a norma do artigo 206, §3°, inciso V, do Código Civil utiliza o termo "reparação civil", ela se limita à obrigação que nasce do ato ilícito *stricto sensu*, não sendo aplicável às hipóteses de descumprimento contratual. Isso porque, segundo o referido autor, "[o] regime principal é o do contrato, ao qual deve aderir o dever de indenizar como acessório, cabendo-lhe função própria do plano sancionatório"[195].

O que se percebe é que parte da doutrina interpreta o referido artigo como se ele fosse aplicável apenas em casos de responsabilidade civil aquiliana – ainda que o legislador não tivesse feito essa ressalva. Nesse sentido, Athos Gusmão Carneiro afirma que: "para efeito do prazo prescricional trienal, 'reparação civil' é a indenização, a ser paga normalmente em dinheiro, dos danos decorrentes do ato ilícito não contratual"[196].

Contudo, cumpre referir que tal argumento formalista não parece ser suficiente para afirmar que o termo "reparação civil" do artigo 206 do Código Civil se limita aos casos de responsabilidade aquiliana. Diferentemente do BGB[197], o Código Civil brasileiro não é dotado de tec-

[194] MARTINS COSTA, Judith; ZANETTI, Cristiano de Souza. Responsabilidade contratual: prazo prescricional de dez anos. **Revista dos Tribunais**, São Paulo, v. 979, p. 215-241, maio 2017. p. 4.

[195] THEODORO JR., Humberto. **Comentários ao novo Código Civil**: dos atos jurídicos lícitos. Dos atos ilícitos. Da prescrição e decadência. Da prova. v. III, t. II. 3. ed. Rio de Janeiro: Forense, 2005. p. 333.

[196] CARNEIRO, Athos Gusmão. Prescrição trienal e "reparação civil". Revista de Direito Bancário e do Mercado de Capitais. **Revista dos Tribunais**, São Paulo, v. 13, n. 49, p. 18-19, jul./set. 2010. p. 4.

[197] Segundo Ole Lando, o BGB é lógico e preciso, de modo que há apenas uma expressão para cada termo e significado em todo o código. LANDO, Ole. Das neue Schuldrecht des Burgerlichen Gesetzbuchs und die Grundregeln des europaischen Vertragsrechts. **Rabels Zeitschrift für ausländisches und internationales Privatrecht**, Hamburg, v. 67, n. 2, p. 231-245, abr. 2003. p. 232. Todavia, esse mesmo comentário simplesmente

nicidade e formalismo a ponto de impedir que um mesmo termo seja usado, em diferentes dispositivos legais, com diferentes sentidos.

Para ilustrar a 'flexibilidade' do direito brasileiro e a ausência de termos rígidos, vale mencionar que as mesmas situações fáticas podem configurar danos distintos ou até mesmo ensejar reparação por institutos distintos — ainda que isso não seja recomendável ou adequado. A propósito, ao tratar sobre as espécies de danos, Eugênio Facchini Neto afirma que o jurista tem, por vezes, "a sensação de uma 'guerra de etiquetas', pois as mesmas situações fáticas são protegidas em lugares diversos sob rótulos diferentes."[198].

Nesse contexto, quer parecer que o argumento formalista mencionado por alguns autores no que diz respeito à letra do artigo 206, §3°, inciso V, do Código Civil não merece prosperar – pelo menos não para, por si só, impedir aplicação do prazo prescricional trienal para ações fundadas em responsabilidade contratual. Assim, em posição antagônica àquela vista acima, parte da doutrina defende a unificação dos prazos prescricionais em matéria de responsabilidade civil *lato sensu*.

Exemplificativamente, Gustavo Tepedino criticou o posicionamento da doutrina antes referido, sob o argumento de que nada justificaria tamanha delonga no ajuizamento de ação[199], independentemente de o dano decorrer de uma relação contratual ou não. Este também é o posicionamento de Arnaldo Rizzardo, Arnaldo Rizzardo Filho e Carine Rizzardo, que defendem a aplicação do prazo prescricional trienal para ações fundadas tanto em responsabilidade contratual como em responsabilidade extracontratual[200].

não é utilizado para descrever o Código Civil brasileiro, razão pela qual o argumento de que o termo "reparação civil" se restringe aos casos de responsabilidade aquiliana, pelo simples fato de nos demais dois artigos do código ele ter sido usado apenas para essa espécie de responsabilidade, não parece convincente.

[198] FACCHINI NETO, Eugênio. Os novos danos: análise de direito comparado. **Revista VOXLEX**, Porto Alegre, v. 1, n. 1, p. 15-50, mar./abr. 2016. p. 17.

[199] TEPEDINO, Gustavo. Prescrição aplicável à responsabilidade contratual: crônica de uma ilegalidade anunciada. **Revista Trimestral de Direito Civil - RTDC**, Rio de Janeiro, v. 37, p. 3-5, jan./mar. 2009. p. 1-2.

[200] RIZZARDO, Arnaldo; RIZZARDO FILHO, Arnaldo; RIZZARDO, Carine Ardissone. **Prescrição e decadência**. Rio de Janeiro: Forense, 2015. p. 142.

Em paralelo a estas discrepâncias doutrinárias, a jurisprudência vinha, até recentemente, aplicando de forma contínua a regra geral do artigo 205 do Código Civil aos casos de pretensões indenizatórias decorrentes de inadimplemento contratual[201]. Até setembro de 2016, o STJ havia decidido reiteradamente que "[à] pretensão de reparação civil por danos decorrentes de inadimplemento contratual aplica-se o prazo prescricional de 10 (dez) anos, previsto no artigo 205 do Código Civil"[202], de modo que os tribunais estaduais replicaram e consolidaram, por muitos anos, esse posicionamento[203].

Entretanto, tal entendimento parecia ter sido superado pelo STJ em 2016, em sede de recurso repetitivo, quando do julgamento do Recurso Especial n. 1.360.969/RS[204]. Na ocasião, a Segunda Seção do STJ modificou seu próprio entendimento sobre a matéria, concluindo que o prazo prescricional de três anos se aplica tanto para casos envolvendo responsabilidade contratual como para hipóteses de responsabilidade extracontratual.

Assim, no voto vencedor do Ministro Marco Aurélio Belizze, restou afastada a diferenciação entre responsabilidade civil aquiliana e contratual para fins de aplicação do artigo 206, §3°, inciso V, do Código

[201] Nesse sentido, por exemplo, o STJ decidiu que o prazo prescricional aplicável às ações envolvendo responsabilidade do construtor pela fragilidade da obra, quando fundadas no artigo 389 do Código Civil, é o decenal, por configurarem ilícito contratual. REsp 1290383/SE, Rel. Ministro PAULO DE TARSO SANSEVERINO, TERCEIRA TURMA, julgado em 11/02/2014, DJe 24/02/2014.

[202] AgRg no REsp 1291531/DF, Rel. Ministro RICARDO VILLAS BÔAS CUEVA, TERCEIRA TURMA, julgado em 05/11/2015, DJe 10/11/2015.

[203] Veja-se, por exemplo, o entendimento do TJRS: "Tratando-se de ação indenizatória com base em inadimplemento contratual, o prazo prescricional é de 10 anos conforme previsão do art. 205 do Código Civil de 2002". Apelação Cível N° 70062583711, Décima Nona Câmara Cível, Tribunal de Justiça do RS, Relator: Eduardo João Lima Costa, Julgado em 18/12/2014; "A prescrição da pretensão em razão de inadimplemento contratual é de dez anos, por enquadrar-se na regra geral prevista no artigo 205 do Código Civil.". Apelação Cível N° 70061708418, Décima Nona Câmara Cível, Tribunal de Justiça do RS, Relator: Eduardo João Lima Costa, Julgado em 11/06/2015.

[204] REsp 1360969/RS, Rel. Ministro MARCO BUZZI, Rel. p/ Acórdão Ministro MARCO AURÉLIO BELLIZZE, SEGUNDA SEÇÃO, julgado em 10/08/2016, DJe 19/09/2016.

Civil[205]. Dada a importância da decisão, convém transcrever o excerto mais relevante ao debate do tema:

> Esse tema foi objeto de debate na V Jornada de Direito Civil, do Conselho da Justiça Federal e do Superior Tribunal de Justiça, realizada em novembro de 2011, ocasião em que foi editado o Enunciado n. 418, segundo o qual "**o prazo prescricional de três anos para a pretensão de reparação civil aplica-se tanto à responsabilidade contratual quanto à responsabilidade extracontratual**". É importante perceber que a sistemática adotada pelo Código Civil de 2002 foi a de redução dos prazos prescricionais, visando sobretudo a garantir a segurança jurídica e a estabilização das relações jurídicas em lapso temporal mais condizente com a dinâmica natural das situações contemporâneas. Seguindo essa linha de raciocínio **não parece coerente com a lógica estabelecida pelo Código Civil de 2002 deixar prevalecer, como se regra fosse, o prazo prescricional decenal (art. 205), de caráter tão alongado, para as reparações civis decorrentes de contrato, e somente entender aplicável o lapso temporal trienal para a parte veicular judicialmente as pretensões de reparação civil no âmbito extracontratual ou de enriquecimento sem causa** (art. 206, § 3º, IV e V). É de se notar, ademais, que nem mesmo o Código de Defesa do Consumidor, editado no idos de 1990 – o qual tem como objetivo maior a tutela dos direitos de vulneráveis postos no mercado de consumo, primando, assim, pela assimetria inerente às relações jurídicas estabele-

[205] Judith Martins Costa e Cristiano Zanetti sintetizaram os argumentos que levaram à mudança de entendimento do STJ, conforme segue: "Para justificar a mudança de orientação, o julgado invocou três fundamentos jurídicos – o literal, o sistemático e o axiológico. Em primeiro lugar, fundou-se na letra da lei, para afirmar que o termo "reparação civil" deve ser lido de maneira ampla, de modo a abarcar tanto a responsabilidade contratual, como a extracontratual; em segundo lugar, defendeu que essa interpretação mais bem se harmoniza com as demais regras que governam a responsabilidade contratual; e, em terceiro lugar, sustentou que o princípio constitucional da isonomia impede que haja prazos distintos para as obrigações fundadas em uma e outra espécie de responsabilidade.". MARTINS COSTA, Judith; ZANETTI, Cristiano de Souza. Responsabilidade contratual: prazo prescricional de dez anos. **Revista dos Tribunais**, São Paulo, v. 979, p. 215-241, maio 2017. p. 3.

cidas entre o consumidor e o fornecedor –, concede tanta elasticidade ao prazo prescricional para que o interessado busque sua pretensão de reparação de danos causados por fato do produto ou do serviço, que, ao final, também é derivada de relação contratual. O art. 27 estabelece o lapso de cinco anos para o ajuizamento de demanda fundada em acidente de consumo, o qual é exatamente a metade do prazo previsto no art. 205 do Código Civil de 2002. Então, por que o Código Civil de 2002 – editado mais de uma década após o CDC – que trouxe a tônica de prazos prescricionais reduzidos e que, em regra, regula relações jurídicas em que há paridade entre os sujeitos, admitiria interpretação no sentido de fazer preponderar o prazo prescricional de dez anos para reparação de danos atinentes a contratos que nem sequer envolvem parte vulnerável? Nesse contexto, **considero que a melhor interpretação é, pois, aquela que, observando a lógica e a coerência do sistema estabelecido pelo Código de 2002 para as relações civis, dá TRATAMENTO UNITÁRIO AO PRAZO PRESCRICIONAL QUER SE TRATE DE REPARAÇÃO CIVIL FUNDADA EM RESPONSABILIDADE CIVIL CONTRATUAL OU EXTRACONTRATUAL ou em enriquecimento sem causa, reconhecendo, assim, em caráter uniforme o prazo prescricional trienal para todas essas espécies de pretensões.** (grifo do autor).

A partir desse momento, o posicionamento vinculante do STJ sobre a matéria em discussão era (ou deveria ser) de que a expressão "reparação civil" mencionada no artigo 206, §3°, inciso V, do Código Civil não faz distinção entre responsabilidade contratual ou responsabilidade extracontratual, razão pela qual incidiria o prazo prescricional de três anos em ambas as hipóteses. Depois desse julgamento, as duas Turmas que compõem a Segunda Seção do STJ, competentes para julgar questões de direito privado, proferiram decisões que ratificaram o posicionamento supra – embora tenham sido proferidas também decisões em sentido contrário.

Em uma análise quantitativa[206], verifica-se que, desde o julgamento do recurso repetitivo supramencionado, em agosto de 2016, até a opor-

[206] Não foram consideradas decisões monocráticas.

tunidade em que o STJ revisitou o tema, em junho de 2018, haviam sido proferidos dezesseis acórdãos envolvendo o presente debate[207], sendo que doze deles estão em consonância com a tese de unificação dos dos prazos prescricionais de ações indenizatórias[208], e qua-

[207] Ressalva-se, contudo, que em um destes julgados, os Ministros parecem ter confundido o termo reparação civil com enriquecimento sem causa (que também está sujeito ao prazo prescricional trienal, fulcro no artigo 206, §3°, inciso IV). Sérgio Savi comenta que há confusão teórica na doutrina e na jurisprudência envolvendo os institutos, diante da sua suposta semelhante "função genérica". SAVI, Sérgio. **Responsabilidade civil do enriquecimento sem causa**. São Paulo: Atlas, 2012. p. 52. Especificamente, no agravo interno em Agravo em Recurso Especial n. 273.735, concluiu-se que "o atual prazo prescricional aplicável também é o trienal, à luz dos fundamentos da tese firmada por ocasião do julgamento do REsp n. 1.360.969/RS, afetado à temática dos recursos repetitivos", por se tratar de ação de "reparação civil decorrente de inadimplemento contratual", mas afirmou também que o autor pretende "evitar o enriquecimento ilícito da operadora do plano" (AgInt no AgInt no AREsp 273.735/PR, Rel. Ministra MARIA ISABEL GALLOTTI, QUARTA TURMA, julgado em 26/09/2017, DJe 03/10/2017.). Ainda assim, a despeito da aparente confusão entre os institutos da reparação civil e do enriquecimento sem causa (e, consequentemente, dos incisos IV e V do artigo 206, §3°, do Código Civil), o referido julgado respeitou o entendimento fixado em sede de recurso repetitivo.

[208] Os acórdãos proferidos pelo STJ em conformidade com o recurso repetitivo são: AgInt no AREsp 794.821/RS, Rel. Ministro MARCO AURÉLIO BELLIZZE, TERCEIRA TURMA, julgado em 25/10/2016, DJe 14/11/2016; REsp 1281594/SP, Rel. Ministro MARCO AURÉLIO BELLIZZE, TERCEIRA TURMA, julgado em 22/11/2016, DJe 28/11/2016; REsp 1474832/SP, Rel. Ministro PAULO DE TARSO SANSEVERINO, Rel. p/ Acórdão Ministro RICARDO VILLAS BÔAS CUEVA, TERCEIRA TURMA, julgado em 13/12/2016, DJe 03/03/2017; AgInt no REsp 1490387/RS, Rel. Ministro RICARDO VILLAS BÔAS CUEVA, TERCEIRA TURMA, julgado em 18/05/2017, DJe 01/06/2017; REsp 1510619/SP, Rel. Ministro RICARDO VILLAS BÔAS CUEVA, TERCEIRA TURMA, julgado em 27/04/2017, DJe 19/06/2017; AgInt no AREsp 893.943/SP, Rel. Ministro PAULO DE TARSO SANSEVERINO, TERCEIRA TURMA, julgado em 08/08/2017, DJe 22/08/2017; REsp 1632842/RS, Rel. Ministro PAULO DE TARSO SANSEVERINO, TERCEIRA TURMA, julgado em 12/09/2017, DJe 15/09/2017; AgInt no AREsp 1113334/SP, Rel. Ministro MARCO AURÉLIO BELLIZZE, TERCEIRA TURMA, julgado em 15/05/2018, DJe 25/05/2018; AgInt no AREsp 1136518/BA, Rel. Ministro MOURA RIBEIRO, TERCEIRA TURMA, julgado em 19/06/2018, DJe 28/06/2018. AgInt no AgInt no AREsp 273.735/PR, Rel. Ministra MARIA ISABEL GALLOTTI, QUARTA TURMA, julgado em 26/09/2017, DJe 03/10/2017; AgInt no AREsp 1141991/RJ, Rel. Ministro MARCO BUZZI, QUARTA TURMA, julgado em 05/06/2018, DJe 13/06/2018; AgInt no REsp 1496308/DF, Rel. Ministro LUIS FELIPE SALOMÃO, QUARTA TURMA,

tro não[209]. Vale enfatizar que esses quatro julgados que deixaram de observar o posicionamento firmado em sede de recurso repetitivo eram de relatoria da Ministra Nancy Andrighi, que não participou do referido julgamento da Segunda Seção, dos Ministros Marco Buzzi e Antonio Carlos Ferreira, que foram votos vencidos naquele julgamento (sendo o primeiro, inclusive, relator originário do recurso), e do Ministro Rircardo Villas Bôas Cueva, que curiosamente havia votado a favor da tese de unificação dos prazos prescricionais[210].

Diante dessa divergência de posicionamentos no âmbito do próprio STJ, a despeito do julgamento em sede de recurso repetitivo, a Segunda Seção voltou a analisar a questão, em junho de 2018, quando do julgamento dos Embargos de Divergência n. 1.280.825/RJ[211]. Surpreendentemente, nesta oportunidade, o STJ retomou o

julgado em 21/06/2018, DJe 26/06/2018.

[209] Veja-se os excertos relevantes desses quatro julgados: "(...) o prazo geral decenal disposto no art. 205 do CC/02, o qual, além de corresponder ao prazo vintenário anteriormente disposto no art. 177 do CC/16, é o prazo que regula as pretensões fundadas no inadimplemento contractual.". REsp 1717160/DF, Rel. Ministra NANCY ANDRIGHI, TERCEIRA TURMA, julgado em 22/03/2018, DJe 26/03/2018; "A jurisprudência do STJ firmou-se no sentido de ser aplicável o prazo prescricional decenal (artigo 205 do Código Civil) às demandas fundadas em responsabilidade civil decorrentes de inadimplemento contratual". AgRg no AREsp 362.210/ES, Rel. Ministro MARCO BUZZI, QUARTA TURMA, julgado em 15/12/2016, DJe 01/02/2017; "No mais, como demonstrado na decisão agravada, o entendimento firmado no STJ é que, tratando-se de responsabilidade derivada do não cumprimento dos chamados "deveres anexos do contrato", sua natureza é contratual, a ensejar a aplicação da norma residual do art. 205 do CC/2002 (precedentes citados, transcritos acima).". AgInt no AgRg no AREsp 267.726/SP, Rel. Ministro ANTONIO CARLOS FERREIRA, QUARTA TURMA, julgado em 18/10/2016, DJe 24/10/2016; "O prazo prescricional decenal, de que trata o art. 205 do Código Civil, tem aplicação na cobrança de valores oriundos de descumprimento contratual, o que não ocorre no caso em apreço (...).". AgRg no REsp 1432129/DF, Rel. Ministro RICARDO VILLAS BÔAS CUEVA, TERCEIRA TURMA, julgado em 01/09/2016, DJe 16/09/2016.

[210] Ressalva-se que no precedente de relatoria do Ministro Rircardo Villas Bôas Cueva, em que se concluiu que "o art. 205 do Código Civil, teria aplicação se a hipótese em apreço versasse sobre a cobrança de valores oriundos de descumprimento contratual", o prazo prescricional aplicável foi o trienal, pois a matéria de fundo era efetivamente responsabilidade aquiliana.

[211] EREsp 1280825/RJ, Rel. Ministra NANCY ANDRIGHI, SEGUNDA SEÇÃO, julgado em 27/06/2018, DJe 02/08/2018.

posicionamento então superado, por maioria, concluindo que o prazo prescricional trienal se limita às hipóteses de responsabilidade civil em sentido estrito, não sendo aplicável aos casos de responsabilidade contratual.

O acórdão, de relatoria da Ministra Nancy Andrighi (que, como referido, não havia participado do julgamento anterior em 2016), restou assim ementado:

> EMBARGOS DE DIVERGÊNCIA EM RECURSO ESPECIAL. RESPONSABILIDADE CIVIL. PRESCRIÇÃO DA PRETENSÃO. INADIMPLEMENTO CONTRATUAL. PRAZO DECENAL. INTERPRETAÇÃO SISTEMÁTICA. REGIMES JURÍDICOS DISTINTOS. UNIFICAÇÃO. IMPOSSIBILIDADE. ISONOMIA. OFENSA. AUSÊNCIA.
>
> (...) 5. **Nas controvérsias relacionadas à responsabilidade contratual, aplica-se a regra geral (art. 205 CC/02) que prevê dez anos de prazo prescricional** e, quando se tratar de responsabilidade extracontratual, aplica-se o disposto no art. 206, § 3º, V, do CC/02, com prazo de três anos. 6. Para o efeito da incidência do prazo prescricional, **o termo "reparação civil" não abrange a composição da toda e qualquer consequência negativa, patrimonial ou extrapatrimonial, do descumprimento de um dever jurídico, mas, de modo geral, designa indenização por perdas e danos, estando associada às hipóteses de responsabilidade civil, ou seja, tem por antecedente o ato ilícito.** 7. Por observância à lógica e à coerência, o mesmo prazo prescricional de dez anos deve ser aplicado a todas as pretensões do credor nas hipóteses de inadimplemento contratual, incluindo o da reparação de perdas e danos por ele causados.
>
> 8. **Há muitas diferenças de ordem fática, de bens jurídicos protegidos e regimes jurídicos aplicáveis entre responsabilidade contratual e extracontratual que largamente justificam o tratamento distinto atribuído pelo legislador pátrio, sem qualquer ofensa ao princípio da isonomia.**
>
> 9. Embargos de divergência parcialmente conhecidos e, nessa parte, não providos. (grifo do autor)

Após este julgamento e até a data de edição deste livro, foram publicados trinta e cinco acórdãos nesse sentido, de ambas as Turmas da Segunda Seção do STJ[212]. Essas decisões reforçaram o posicionamento

[212] AgInt no REsp 1745198/RS, Rel. Ministra MARIA ISABEL GALLOTTI, QUARTA TURMA, julgado em 22/06/2020, DJe 26/06/2020; AgInt no AREsp 1611241/MS, Rel. Ministro MARCO AURÉLIO BELLIZZE, TERCEIRA TURMA, julgado em 25/05/2020, DJe 28/05/2020; AgInt nos EDv nos EREsp 1705306/RS, Rel. Ministro RICARDO VILLAS BÔAS CUEVA, SEGUNDA SEÇÃO, julgado em 05/05/2020, DJe 07/05/2020; AgInt no AREsp 1435600/SP, Rel. Ministro ANTONIO CARLOS FERREIRA, QUARTA TURMA, julgado em 04/05/2020, DJe 06/05/2020; AgInt no AREsp 938.857/SP, Rel. Ministro RICARDO VILLAS BÔAS CUEVA, TERCEIRA TURMA, julgado em 30/03/2020, DJe 07/04/2020; REsp 1846331/DF, Rel. Ministra NANCY ANDRIGHI, TERCEIRA TURMA, julgado em 10/03/2020, DJe 13/03/2020; AgInt no AREsp 1554491/PB, Rel. Ministro RAUL ARAÚJO, QUARTA TURMA, julgado em 10/03/2020, DJe 31/03/2020; AgInt nos EDcl no REsp 1823166/AP, Rel. Ministro RICARDO VILLAS BÔAS CUEVA, TERCEIRA TURMA, julgado em 10/02/2020, DJe 12/02/2020; AgInt no REsp 1676876/RO, Rel. Ministro PAULO DE TARSO SANSEVERINO, TERCEIRA TURMA, julgado em 18/11/2019, DJe 21/11/2019; AgInt no REsp 1555035/RJ, Rel. Ministro MOURA RIBEIRO, TERCEIRA TURMA, julgado em 11/11/2019, DJe 18/11/2019; AgInt nos EDcl no AREsp 1002996/SP, Rel. MIN. ANTONIO CARLOS FERREIRA, QUARTA TURMA, julgado em 16/09/2019, DJe 27/09/2019; AgInt no REsp 1802493/SP, Rel. MIN. PAULO DE TARSO SANSEVERINO, TERCEIRA TURMA, julgado em 09/09/2019, DJe 13/09/2019; REsp 1721694/SP, Rel. MIN. NANCY ANDRIGHI, TERCEIRA TURMA, julgado em 03/09/2019, DJe 05/09/2019; AgInt no REsp 1698259/SP, Rel. MIN. PAULO DE TARSO SANSEVERINO, TERCEIRA TURMA, julgado em 01/07/2019, DJe 02/08/2019; AgInt no AgInt no AgInt no AREsp 1246079/PR, Rel. MIN. NANCY ANDRIGHI, TERCEIRA TURMA, julgado em 24/06/2019, DJe 26/06/2019; AgInt no REsp 1704110/DF, Rel. MIN. NANCY ANDRIGHI, TERCEIRA TURMA, julgado em 24/06/2019, DJe 26/06/2019; AgInt no REsp 1796574/SP, Rel. MIN. NANCY ANDRIGHI, TERCEIRA TURMA, julgado em 10/06/2019, DJe 12/06/2019; EDcl no AgRg no REsp 1379860/DF, Rel. MIN. ANTONIO CARLOS FERREIRA, QUARTA TURMA, julgado em 30/05/2019, DJe 10/06/2019; EREsp 1281594/SP, Rel. MIN. BENEDITO GONÇALVES, Rel. p/ Acórdão MIN. FELIX FISCHER, CORTE ESPECIAL, julgado em 15/05/2019, DJe 23/05/2019; AgInt no AREsp 1277430/RS, Rel. MIN. MARIA ISABEL GALLOTTI, QUARTA TURMA, julgado em 12/03/2019, DJe 15/03/2019; AgInt no REsp 1742038/SP, Rel. Ministra NANCY ANDRIGHI, TERCEIRA TURMA, julgado em 25/02/2019, DJe 27/02/2019; AgInt no REsp 1717845/RS, Rel. Ministro RAUL ARAÚJO, QUARTA TURMA, julgado em 12/02/2019, REPDJe 26/02/2019, DJe 25/02/2019; AgInt no AREsp 1172987/RS, Rel. Ministro MARCO AURÉLIO BELLIZZE, TERCEIRA TURMA, julgado em 12/11/2018, DJe 16/11/2018; AgInt no REsp 1719517/RS, Rel. Ministra MARIA ISABEL GALLOTTI, QUARTA TURMA, julgado em 06/11/2018, DJe 14/11/2018; AgInt no AREsp 1328472/GO, Rel. Ministro LUIS FELIPE SALOMÃO,

acima transcrito, de que ações indenizatórias que discutem inadimplemento contratual prescrevem em dez anos, sujeitando-se à regra geral do artigo 205 do Código Civil – não tendo sido proferido nenhum acórdão em sentido diverso.

Ao que tudo indica, portanto, o STJ consolidou novamente a tese de diferenciação das espécies de responsabilidade civil para fins de aferição do prazo prescricional. Ainda assim, é certo que esta questão continua controversa, mesmo que tenham sido proferidos dois acórdãos que visavam justamente a pacificar a matéria, em um lapso temporal de menos de dois anos.

Contudo, arrisca-se a dizer que a propensão do direito moderno é desconsiderar as distinções entre as espécies de responsabilidade, pelo menos para unificar o prazo prescricional aplicável às ações indenizatórias. Afinal, como bem pontuou Arnaldo Rizzardo, a violação contratual também enseja desobediência à lei, uma vez que é a lei que determina a obrigatoriedade das cláusulas pactuadas[213]. Logo, não haveria fundamento plausível para diferenciar o prazo prescricional para ações indenizatórias pelo simples fato de existir ou não

QUARTA TURMA, julgado em 23/10/2018, DJe 29/10/2018; AgInt no AgInt no AREsp 942.502/RS, Rel. Ministra MARIA ISABEL GALLOTTI, QUARTA TURMA, julgado em 16/10/2018, DJe 24/10/2018; AgInt no REsp 1729847/SP, Rel. Ministro MARCO AURÉLIO BELLIZZE, TERCEIRA TURMA, julgado em 01/10/2018, DJe 05/10/2018; AgInt no REsp 1608493/PR, Rel. Ministro LÁZARO GUIMARÃES (DESEMBARGADOR CONVOCADO DO TRF 5ª REGIÃO), QUARTA TURMA, julgado em 18/09/2018, DJe 26/09/2018; AgInt no AREsp 1296944/SP, Rel. Ministro LUIS FELIPE SALOMÃO, QUARTA TURMA, julgado em 18/09/2018, DJe 21/09/2018; AgInt no AREsp 1099952/RS, Rel. Ministro ANTONIO CARLOS FERREIRA, QUARTA TURMA, julgado em 11/09/2018, DJe 18/09/2018; REsp 1750570/RS, Rel. Ministro RICARDO VILLAS BÔAS CUEVA, TERCEIRA TURMA, julgado em 11/09/2018, DJe 14/09/2018; AgRg no AREsp 132.795/SP, Rel. Ministro MARCO BUZZI, QUARTA TURMA, julgado em 30/08/2018, DJe 13/09/2018; AgInt no REsp 1399280/RS, Rel. Ministro MARCO BUZZI, QUARTA TURMA, julgado em 30/08/2018, DJe 12/09/2018; AgInt no REsp 1731038/DF, Rel. Ministro MOURA RIBEIRO, TERCEIRA TURMA, julgado em 21/08/2018, DJe 05/09/2018; AgInt no AgInt nos EDcl no REsp 1513839/PE, Rel. Ministro LÁZARO GUIMARÃES (DESEMBARGADOR CONVOCADO DO TRF 5ª REGIÃO), QUARTA TURMA, julgado em 14/08/2018, DJe 23/08/2018.

[213] RIZZARDO, Arnaldo. **Responsabilidade Civil.** 7. ed. Rio de Janeiro: Forense, 2015. p. 37.

uma relação contratual – apesar dos inúmeros fundamentos invocados pelo STJ e por parte da doutrina.

Embora não se possa depreender dessa tendência que a distinção entre responsabilidade civil extracontratual e responsabilidade contratual tenha sido superada – sobretudo ante os recentes julgamentos do STJ –, ela demonstra que isso pode ocorrer em um futuro próximo. Essa nova abordagem representa, portanto, uma tendência a ser observada, para que o direito siga acompanhando as demandas sociais.

Aliás, note-se que tal modificação de entendimento não se limitou ao ordenamento jurídico brasileiro. A reforma do direito das obrigações na Alemanha em 2002[214] também contemplou modificações no âmbito dos prazos prescricionais (inclusive apontados como um dos pontos mais relevantes da reforma)[215].

Especificamente, antes da reforma, as ações de responsabilidade civil fundadas em delitos prescreviam em três anos, conforme o então § 852, alínea 1, do BGB[216], ao passo que ações fundadas em relações contratuais prescreviam em trinta anos, com base na norma geral, por ausência de regra específica[217]. Deste modo, percebe-se que o BGB distinguia, no passado, o prazo prescricional aplicável para pretensões indenizatórias fundadas em contratos e em atos ilícitos.

Ainda assim, a jurisprudência aplicava prazos mais curtos para ações indenizatórias que visavam compensação como substituição do

[214] A respeito, ressalta-se que a demanda pela modernização do direito obrigacional alemão foi fruto de mudanças no âmbito comunitário, sobretudo aquelas trazidas pela Convention on Contracts for the International Sales of Goods e por diretivas que precisavam ser prontamente incorporadas pelo direito nacional. NORDMEIER, Carl Friedrich. O novo direito das obrigações no Código Civil Alemão. **Revista Cadernos do Programa de Pós-Graduação em Direito PPGDir./UFRGS**, Porto Alegre, v. 1, mar. 2004. p. 206-207.

[215] Também foram objeto de reestruturação os dispositivos que regulamentam "inexecução e execução defeituosa, contratos de venda de bens e contratos de prestação de serviços". CANARIS, Claus-Wilhelm. O novo direito das obrigações na Alemanha. **Revista da EMERJ**, Rio de Janeiro, v. 7, n. 27, p. 108-124, jul./set. 2004. p. 108.

[216] WITZ, Claude. **Droit privé allemand** – 1. Actes juridiques, droits subjectifs. Paris: Litec, 1992. p. 533.

[217] ZIMMERMANN, Reinhard. WHITTAKER, Simon. **Good faith in European Contract Law**. New York: Cambridge University Press, 2000. p. 493.

inadimplemento contratual; ao passo que o prazo para pleitear performance e para pleitear indenização em caráter não substitutivo à obrigação era de trinta anos[218]. No entanto, desde a reforma que entrou em vigor em 2002[219], o BGB passou a determinar que ambos os casos prescrevem em 3 anos[220].

Até então, o direito prescricional alemão era excessivamente complexo – o que pode ser facilmente presumido se considerarmos que ele era governado por 130 dispositivos legais[221]. Isso prejudicava tanto os litigantes, como o próprio Judiciário, na medida em que exigia constante discussão sobre qual o prazo prescricional aplicável dentre as diferentes provisões no BGB[222].

Ainda, a regra geral do prazo prescricional então instituída pelo direito alemão era incompatível com as necessidades do mercado, fomentando longos períodos de inércia. Isso porque os prazos prescricionais eram excessivamente longos[223], sobretudo se considerarmos que a regra geral era de trinta anos (nos termos do então § 195 do BGB)[224].

[218] LARENZ, Karl; WOLF, Manfred. **Allgemeiner Teil des Bürgerlichen Rechts**. ed. 8. Munique: Beck, 1997. p. 339. No original, afirma-se que: "Die Rechtsprechung wendet diese kurzen Fristen, soweit sie für den Erfüllungsanspruch gelten, auch auf solche Schadensersatzansprüche an, die einen Ersatz gerade für das Ausbleiben der Erfüllung oder das Scheitern des Vertrags darstellen, auch wenn sich solche Ansprüch aus positiver Vertragsverletzung, aus culpa in contrahendo oder aus §§ 122, 179 Abs. 2 ergeben. Dagegen bleibt es bei der dreißigjährigen Frist, wenn auch für den Erfüllungsanspruch keine kürzere Frist gilt. Ebenso soll es für die Schadensersatzansprüche aus positiver Vertragsverletzung oder aus culpa in contrahendo, die nicht als Erfüllungsersatz dienen, bei der dreißigjährigen Frist blieben."

[219] NORDMEIER, Carl Friedrich. O novo direito das obrigações no Código Civil Alemão. **Revista Cadernos do Programa de Pós-Graduação em Direito PPGDir./UFRGS**, Porto Alegre, v. 1, mar. 2004. p. 210.

[220] Ibid., p. 219.

[221] WITZ, Claude. **Droit privé allemand** – 1. Actes juridiques, droits subjectifs. Paris: Litec, 1992. p. 542.

[222] Ibid., p. 542.

[223] Sobre o prazo prescricional aplicável antes da reforma de 2002, Claude Witz ressalva que a regra geral do § 195 consistia, em verdade, em norma excecional, considerando o número excessivo de regras específicas no BGB. Ibid., p. 531.

[224] LARENZ, Karl; WOLF, Manfred. **Allgemeiner Teil des Bürgerlichen Rechts**. ed. 8. Munique: Beck, 1997. p. 337.

Sobre o tema, Carl Friedrich Nordmeier aponta que os prazos diferentes (de seis semanas e trinta anos) causavam inúmeros problemas e desigualdades, o que exigia uma harmonização legislativa[225]. Por essa razão, cabia à doutrina discutir os dispositivos legais que regulamentavam prescrição para tentar modificar a duração dos prazos prescricionais vigentes[226].

Assim, apesar dos prazos específicos do então § 196 do BGB, que excepcionavam a regra geral antes referida (e estabeleciam prazos inferiores específicos), a jurisprudência se incumbia de, na prática, corrigir os excessos dos prazos e adaptar o instituto ao direito da época[227]. Nesse contexto, Claus Wilhelm Canaris afirma que os tribunais criaram interpretações "estranhas" da doutrina, a fim de introduzir emendas às regras dos prazos de prescrição previstos no BGB[228].

Além disso, as exceções à regra geral não eram claras e geralmente estavam fundamentas em tradições históricas irracionais. Para demonstrar a insatisfação dos juristas com o direito vigente, especificamente com o tema dos prazos prescricionais, Claus Wilhelm Canaris alega que "a prescrição constituía uma das piores partes do nosso Código Civil"[229], de modo que este foi um dos pontos que justificou o aumento do escopo da reforma.

É que a referida reforma havia sido motivada pela diretiva da União Europeia sobre proteção do consumidor, mas acabou englobando uma verdadeira reestruturação do sistema obrigacional, por opção legislativa[230]. Além da redução dos prazos, o legislador alterou também o conceito da prescrição contratual, que passa a ser subjetivo.

Anteriormente, o prazo prescricional para demandas envolvendo contratos iniciava da data do surgimento da prescrição, geralmente cor-

[225] NORDMEIER, Carl Friedrich. O novo direito das obrigações no Código Civil Alemão. **Revista Cadernos do Programa de Pós-Graduação em Direito PPGDir./UFRGS**, Porto Alegre, v. 1, mar. 2004. p. 217-218.

[226] Ibid., p. 108-109.

[227] WITZ, Claude. **Droit privé allemand** – 1. Actes juridiques, droits subjectifs. Paris: Litec, 1992. p. 542.

[228] CANARIS, Claus-Wilhelm. O novo direito das obrigações na Alemanha. **Revista da EMERJ**, Rio de Janeiro, v. 7, n. 27, p. 108-124, jul./set. 2004. p. 110.

[229] Ibid., p. 110-111.

[230] Ibid., p. 108-109.

respondente à data do vencimento da obrigação (o que é denominado pela doutrina de sistema objetivo)[231]. Isso significa que o prazo começava a fluir desde a data do surgimento do direito, independentemente do seu conhecimento[232].

Contudo, com a reforma, o prazo passa a transcorrer no fim do ano no qual o credor ficou sabendo da pretensão (por meio do denominado de sistema subjetivo) – mesmo sistema de prescrição que regulava a responsabilidade aquiliana, consubstanciando no chamado *allgemeines Prinzip*[233]. Ainda assim, tendo em vista que o sistema adotado poderia gerar inseguranças, a reforma do BGB instituiu a utilização cumulativa dos sistemas subjetivo e objetivo em matéria de obrigações (valendo-se da regra de responsabilidade civil): o credor possui três anos para pleitear o seu direito de indenização, contados da data que tomar conhe-

[231] Ressalva-se, contudo, que a reforma do BGB manteve um aspecto do sistema objetivo de prescrição em seu § 199, pois a pretensão prescreve em dez anos do seu vencimento, independentemente do conhecimento do credor. NORDMEIER, Carl Friedrich. O novo direito das obrigações no Código Civil Alemão. **Revista Cadernos do Programa de Pós-Graduação em Direito PPGDir./UFRGS**, Porto Alegre, v. 1, mar. 2004. p. 218-219.

[232] CANARIS, Claus-Wilhelm. O novo direito das obrigações na Alemanha. **Revista da EMERJ**, Rio de Janeiro, v. 7, n. 27, p. 108-124, jul./set. 2004. p. 111.

[233] Convém transcrever as palavras de Carl Friedrich Nordmeier sobre o tema: "O novo conceito muda para o "sistema subjetivo" (subjektives System) e estabelece, no § 199 BGB/2002, que o prazo da prescrição regular inicia no fim do ano no qual o credor ficou sabendo da pretensão ou não ficou sabendo por negligência grave (grobe Fahrlässigkeit); o fato de o início ser somente no fim do ano recebe o nome de "Ultimo-Verjährung". Desta maneira, limitam-se os efeitos fortes que um prazo de prescrição curto (três anos) traz para o credor; por outro lado, o sistema subjetivo precisa de uma limitação objetiva para que o credor não possa alegar seu desconhecimento da pretensão anos mais tarde. Portanto, o § 199 BGB/2002 estabelece no seu inciso IV que a pretensão prescreve dez anos depois do seu vencimento, independentemente do conhecimento do credor. O sistema subjetivo da prescrição não é totalmente novo para o direito alemão. O BGB de 1900 já usou-a no direito dos delitos (§ 825 BGB/1900). Mas, com a reforma do direito das obrigações, o sistema tornou-se princípio geral (algemeines Prinzip) do BGB alemão.". NORDMEIER, Carl Friedrich. O novo direito das obrigações no Código Civil Alemão. **Revista Cadernos do Programa de Pós-Graduação em Direito PPGDir./UFRGS**, Porto Alegre, v. 1, mar. 2004. p. 218-219.

cimento do fato, desde que respeitado o prazo de dez anos, que passa a fluir da data do evento que dá origem ao direito[234].

Ou seja, não apenas os prazos prescricionais foram unificados, mas os sistemas objetivo e subjetivo da prescrição passaram a valer tanto para casos de responsabilidade contratual como responsabilidade extracontratual. Assim, a reforma não se limitou especificamente aos diferentes prazos prescricionais, enfrentando a matéria de forma mais geral e construtiva, ao rever a duração, o ponto de início, a sequência e os efeitos da prescrição[235].

Ressalta-se, contudo, que existem diferenciações específicas do prazo prescricional de ações fundadas em responsabilidade aquiliana e em algumas ações fundadas em contratos específicos, como, por exemplo, ações que discutem contratos de locação, ações envolvendo vícios de produto em contrato de compra e venda, dentre outros. Aliás, havendo pretensões múltiplas, a regra geral é que os prazos prescricionais aplicáveis sejam verificados com base em cada reivindicação[236].

234 CANARIS, Claus-Wilhelm. O novo direito das obrigações na Alemanha. **Revista da EMERJ**, Rio de Janeiro, v. 7, n. 27, p. 108-124, jul./set. 2004. p. 111.

235 WITZ, Claude. **Droit privé allemand** – 1. Actes juridiques, droits subjectifs. Paris: Litec, 1992. p. 541.

236 No texto original: Häufig bestehen neben dem Anspruch aus unerlaubter Handlung weitere Ansprüche gegen den Schädiger. Solche Ansprüche können sich insbesondere aus dem Vertrag ergeben. Für diese Ansprüche bestehen regelmäßig eigene Verjährungsvorschriften (z. B. § 438; § 634a, § 651 g Abs. 2; § 548). Beim Zusammentreffen mehrerer Ansprüche lautet die Grundregel, dass für jeden Anspruch die für ihn maßgebliche Verjährungsregel anzuwenden ist. Eine Ausnahme von diesem Grundsatz ist dann zu machen, wenn durch die Anwendung der deliktsrechtlichen Verjährungsregeln der Zweck der anderen Verjährungsvorschrift vereitelt würde. Kurze Verjährungsfristen besonderer Rechtsverhältnisse sollen deshalb auch auf den Deliktsanspruch Anwendung finden, da diese die Schaffung von Klarheit und Rechtsfrieden bezwecken. FUCHS, Maximilian; PAUKER, Werner; BAUMGÄRTNER, Alex. **Delikts- und Schadensersatzrecht**. 9. Auflage. Berlin, Heidelberg : Imprint: Springer, 2017. p. 276. Em tradução livre: Frequentemente outras pretensões surgem contra o ofensor, além da pretensão decorrente de atos ilícitos. Tais pretensões podem especialmente surgir a partir de um contrato. Para essas pretensões existem prazos de prescrição próprios. Havendo pretensões múltiplas, a regra geral é que a prescrição a elas aplicável deve ser verificada conforme cada reivindicação a que corresponder. Uma exceção desta regra é quando, mediante a aplicação das prescrições da responsabilidade civil, se frustra o propósito

Apesar disto, as ações indenizatórias estão sujeitas ao prazo prescricional único da regra geral, tanto em casos de responsabilidade extracontratual como de responsabilidade contratual[237] – ainda que existam hipóteses específicas excepcionais que se sujeitam a prazos distintos. Consequentemente, pode-se afirmar que a reforma do BGB de 2002 viabilizou a unificação das espécies de responsabilidade civil em matéria de prescrição na Alemanha.

Diante dessas considerações, conclui-se que a unificação dos prazos prescricionais no direito alemão e (brevemente) no direito brasileiro se deve à constante modernização do direito e à adaptação das demandas sociais. Além de a sociedade atual não admitir prazos prescricionais excessivamente longos, quer parecer que a distinção entre pretensões indenizatórias (com base na origem do dano) não encontra espaço no direito moderno.

Sobre o tema, convém relembrar as lições de Pontes de Miranda, que ensinava que os prazos prescricionais "atendem à conveniência de que não perdure por demasiado tempo a exigibilidade ou a acionabilidade", de modo que essa duração deve ser determinada conforme "cada momento da civilização"[238]. Sob essa premissa, a redução dos prazos na reforma do BGB de 2002 e no Código Civil brasileiro de 2002 reforçam que o direito pressupõe constante adaptação.

Tal assertiva vale também para a unificação dos prazos em matéria de responsabilidade civil, já que inexiste fundamento lógico que pudesse justificar prazos distintos (e com tamanha diferença, como ocorria, tanto no Brasil como na Alemanha) para ações com a mesma pretensão indenizatória. A unificação dos prazos prescricionais de ações indenizatórias

do outro prazo prescricional. Prazos de prescrição curtos de relações jurídicas especiais devem, por isso, se sujeitar à regra aplicável à responsabilidade civil, visando à clareza e à segurança jurídica do direito.

[237] Sobre o tema: "Bislang wurde auch hier der allgemeine Grundsatz angewandt, dass vertragliche und deliktische Ansprüche ihren jeweiligen Verjährungsvorschriften unterliegen.". Ibid., p. 277. Em tradução livre: Até então era aplicada a regra geral de que as pretensões contratuais e de responsabilidade civil estão sujeitas aos seus respectivos prazos de prescrição.

[238] MIRANDA, Francisco Cavalcanti Pontes de. **Tratado de direito privado**: parte geral, tomo 6. 3. ed. Rio de Janeiro: Borsoi, 1970.

poderia, assim, ser apontada como o primeiro passo formal e consolidado dessa nova abordagem.

Ressalva-se, contudo, que ainda existem posicionamentos divergentes no âmbito do direito brasileiro (sobretudo no atual posicionamento da jurisprudência, como visto anteriormente) e nos diferentes ordenamentos jurídicos. Em Portugal, por exemplo, as ações indenizatórias fundadas em atos ilícitos e em descumprimentos contratuais prescrevem em prazos diferentes: em três e vinte anos, respectivamente — embora inexista uma "verdadeira distinção essencial de regimes entre as duas formas clássicas de responsabilidade"[239].

Assim como no direito brasileiro, o Código Civil português estabelece uma regra geral de prescrição, consistente no artigo 309[240], que, segundo Mário Júlio de Almeida Costa, é aplicável aos casos de responsabilidade contratual, e uma regra específica, prevista no artigo 498[241], que fixa o prazo de três anos para ajuizamento de ação fundada em direito de indenização, envolvendo atos ilícitos. Similarmente, os direitos italianos e espanhol também fixaram prazos prescricionais diferenciados para ações indenizatórias – argumento, aliás, invocado por Judith Martins Costa e Cristiano de Souza Zanetti para justificar a aplicação do prazo decenal aos litígios envolvendo responsabilidade contratual no Brasil[242].

Na Itália, o prazo prescricional aplicável ao regime de responsabilidade contratual segue a regra geral de dez anos, enquanto ações fundadas em responsabilidade extracontratual se submetem a um prazo

[239] COSTA, Mario Júlio de Almeida Costa. **Direito das obrigações**. 8. ed. Coimbra: Almedina, 2000. p. 486 e 488.

[240] Artigo 309, Código Civil português. O prazo ordinário da prescrição é de vinte anos.

[241] Artigo 498, 1, Código Civil português. O direito de indemnização prescreve no prazo de três anos, a contar da data em que o lesado teve conhecimento do direito que lhe compete, embora com desconhecimento da pessoa do responsável e da extensão integral dos danos, sem prejuízo da prescrição ordinária se tiver decorrido o respectivo prazo a contar do facto danoso.

[242] MARTINS COSTA, Judith; ZANETTI, Cristiano de Souza. Responsabilidade contratual: prazo prescricional de dez anos. **Revista dos Tribunais**, São Paulo, v. 979, p. 215-241, maio 2017. p. 9.

de cinco anos[243]. Na Espanha, a responsabilidade contratual também está sujeita ao prazo geral, de dez anos, sendo que há norma específica para responsabilidade extracontratual de um ano[244].

O tratamento diferenciado atribuído pelos ordenamentos jurídicos demonstra que a questão não é uniforme – o que já poderia ser inferido pelas drásticas mudanças de posicionamento do STJ em um curto espaço de tempo. Ainda assim, inegável que há uma forte tendência para desconsideração das espécies de responsabilidade, pelo menos para fins de definição do prazo prescricional aplicável[245].

Essa abordagem parece melhor atender à modernização do direito privado, simplificando o sistema de responsabilidade (e seus consectários, tal qual o sistema prescricional a ele aplicável), a fim de acompanhar as demandas sociais. Afinal, a origem do dano parece irrelevante para definir o lapso temporal ao qual a parte está adstrita para intentar a ação indenizatória.

Uma vez verificado um exemplo concreto da (possível) unificação dos regimes de responsabilidade civil, passa-se ao exame das suas funções. Tendo em vista que tanto a responsabilidade contratual como a responsabilidade extracontratual visam a reparar o prejuízo do lesado, não há motivo que justifique o seu tratamento diferenciado, conforme se passa a demonstrar.

1.2.2 Identidade de funções da indenização

Atualmente, questiona-se a pertinência da tradicional distinção entre responsabilidade civil contratual e responsabilidade extracontratual, proveniente do direito romano, tendo em vista que a consequência (pecuniária) da infração ao dever legal e ao dever contratual é a mesma,

[243] Ibid., p. 9.

[244] Ibid., p. 9.

[245] Ressalva-se, contudo, que Reinhard Zimmermman afirma que a tendência de unificação dos prazos prescricionais é generalizada, isto é, ela deve ser aplicada para todas as ações. ZIMMERMANN, Reinhard. **The New German Law of Obligations**: Historical and Comparative Perspectives. New York: Oxford University Press, 2005. p. 128. Sob essa premissa, tal argumento não necessariamente justificaria a aproximação entre as espécies de responsabilidade civil.

qual seja, indenização visando à reparação do dano sofrido. Com a efetiva separação do direito civil e do direito penal[246], atribuída às inovações do Código Civil francês, se tornou claro que as indenizações não deveriam ser arbitradas como punição do agente, mas como compensação da vítima pelo dano sofrido.

Sob essa premissa, muitos juristas têm indagado se ainda seria pertinente diferenciar as espécies de responsabilidade civil lato senso; afinal, essa abordagem dicotômica se justificava no contexto do direito romano, em que havia punição do agente que cometia atos ilícitos – tratamento que era vedado ao inadimplente de uma relação contratual. Nesse sentido, vimos ao longo do primeiro capítulo deste livro que a doutrina e a jurisprudência se valem de diversos critérios para justificar tanto a manutenção como a superação da teoria dualista da responsabilidade civil.

Além dos argumentos antes mencionados e da discussão específica envolvendo prazos prescricionais de ações indenizatórias, cumpre demonstrar que a origem do dano é irrelevante para se atingir o intento da responsabilidade civil. Isso porque o dever de indenizar não se confunde com a obrigação que a origina, corroborando a conclusão que ato ilícito e inadimplemento contratual geram deveres idênticos.

Segundo Sergio Cavalieri Filho, a obrigação "é sempre um dever jurídico originário", ao passo que a responsabilidade "é um dever jurídico sucessivo, consequente à violação do primeiro"[247]. Para o referido autor, o Código Civil adota tal entendimento no seu artigo 389, que dispõe que "[n]ão cumprida a obrigação, responde o devedor por perdas e danos (...)".

Esse também é o posicionamento de José de Aguiar Dias, que leciona que a inexecução contratual dá origem a uma nova obrigação, que subs-

[246] Conforme ensina Bruno Miragem: "A noção de delito, em sua origem romana, abrangia as duas concepções de ilícito – civil e penal - diferenciando-se em um segundo momento entre os delitos de natureza pública (*crimen*) e os delitos privados (*delicta*, *malleficia*), aos quais reclamava-se a culpa". MIRAGEM, Bruno. **Abuso do direito**: ilicitude objetiva e limite ao exercício de prerrogativas jurídicas no Direito Privado. 2. ed. São Paulo: Revista dos Tribunais, 2013. p. 124.

[247] CAVALIERI FILHO, Sergio. **Programa de responsabilidade civil**. 11. ed. São Paulo: Atlas, 2014. p. 14.

titui aquela preexistente (no todo ou em parte) e que consiste no dever de reparar o prejuízo dela decorrente[248]. No mesmo sentido, Bruno Miragem distingue o dever originário, fundado na lei ou no contrato, e o dever sucessivo, decorrente da sua violação – mencionado a distinção do direito alemão entre *Schuld*, obrigação, e *Haftung*, responsabilidade[249].

De acordo com Arnoldo Wald, a doutrina alemã tradicionalmente distingue *Schuld* e *Haftung*, sendo esta última uma "obrigação secundária decorrente da violação de um direito"[250]. Isso porque "a violação da obrigação enseja a responsabilidade, ou seja, o dever de reparar o dano para reestabelecer a situação que existiria se o ato ilegítimo não tivesse sido praticado, restabelecendo-se, assim, a situação jurídica anterior (status quo ante)"[251].

Ou seja, a responsabilidade consiste em um dever sucessivo, oriundo do descumprimento da obrigação, que é um dever jurídico originário[252]. Com isto, "a obrigação de prestar se extingue e dá lugar a uma nova, decorrente da lei, e secundária em relação à obrigação contratual"[253].

Nesse sentido, José de Aguiar Dias também diferencia a obrigação e a responsabilidade sob a perspectiva do interesse do lesado, concluindo que "a obrigação nascida do contrato é diferente da que nasce de sua inexecução"[254]. Isso porque a primeira obrigação (contratual) emana da vontade comum das partes, "ao passo que a obrigação que a substitui por efeito da inexecução, isto é, a obrigação de reparar o prejuízo

[248] DIAS, José de Aguiar. **Da responsabilidade civil**. 3 ed. Rio de Janeiro: Forense, 1954. p. 146.

[249] MIRAGEM, Bruno. Direito civil: responsabilidade civil. São Paulo: Saraiva, 2015. p. 72.

[250] WALD, Arnoldo. **Curso de Direito Civil Brasileiro**: obrigações e contratos. 2 v. 13. ed. São Paulo: Revista dos Tribunais, 1998. p. 547.

[251] Ibid., p. 547.

[252] GONÇALVES, Carlos Roberto. **Comentários ao Código Civil**: parte especial. Direito das obrigações. v. XI. São Paulo: Saraiva, 2003. p. 3 e 6.

[253] MONTEIRO FILHO, Carlos Edison do Rêgo. **Responsabilidade contratual e extracontratual**: contrastes e convergências no direito contemporâneo. Rio de Janeiro: Processo, 2016. p. 80.

[254] DIAS, José de Aguiar. **Da responsabilidade civil**. 3. ed. Rio de Janeiro: Forense, 1954. p. 146.

advém, muito ao contrário, contra a vontade do devedor" – afinal, ele não desejava o inadimplemento e, consequentemente, o dever de reparar dele decorrente[255].

Similarmente, Carlos Roberto Gonçalves defende que obrigação é o vínculo jurídico que confere ao credor o direito de exigir o cumprimento de determinada prestação pelo devedor, ao passo que a responsabilidade é a consequência jurídica patrimonial decorrente do seu descumprimento[256]. Mas estão, indaga-se: se a obrigação e a responsabilidade são distintas, podendo inclusive existir uma sem a outra[257], por qual razão a diferença na fonte da obrigação implicaria, também, obrigatoriamente, diferentes espécies de responsabilidade?

Afinal, a responsabilidade contratual não está no contrato, mas é dela decorrente: "[o] que está no contrato é o dever jurídico preexistente, a obrigação originária voluntariamente assumida pelas partes contratantes" [258]. Da mesma forma, a responsabilidade aquiliana não corresponde ao ato lesivo, mas ao dever que dele decorre. Sob essa perspectiva, Carlos Edison do Rêgo Monteiro Filho defende que a "responsabilidade dita contratual" não mais subsistiria, uma vez que a prestação descumprida "se converteria em um outro dever, novo e distinto, de reparar o dano causado, exatamente nos moldes da responsabilidade extracontratual" [259].

[255] Ibid., p. 146.

[256] GONÇALVES, Carlos Roberto. **Comentários ao Código Civil**: parte especial. Direito das obrigações. v. XI. São Paulo: Saraiva, 2003. p. 2-3.

[257] Sobre o tema: "Malgrado a correlação entre ambas, uma pode existir sem a outra. As dívidas prescritas e as de jogo constituem exemplos de obrigação sem responsabilidade. O devedor, nestes casos, não pode ser condenado a cumprir a prestação, isto é, ser responsabilizado, embora continue devedor. Como exemplo de responsabilidade sem obrigação pode ser mencionado o caso do fiador, que é responsável pelo pagamento do débito do afiançado, este sim originariamente obrigado ao pagamento dos alugueis.". Ibid., p. 3.

[258] CAVALIERI FILHO, Sergio. **Programa de responsabilidade civil**. 11. ed. São Paulo: Atlas, 2014. p. 334.

[259] MONTEIRO FILHO, Carlos Edison do Rêgo. **Responsabilidade contratual e extracontratual**: contrastes e convergências no direito contemporâneo. Rio de Janeiro: Processo, 2016. p. 80.

Ainda assim, o jurista ressalva que "pode-se reservar a expressão responsabilidade civil contratual à função reparatória do descumprimento do contrato"[260], o que logicamente não afastaria as conclusões antes referidas. Enquanto a responsabilidade contratual emana do descumprimento de pacto, gerando danos, a "responsabilidade civil é definida como a situação de quem sofre as consequências da violação de uma norma" ou, ainda, "como a obrigação que incumbe a alguém de reparar o prejuízo causado a outrem, pela sua atuação ou em virtude de danos provocados por pessoas ou coisas dele dependentes"[261].

Para Rosa Maria de Andrade Nery e Nelson Nery Junior, a expressão 'responsabilidade civil' contempla a imputação civil do dano[262]. Em posição similar, segundo Arnoldo Wald, indenizar é simplesmente "restabelecer a situação anterior ao dano"[263]; aliás, o referido termo provém do latim – *in dene* – e significa justamente devolver ao estado anterior[264].

Nesse sentido, Pontes de Miranda esclarece que indenizar é somente prestar o equivalente, razão pela qual essa obrigação está pautada na ideia de recomposição[265]. Consequentemente, sempre que há dano, seja ele qual for, haverá indenização.

O que se percebe é que o dano é o elemento central da responsabilidade civil – e a sua importância pode ser facilmente aferida pela nomenclatura adotada para o direito de responsabilidade civil nos países de língua espanhola: *derecho de daños*[266]. Ainda, como referido ante-

[260] Ibid., p. 159.

[261] WALD, Arnoldo. **Curso de Direito Civil Brasileiro**: obrigações e contratos. v. II. 13. ed. São Paulo: Revista dos Tribunais, 1998. p. 547.

[262] NERY, Rosa Maria de Andrade; NERY JUNIOR, Nelson. **Instituições de direito civil**. v. II. São Paulo: Revista dos Tribunais. p. 401.

[263] WALD, Arnoldo. **Curso de Direito Civil Brasileiro**: obrigações e contratos. v. II. 13. ed. São Paulo: Revista dos Tribunais, 1998. p. 566.

[264] MORAES, Maria Celina Bodin de. **Danos à pessoa humana**: uma leitura civil-constitucional dos danos morais. 2. ed. Rio de Janeiro: Processo, 2017. p. 145.

[265] MIRANDA, Francisco Cavalcanti Pontes de. **Tratado de direito privado**: parte especial, tomo 22. 3. ed. São Paulo: Revista dos Tribunais, 1984. p. 181.

[266] GUEDES, Gisela Sampaio da Cruz. **Lucros cessantes:** do bom senso ao postulado normativo da razoabilidade. São Paulo: Revista dos Tribunais, 2011. p. 50.

riormente, o BGB estabelece regras atinentes a todas as espécies de responsabilidade, que compõe o denominado *Schadensersatzrechts*[267], que, em tradução literal, significa direito de substituição ou de compensação do dano.

Especificamente, os §§ 249 e seguintes do BGB compõem a denominada "parte geral" da responsabilidade civil, sendo aplicáveis para todas as suas espécies[268]. Estes dispositivos evidenciam que o direito alemão visa primordialmente a compensar o dano, afastando quaisquer outros propósitos[269] – ou pelo menos retirando-lhes importância.

Significa dizer que tanto a responsabilidade civil contratual como a responsabilidade civil extracontratual estão fundadas no interesse em compensar danos; tanto que, na Alemanha, elas são regulamentadas em parte por dispositivos gerais aplicáveis para ambas as hipóteses. Nesse cenário, a aproximação entre os institutos da responsabilidade contratual e da responsabilidade extracontratual é uma forte tendência na doutrina, tendo em vista que ambas visam a ressarcir a parte pelo dano sofrido[270].

Afinal, segundo Carlos Roberto Gonçalves, o termo responsabilidade exprime a ideia de "restauração de equilíbrio, de contraprestação, de reparação de dano"[271]. Sob essa premissa, Rui Stocco afirma que a origem da responsabilidade delitual e da responsabilidade contratual é desprovida de relevância, pois ambas se justificam como "obrigação de compor danos"[272].

[267] ZIMMERMANN, Reinhard; KOCH, Bernhard A. **Digest of European Tort Law**: Essential Cases on Damage. v. II. Berlin: Walter de Gruyter, 2011. p. 17.

[268] MÖLLER, Reinhard. **Das Präventionsprinzip des Schadensrechts**. Berlin: Duncker & Humblot, 2006. p. 60.

[269] Na obra original: "Mittelbar macht § 249 ferner deutlich, dass das deutsche Schadensersatztrecht ganz vorrangig den Ausgleich des Schadens bezweckt und keine anderen Zwecke verfolgt.". DAUNER-LIEB, Barbara; HEIDEL, Thomas; RING, Gerhard. **BGB Schuldrecht**: §§ 241 – 610. 2. ed. Baden-Baden: Nomos, 2012. p. 124.

[270] ZWEIGERT, Konrad; KÖTZ, Hein. **Introduction to Comparative Law**. Nova Iorque: Oxford, 1995. p. 596.

[271] GONÇALVES, Carlos Roberto. **Comentários ao Código Civil**: parte especial. Direito das obrigações. v. XI. São Paulo: Saraiva, 2003. p. 1.

[272] STOCO, Rui. **Tratado de responsabilidade civil**: doutrina e jurisprudência. 8. ed.

O referido jurista defende que os princípios que regem os institutos são os mesmos, já que a ideia de responsabilidade é una[273]. Deste modo, desde o direito romano, as indenizações focam na figura da vítima, para que ela receba o que lhe diz respeito[274]. Assim, embora haja uma diferenciação de nomenclaturas – indenização por ato ilícito e perdas e danos por inadimplemento contratual –, a função de ambas as espécies de responsabilidade civil é ressarcir o lesado pelos danos sofridos, independentemente da sua origem.

Na responsabilidade civil aquiliana, impera o princípio da *restitutio in integrum*, de modo a repor a vítima na sua situação anterior à lesão[275]. Pode-se dizer, assim, que "impõe a obrigação de indenizar em homenagem à diretriz de conservação do patrimônio que emerge da proteção da propriedade privada"[276].

Note que o termo conservação exprime a ideia de reparação pelo prejuízo sofrido – de modo que a vítima não pode enriquecer com a indenização que vier a receber. Incide, portanto, a teoria do dano direto imediato, desenvolvida por Pothier no século XVIII, que se presta a apurar os danos indenizáveis, além de aferir o nexo causal[277].

Nesse sentido, Sergio Cavalieri Filho ensina que o Código Civil instituiu uma regra geral de responsabilidade, por meio da qual "aquele que comete ilícito fica obrigado a indenizar" – ainda que a lei não tenha indicado qual seria especificamente a fonte dessa obrigação[278]. Seguindo essa linha, o autor aponta que "[a] responsabilidade civil opera a partir do ato ilícito, com o nascimento da obrigação de indenizar, que tem

São Paulo: Revista dos Tribunais - RT, 2011. p. 165.

[273] Ibid., p. 166.

[274] SIEMS, Mathias. Disgorgement of Profits for Breach of Contract: A Comparative Analysis. **Edinburgh Law Review**. Edimburgo, v. 7, n. 1, p. 27-59, jan. 2003. p. 43.

[275] CAVALIERI FILHO, Sergio. **Programa de responsabilidade civil**. 11. ed. São Paulo: Atlas, 2014. p. 26.

[276] MIRAGEM, Bruno. **Direito Civil**: Direito das obrigações. São Paulo: Saraiva, 2017. p. 108.

[277] Ibid., p. 544.

[278] CAVALIERI FILHO, Sergio. **Programa de responsabilidade civil**. 11. ed. São Paulo: Atlas, 2014. p. 16.

por finalidade tornar indemne o lesado, colocar a vítima na situação em que estaria sem a ocorrência do fato danoso".

De forma semelhante, na responsabilidade civil contratual, as perdas e danos devidas por inadimplemento decorrem do dever de "indenizar aquele que experimentou um prejuízo, uma lesão em seu patrimônio material ou moral, por força do comportamento ilícito do transgressor da norma"[279]. Trata-se de lesão ao interesse do credor no cumprimento do pacto[280].

Significa dizer que as perdas e danos por inadimplemento contratual servem para repor a parte na situação que estaria se o contrato tivesse sido cumprido regularmente[281] – o que será devidamente demonstrado no segundo capítulo. Por consequência lógica, a indenização devida nessas hipóteses também não se presta para enriquecer a parte lesada, nem para prejudicar ou punir o inadimplente, mas apenas para "excluir" o dano, tal qual na responsabilidade aquiliana.

A respeito, a doutrina aplica a teoria da indiferença, que exige um cálculo aritmético do patrimônio da vítima antes da lesão menos o patrimônio da vítima após a lesão[282]. Deste modo, Paulo Mota Pinto afirma que a obrigação de indenização "atende em particular à situação do credor", consistindo no instrumento que visa à eliminação das consequências danosas de um ato lesivo[283].

Essa abordagem também parece ter sido adotada nos países de *commom law*, em que, em regra, a parte lesada deve ser indiferente ao des-

[279] GAGLIANO, Pablo Stolze. PAMPLONA FILHO, Rodolfo. **Novo curso de direito civil**: abrangendo o Código de 1916 e o novo Código Civil. São Paulo: Saraiva, 2002. p. 309.

[280] PINTO, Paulo Mota. **Interesse contratual negativo e interesse contratual positivo**. v. I e II. Coimbra: Coimbra, 2008. p. 871.

[281] Ressalva-se que, em casos de resolução ou nulidade, a indenização é arbitrada conforme os interesses contratuais negativos do credor, impondo a restituição ao *status quo ante*. O tema será devidamente explorado no segundo capítulo deste livro, especificamente nos itens 2.1.1 e 2.1.2.

[282] No direito alemão, a doutrina também se vale do método da indiferença para fins de cálculos de indenizações, independentemente de a pretensão ser contratual ou extracontratual. DAUNER-LIEB, Barbara; HEIDEL, Thomas; RING, Gerhard. **BGB Schuldrecht**: §§ 241 – 610. 2. ed. Baden-Baden: Nomos, 2012. p. 107.

[283] PINTO, Paulo Mota. **Interesse contratual negativo e interesse contratual positivo**. v. I e II. Coimbra: Coimbra, 2008. p. 481.

cumprimento contratual, já que a indenização e a performance devem gerar o mesmo resultado econômico[284]. Assim, Steven Shavell aponta que a forma de cálculo de indenização nos Estados Unidos é a *expectation measure*, que representa o valor pago à parte lesada (vítima do descumprimento contratual) para que ela fique na mesma posição que estaria caso o contrato tivesse sido adimplido[285]. No Reino Unido, o lesado também deve ser colocado na situação em que estaria sem o inadimplemento, pois, como mencionado no precedente Tito v. Waddell (n. 2), a solução não é privar o ofensor das economias que obteve ao não performar sua obrigação, mas sim compensar o lesado[286].

Logo, é facilmente perceptível que a distinção entre as espécies de responsabilidade civil – fundada substancialmente na origem do dano – não gera resultados práticos, tendo em vista que ambas visam precipuamente a reparar o dano. Assim, a função da responsabilidade contratual e da responsabilidade extracontratual é idêntica: ressarcir os prejuízos incorridos pela parte lesada.

Sobre o tema, Bruno Miragem afirma que a separação estrita entre as espécies de responsabilidade, elementar no sistema de *commom law*, é mitigada no direito romano-germânico em virtude da "recondução de danos decorrentes do inadimplemento contratual, sob a égide da responsabilidade contratual, ao sistema de responsabilidade civil geral"[287]. Reitera-se, portanto, que as pretensões indenizatórias, independentemente da origem do dano, têm a mesma finalidade.

[284] SHAVELL, Steven. **Foundations of economic analysis of law**. Cambridge (USA): Belknap Press of Harvard University Press, 2004. p. 343

[285] Nas palavras do jurista: "A basic measure of damages for breach is the expectation measure, which is defined to be the amount that, if paid, will put the buyer (or, more generally, the party that is the victim of breach) in the position he would have enjoyed had the contract been carried out". Ibid., p. 343. Em tradução livre: O montante geralmente devido a título de indenização por inadimplemento contratual é denominado de medida de expectativa, que corresponde ao valor que, se pago, colocará o comprador (ou, mais genericamente, a parte que é vítima do descumprimento) na posição que ele estaria se o contrato tivesse sido cumprido.

[286] SIEMS, Mathias. Disgorgement of Profits for Breach of Contract: A Comparative Analysis. **Edinburgh Law Review**. Edimburgo, v. 7, n. 1, p. 27-59, jan. 2003. p. 29.

[287] MIRAGEM, Bruno. **Direito Civil**: Responsabilidade civil. São Paulo: Saraiva, 2015. p. 25.

Afinal, segundo Giselda Maria Fernandes Novaes Hironaka, "responsabilidade nada mais é do que o dever de indenizar o dano", seja ele decorrente de inadimplemento contratual ou de inobservância do sistema normativo que rege a sociedade[288]. Por isso, pode-se afirmar que o dano é elemento central da responsabilidade civil, seja ela contratual ou extracontratual.

A responsabilidade do causador do dano (de qualquer natureza) visa, essencialmente, a compensar o lesado, eis que, conforme ensina Pontes de Miranda, a base do dever de indenizar é o interesse do lesado[289]. Nesse aspecto, os comentários da doutrina sobre responsabilidade extracontratual e responsabilidade contratual se confundem, uma vez que a reparação do dano "orienta-se pela fórmula da equivalência"[290], independentemente da sua origem.

Exemplificativamente, Arnaldo Rizzardo afirma ser imprescindível que haja dano (consistente em prejuízo de ordem moral ou econômica) para configurar responsabilidade contratual[291] – o que sabidamente é exigido para configuração da responsabilidade aquiliana. Em paralelo, convém transcrever as lições de Anderson Schreiber sobre responsabilidade civil aquiliana (mas que parecem plenamente aplicáveis em matéria de contratos), que retiram a importância da conduta do ofensor:

> A partir do momento em que a preocupação central da responsabilidade civil vai deixando de ser a repressão ao comportamento indesejado, para concentrar-se sobre a reparação dos danos causados em sociedade, as normas que tutelam interesses passam a contar com uma espécie de importância autônoma. A lesão ao interesse da vítima – o

[288] HIRONAKA, Giselda Maria Fernandes Novaes. Tendências atuais da responsabilidade civil: marcos teóricos para o direito do século XXI. **Revista Brasileira de Direito Comparado do Instituto de Direito Comparado Luso-Brasileiro – IDCLB**, Rio de Janeiro, n. 19, p. 189-206, jul./dez. 2000. p. 196.

[289] MIRANDA, Francisco Cavalcanti Pontes de. **Tratado de direito privado**: parte especial, tomo 22. 3. ed. São Paulo: Revista dos Tribunais, 1984. p. 206.

[290] GUEDES, Gisela Sampaio da Cruz. **Lucros cessantes**: do bom senso ao postulado normativo da razoabilidade. São Paulo: Revista dos Tribunais, 2011. p. 203.

[291] RIZZARDO, Arnaldo. **Responsabilidade Civil.** 7 ed. Rio de Janeiro: Forense, 2015. p. 39.

dano – passa a figurar, independentemente da conduta do ofensor, como objeto da preocupação judicial e como elemento primordial da responsabilidade civil.[292]

O que se percebe é que ambas as espécies de indenizar estão calcadas no dano, visando primordialmente a repará-lo. Por isso, Carlos Edison do Rêgo Monteiro Filho afirma que a medida da indenização (especificamente, dos danos emergentes e dos lucros cessantes) é "funcionalmente idêntica", independentemente do regime de responsabilidade civil[293].

A propósito, Bruno Miragem defende que, atualmente, o dever de indenizar tem desconsiderando a exigência de uma conduta ilícita, uma vez que existem hipóteses de responsabilidade por atos lícitos[294] que causam danos injustos[295]. Naturalmente, isso se deve ao fato de que a responsabilidade está centrada nos danos e na necessidade de sua reparação, deixando-se de lado a figura do ofensor (e o respectivo juízo moral sobre a sua conduta).

Sob essa lógica, o referido jurista explica que houve uma mudança de eixo da então reprovação do comportamento do causador do dano "para concentrar-se no interesse da vítima e na prevenção e/ou satisfação dos danos injustos que venha a sofrer". Sobre o tema, Gisela Sampaio da Cruz Guedes, na sua obra dedicada ao estudo dos lucros cessantes, critica o crescimento exponencial das espécies de danos indenizáveis justamente por desnaturar a função reparatória da indenização[296].

[292] SCHREIBER, Anderson. **Novos paradigmas da responsabilidade civil**: da erosão dos filtros da reparação à diluição dos danos. 5 ed. São Paulo: Atlas, 2013. p. 190.

[293] MONTEIRO FILHO, Carlos Edison do Rêgo. **Responsabilidade contratual e extracontratual**: contrastes e convergências no direito contemporâneo. Rio de Janeiro: Processo, 2016. p. 67.

[294] Ao mencionar a responsabilidade civil por atos lícitos, Eugênio Facchini Neto aponta para o exemplo de danos injustos causados em legítima defesa, exercício regular de um direito e estado de necessidade. FACCHINI NETO, Eugênio. Da responsabilidade civil no novo código. **Revista do Tribunal Superior do Trabalho**, Porto Alegre, v. 76, n. 1, p. 17-63, jan./mar. 2010. p. 38.

[295] MIRAGEM, Bruno. **Direito civil**: responsabilidade civil. São Paulo: Saraiva, 2015. p. 73.

[296] GUEDES, Gisela Sampaio da Cruz. **Lucros cessantes:** do bom senso ao postulado normativo da razoabilidade. São Paulo: Revista dos Tribunais, 2011. p. 43.

Segundo a referida autora, embora se deva proteger a vítima, não se pode correr o risco de transformar a indenização em "uma falaciosa panaceia, mediadora dos problemas sociais, ou, pior do que isso, em um instrumento eficaz de distribuição de riquezas". Ainda assim, a doutrina e a jurisprudência são uníssonas ao reconhecer a função eminentemente ressarcitória da responsabilidade civil (tanto contratual como extracontratual).

Similarmente, como já mencionado, o legislador alemão, a despeito de ter distinguido e regulamentado de forma separada temas atinentes aos contratos e atos ilícitos, estabeleceu regras comuns para todas as espécies de responsabilidade, aplicáveis sempre que houver obrigação de pagar indenização (§ 249 e seguintes do BGB)[297]. Reinhard Zimmermann e Bernhard Koch explicam que os referidos dispositivos consubstanciam o regime geral que regulamenta as pretensões indenizatórias, sejam elas oriundas de contratos, atos ilícitos, gestão de negócios, *culpa in contrahendo*, entre outras[298].

[297] DAUNER-LIEB, Barbara; HEIDEL, Thomas; RING, Gerhard. **BGB Schuldrecht**: §§ 241 – 610. 2. ed. Baden-Baden: Nomos, 2012. p. 123.

[298] Vale transcrever o texto original, já que os autores demonstram, com detalhes e de forma didática, a sistemática das normas de responsabilidade civil no BGB: "In German law, the provisions of §§ 249–255 BGB set out a general regime for a law of damages (allgemeines Schadensersatzrecht). They are applicable in all cases of claims for damages in the German Civil Code (Bürgerliches Gesetzbuch, BGB), eg in contract law, the law of delict, negotiorum gestio, culpa in contrahendo (§§ 311 para 2, 280 para 1 BGB), etc. They are also applicable to all other claims for damages in private law (eg commercial law, statutes on strict liability), as long as there are no special provisions. Even in public law §§ 249 ff BGB will sometimes be used. §§ 249 ff BGB are non-mandatory and may contractually be amended. §§ 249 ff BGB do not give claims for damages but presuppose such a claim and merely serve to determine its content. Thus, it is for the specific provisions of the different areas of private law (in particular the law of delict) to provide for claims for damages and to determine what type of harm is to be regarded as an infringement of a legally protected interest of the claimant that gives rise to such a claim.". ZIMMERMANN, Reinhard; KOCH, Bernhard A. **Digest of European Tort Law**: Essential Cases on Damage. V. 2. Berlin : Walter de Gruyter, 2011. p. 17. Em tradução livre: No direito alemão, as disposições dos §§ 249-255 do BGB estabelecem um regime geral da responsabilidade civil (allgemeines Schadensersatzrecht). Elas são aplicáveis a todos os casos de pretensões indenizatórias do Código Civil alemão (Bürgerliches

Isso significa que existem regras e princípios que regem todas as espécies de responsabilidade, inclusive contratual e extracontratual. E a principal função da *Schadensersatzrecht* é justamente a compensatória, o que impede que o lesado seja colocado em situação melhor ou que enriqueça com a indenização[299].

A doutrina clássica adotou o princípio da compensação, que, por decorrência lógica, emana duas regras: a parte lesada faz jus a receber indenização por todos os prejuízos sofridos, com base no princípio da reparação total (em alemão, *Totalreparation*), mas, concomitantemente, ela não pode lucrar com tal indenização, tendo em vista a vedação ao enriquecimento (em alemão, *Bereicherungsverbot*)[300]. Depreende-se, portanto, que a pretensão indenizatória no direito alemão, seja ela decorrente de uma relação contratual ou não, visa tão somente a compensar o lesado pelo prejuízo incorrido – tal qual no direito brasileiro.

Vale enfatizar que não apenas as funções são idênticas, mas as suas consequências também: tanto a responsabilidade contratual como a responsabilidade extracontratual sujeitam todo o patrimônio do devedor para fins de ressarcimento dos danos, nos termos dos artigos 391[301]

Gesetzbuch, BGB), por exemplo, no direito contratual, na responsabilidade civil estrito senso, na gestão de negócios, na culpa in contrahendo (§§ 311 para 2, 280 para 1 BGB), etc. Elas são também aplicáveis a todas as demais pretensões indenizatórias no direito privado (por exemplo, no direito comercial e nas regras de responsabilidade objetiva), desde que não haja disposições específicas. Até mesmo no direito público os §§249 e seguintes podem as vezes ser usados. §§ 249 e seguintes do BGB não são mandatórios e podem ser contratualmente afastados. §§ 249 e seguintes do BGB não ensejam pretensões indenizatórias, mas pressupõem a sua existência, servindo meramente para determinar seu conteúdo. Consequentemente, cabe às disposições específicas das diferentes áreas do direito privado (em especial, da responsabilidade civil aquiliana) fornecer pretensões indenizatórias e determinar que tipo de dano deve ser tratado como violação à bem jurídico tutelado da vítima que lhe dá direito à referida pretensão.

299 DAUNER-LIEB, Barbara; HEIDEL, Thomas; RING, Gerhard. **BGB Schuldrecht**: §§ 241 – 610. 2. ed. Baden-Baden: Nomos, 2012. p. 87.

300 MÖLLER, Reinhard. **Das Präventionsprinzip des Schadensrechts**. Berlin: Duncker & Humblot, 2006. p. 59.

301 Artigo 391, Código Civil. Pelo inadimplemento das obrigações respondem todos os bens do devedor.

e 942[302] do Código Civil, respectivamente[303]. Depreende-se desses dispositivos que as funções da responsabilidade civil se concentram na reparação do dano sofrido, de modo a instituir um sistema que viabilize satisfatoriamente tal reparação, em ambas as espécies de responsabilidade civil.

Paulo Nader afirma que, a despeito da distinção feita pelo Código Civil brasileiro, ambas as espécies de responsabilidade possuem um "denominador comum", eis que nas duas situações "as indenizações não têm fito de lucro, mas de compensação pelos prejuízos e pelo que se deixou de ganhar razoavelmente"[304]. Como consequência, tendo em vista a extrema valorização dos danos, os demais requisitos da responsabilidade civil (em ambos os regimes) possuem uma relevância diminuta.

Nessa perspectiva, Judith Martins Costa e Mariana Pargendler defendem a irrelevância do grau de culpa para fixação da indenização em matéria de responsabilidade civil em sentido estrito, sob o argumento de que os ilícitos romanos (classificados segundo a sua gravidade e segundo elementos subjetivos do autor da lesão) já foram há muito superados[305]. Para ilustrar, Carlos Roberto Gonçalves aponta para o exemplo de um condutor de veículo que, por um pequeno descuido, atropela o chefe de uma família, sendo obrigado a indenizar e fornecer pensão alimentícia[306]. Da mesma forma, na responsabilidade contratual, o mero inadimplemento presume-se culposo e isso, por si só, gera o dever de indenizar.

[302] Artigo 942, Código Civil. Os bens do responsável pela ofensa ou violação do direito de outrem ficam sujeitos à reparação do dano causado; e, se a ofensa tiver mais de um autor, todos responderão solidariamente pela reparação.

[303] MONTEIRO FILHO, Carlos Edison do Rêgo. **Responsabilidade contratual e extracontratual**: contrastes e convergências no direito contemporâneo. Rio de Janeiro: Processo, 2016. p. 63.

[304] NADER, Paulo. **Curso de direito civil**: obrigações. v.2. 6. ed. Rio de Janeiro: Forense, 2012. p. 455.

[305] MARTINS COSTA, Judith. PARGENDLER, Mariana Souza. Usos e abusos da função punitiva: punitive damages e o Direito brasileiro. **Revista CEJ**, Brasília, n. 28, p. 15-32, mar. 2005. p. 18

[306] GONÇALVES, Carlos Roberto. **Comentários ao Código Civil**: parte especial. Direito das obrigações. v. XI. São Paulo: Saraiva, 2003. p. 6.

Isso significa que o grau de culpa não influencia na indenização a ser arbitrada pelos tribunais, bastando a sua verificação de forma objetiva – tanto em caso de responsabilidade contratual como de responsabilidade extracontratual. Nesse contexto, Arnoldo Rizzardo defende que a reparação – em ambas as espécies de responsabilidade – não pode ser aferida "pela medida da culpabilidade", devendo emergir do fato causador do dano[307].

No direito alemão, o grau de culpa também é irrelevante para o montante da indenização a ser fixada, tendo em vista que se prioriza o princípio da compensação[308]. Justamente por isso, não se pode admitir altas indenizações (a qualquer título), para atender a eventuais critérios maleáveis de justiça retributiva[309], pois o foco da responsabilidade, seja ela qual for, é a reparação do dano.

Diante de todas essas considerações, indaga-se: se a conduta do ofensor é irrelevante para fins de fixação da indenização (que, como visto, está pautada no dano sofrido), porque diferenciar as espécies de responsabilidade de acordo com a norma violada (de natureza contratual ou legal)? Ora, se a conduta do ofensor é irrelevante, não seria igualmente irrelevante se ela viola a lei ou o contrato?

Sobre o tema, Jan Dirk Harke ensina que a consequência mais importante da "descriminalização" da responsabilidade civil é o conceito uniforme da indenização, que visa a compensar o lesado, independentemente da sua natureza[310]. Ainda que assim não fosse, ainda assim seria possível unificar a responsabilidade contratual e extracontratual. Isso porque ambas as espécies de responsabilidade exigem "idênticas condições, e que são a infração, a causalidade e o dano"[311].

Além de ambas se justificarem pela obrigação de indenizar, tanto a responsabilidade contratual como a responsabilidade extracontratual

[307] RIZZARDO, Arnaldo. **Responsabilidade Civil**. 7. ed. Rio de Janeiro: Forense, 2015. p. 27.

[308] DAUNER-LIEB, Barbara; HEIDEL, Thomas; RING, Gerhard. **BGB Schuldrecht**: §§ 241 – 610. 2. ed. Baden-Baden: Nomos, 2012. p. 87.

[309] RIZZARDO, Arnaldo. **Responsabilidade Civil**. 7. ed. Rio de Janeiro: Forense, 2015. p. 27.

[310] HARKE, Jan Dirk. **Allgemeines Schuldrecht**. Berlin, Heidelberg: Imprint: Springer, 2010. p. 290.

[311] RIZZARDO, Arnaldo. **Responsabilidade Civil**. 7. ed. Rio de Janeiro: Forense, 2015. p. 37.

exigem, a rigor, culpa, nexo de causalidade e existência de dano[312], a despeito das particularidades inerentes à cada espécie (tal como existência de um contrato válido, por exemplo). Esse é o posicionamento de Carlos Roberto Gonçalves, que afirma que, além de as soluções serem idênticas, ambas as espécies de responsabilidade exigem, em essência, dano, ato ilícito e nexo de causalidade[313].

Especificamente, cumpre enfatizar que a culpa consiste em erro de comportamento e nada se altera se o dever jurídico violado é oriundo de um contrato, da legislação ou de um dever genérico de não causar danos[314]. Esse é precisamente o entendimento de José de Aguiar Dias, que enaltece a unicidade do conceito da culpa, ainda que ela possa revestir a forma contratual e a forma extracontratual[315].

Entretanto, convém ressaltar que a ausência de culpa pelo inadimplemento contratual (cujo ônus recai sobre o inadimplente, como visto anteriormente) afasta o dever de indenizar, sob pena de flagrante injustiça. Deste modo, "a ideia de que os indivíduos não respondem pelas contingências da sorte ou pela fatalidade do infortúnio, mas apenas pelos factos que dependem da sua vontade, que eles poderiam e deveriam ter prevenido" estimula a prática de comportamentos esperados pela ordem jurídica[316].

Da mesma forma, a total ausência de culpa no cometimento do delito exonera o agressor de indenizar a vítima; afinal, "onde não houver culpa também não haverá ilícito"[317]. Nesse sentido, Carlos Roberto Gonçal-

[312] GOMES, Luiz Roldão de Freitas. **Elementos de responsabilidade civil.** Rio de Janeiro: Renovar, 2000. p. 31.

[313] GONÇALVES, Carlos Roberto. **Comentários ao Código Civil**: parte especial. Direito das obrigações. v. XI. São Paulo: Saraiva, 2003. p. 25.

[314] CAVALIERI FILHO, Sergio. **Programa de responsabilidade civil.** 11. ed. São Paulo: Atlas, 2014. p. 335

[315] DIAS, José de Aguiar. **Da responsabilidade civil.** 3 ed. Rio de Janeiro: Forense, 1954. p. 123.

[316] VARELA, João de Matos Antunes. **Das obrigações em geral.** v. I. 9 ed. Coimbra: Livraria Almedina, 1998. p. 654.

[317] CAVALIERI FILHO, Sergio. **Programa de responsabilidade civil.** 11. ed. São Paulo: Atlas, 2014. p. 21.

ves afirma que a reparação do dano tem como pressuposto a prova de culpa, nos termos do artigo 927 do Código Civil, ainda que existam casos especiais que a dispensem[318].

Naturalmente, as espécies de responsabilidade civil possuem particularidades, que podem e devem ser reconhecidas e até mesmo regulamentadas, em apartado[319]. Ainda assim, isso não significa que seja possível ignorar a tendência voltada à superação dessa dicotomia, em virtude da similitude da sua essência e da inequívoca igualdade de funções da responsabilidade civil.

Além de culpa e nexo, a obrigação de indenizar decorrente do ato ilícito ou do inadimplemento contratual obviamente pressupõe a existência de dano – elemento central da responsabilidade –, ainda que ele seja presumido, como no caso da indenização por perda de uma chance[320]. Como visto, é incontroverso que "[n]o campo da responsabilidade civil, não há reparação sem dano"[321], como bem pontuou Arnoldo Wald.

Todavia, isso não significa que a matéria em apreço não seja extremamente complexa. Isso porque a prova do dano, na sua extensão, pode se mostrar uma árdua tarefa (principalmente em casos de lucros cessantes)[322], o que pode inviabilizar a indenização pleiteada ou até mesmo deturpá-la, por meios transversos. Isto é: na impossibilidade de prova de um dano emergente, os julgadores frequentemente concedem indenizações por outras espécies de danos, para compensar adequadamente o lesado (e, corolário lógico, satisfazer a função da responsabilidade civil).

[318] GONÇALVES, Carlos Roberto. **Comentários ao Código Civil**: parte especial. Direito das obrigações. v. XI. São Paulo: Saraiva, 2003. p. 12-13.

[319] Nesse sentido, Carlos Roberto Gonçalves aponta para as hipóteses de exceção do contrato não cumprido e condição resolutiva tácita dos contratos, que obviamente não são aplicáveis aos casos de responsabilidade civil aquiliana. Ibid., p. 26.

[320] GUEDES, Gisela Sampaio da Cruz. **Lucros cessantes**: do bom senso ao postulado normativo da razoabilidade. São Paulo: Revista dos Tribunais, 2011. p. 100.

[321] WALD, Arnoldo. **Curso de Direito Civil Brasileiro**: obrigações e contratos. 2 v. 13 ed. São Paulo: Revista dos Tribunais, 1998. p. 549.

[322] GUEDES, Gisela Sampaio da Cruz. **Lucros cessantes**: do bom senso ao postulado normativo da razoabilidade. São Paulo: Revista dos Tribunais, 2011. p. 342.

É o que se verifica, por exemplo, com o fenômeno da hipertrofia do dano moral, "mediante a indevida inserção de tudo aquilo que não se saiba explicar, dentro do sensível campo dos interesses existenciais concretamente merecedores de tutela"[323]. Embora a intenção seja preservar a função da responsabilidade civil, estas soluções podem acabar desnaturando os institutos e gerando insegurança jurídica.

Nesse cenário, o segundo capítulo deste livro pretende justamente averiguar outras formas de fixação de indenização, que podem se mostrar mais fáceis ou adequadas para soluções de determinados litígios. Isso porque, como visto, "a medida errada de indenização cria um nível ineficiente de compromisso"[324], que deve ser combatido pelos tribunais.

Tendo em vista que há uma inegável tendência à superação da abordagem dicotômica da responsabilidade civil, como demonstrado acima, sobretudo pela sua identidade de funções, passa-se ao debate sobre meios de fixação de indenização que desconsideram a extensão do dano para remediar casos de inadimplementos contratuais – métodos esses que são usualmente discutidos e aceitos somente no âmbito da responsabilidade extracontratual.

323 ROSENVALD, Nelson. **A responsabilidade civil pelo ilícito lucrativo** – o disgorgement e a indenização restitutória. Salvador: Editora JusPodivm, 2019. p. 293.

324 PINHEIRO, Armando Manuel da Rocha Castelar; SADDI, Jairo. **Direito, economia e mercados**. Rio de Janeiro: Elsevier, 2005. p. 217.

2

A Fixação de Indenização por Descumprimento Contratual e suas Limitações

2.1 O inadimplemento contratual e suas consequências no Brasil e na Alemanha

O inadimplente lesado pode se valer dos remédios cabíveis para pleitear execução específica ou resolução contratual, além do direito ao recebimento de perdas e danos. Este capítulo se dedica ao estudo desses remédios, bem como dos limites impostos para fixação de indenizações.

2.1.1 Execução específica e resolução contratual

Os contratos são instrumentos legais que viabilizam operações econômicas por meio de manifestações de vontade. Consequentemente, eles "desempenham um papel igualmente central na organização da atividade econômica, uma vez que são a base de sustentação de muitas transações realizadas no mercado, em especial aquelas de maior complexidade"[325].

Sob essa premissa, Judith Martins Costa defende que, quando um contrato é celebrado, surge uma legítima expectativa de performance

[325] PINHEIRO, Armando Manuel da Rocha Castelar; SADDI, Jairo. **Direito, economia e mercados**. Rio de Janeiro: Elsevier, 2005. p. 13.

lastreada na confiança[326]. Deste modo, "[n]ada obstante o regular adimplemento da obrigação seja a regra, pode ocorrer a inexecução dos deveres atribuídos a um dos polos da relação obrigacional"[327].

Nessa linha, Paulo Nader afirma que a regra é o cumprimento das obrigações, do qual a exceção é o seu descumprimento – tanto no âmbito do trato social, como na esfera jurídica[328]. Entretanto, conforme bem pontua Anderson Schreiber, o inadimplemento, ou melhor, o adimplemento, não está adstrito apenas à prestação debitória, uma vez que a noção de obrigação vem sendo gradativamente substituída pelo "conceito mais equilibrado de relação obrigacional, composta por direitos e deveres recíprocos, dirigidos a um escopo comum"[329].

Significa dizer que o inadimplemento não ocorre apenas quando não há cumprimento da obrigação principal, podendo ser verificado também quando da violação de qualquer estipulação ou de deveres anexos. Frente a isso, os ordenamentos jurídicos desenvolveram diferentes remédios a serem adotados em casos de descumprimento contratual, seja para exigir a performance, seja para resolver o contrato – além do direito de compensação financeira pelos prejuízos sofridos.

No direito brasileiro, é sabido que o contratante lesado pode pleitear a resolução (quando o contrato não contiver cláusula resolutória expressa) ou a execução forçada do contrato, nos termos do artigo 475 do Código Civil[330], bem como postular indenização por perdas e danos.

[326] MARTINS COSTA, Judith. O fenômeno da supracontratualidade e o princípio do equilíbrio: inadimplemento de deveres de proteção (violação positiva do contrato) e deslealdade contratual em operação de descruzamento acionário. **Revista Trimestral de Direito Civil** - RTDC, Rio de Janeiro, v. 7, n. 26, p. 213-249, abr./jun. 2006. p. 235.

[327] FACHIN, Luiz Edson. **Soluções práticas de direito** - pareceres: contratos e responsabilidade civil. v. 1. São Paulo: Revista dos Tribunais, 2011. p. 279.

[328] NADER, Paulo. **Curso de direito civil**: obrigações. v.2. 6. ed. Rio de Janeiro: Forense, 2012. p. 432.

[329] SCHREIBER, Anderson. A tríplice transformação do adimplemento. Adimplemento substancial, inadimplemento antecipado e outras figuras. **Revista Trimestral de Direito Civil,** Rio de Janeiro, v. 08, n. 32, p. 3-27, out./dez. 2007. p. 6.

[330] Artigo 475, Código Civil. A parte lesada pelo inadimplemento pode pedir a resolução do contrato, se não preferir exigir-lhe o cumprimento, cabendo, em qualquer dos casos, indenização por perdas e danos.

Essa escolha geralmente recai com o credor, que pode optar pela performance ou não. Essa abordagem, contudo, varia de acordo com o ordenamento jurídico[331].

Nos Estados Unidos, por exemplo, o remédio tradicional é a resolução contratual seguida de restituição, que consiste em uma solução fora do escopo do contrato, geralmente referida como *off-contract remedy*, que visa a reestabelecer o *status quo ante*[332]. Isso porque a principal consequência advinda de inadimplementos contratuais nos países de *commom law* é a obrigação de pagar indenização, enquanto que nos países de *civil law* é, em regra, a execução específica[333]. Por isso, as cortes americanas somente podem conceder execução forçada em casos excepcionais, uma vez que aquele sistema legal está embasado na liberdade econômica, o que permitiria que as partes descumprissem contratos que elas não mais desejam estar vinculadas ou até mesmo quando elas irão lucrar mais com o inadimplemento[334].

Assim, a abordagem do direito brasileiro provavelmente se deve a um protecionismo excessivo da "vítima"[335], razão pela qual há flexibilidade nos remédios para melhor salvaguardar os interesses do lesado. Seguindo essa linha, é vedado ao credor, pela sistemática do

[331] Exemplificativamente, Neil Andrews aponta as cinco principais medidas judiciais que podem ser adotadas no Reino Unido em caso de *breach of contract*: (i) ação de cobrança; (ii) ação indenizatória; (iii) execução forçada da obrigação contratual; (iv) *injunction* visando impedir a parte de seguir descumprimento o contrato; e (v) ação visando obter os ganhos ilícitos do contraente que rompeu o contrato (amparado pelo precedente Attorney-General v. Blake, que será oportunamente abordado neste capítulo, especificamente, no item 2.2.2 deste livro). ANDREWS, Neil. **Contract law**. New York: Cambridge, 2011. p. 519-521.

[332] BROOKS, Richard R.W.; STREMITZER, Alexander. Remedies On and Off Contract. **The Yale Law Journal**, New Haven, v. 120, n. 4, jan. 2011. p. 718.

[333] PARGENDLER, Mariana Souza. The Role of the State in Contract Law: The Common-Civil Law Divide. **Yale Journal of International Law**, New Haven, v. 43, n. 1, p. 143-189, mar/2018. p. 167.

[334] TIMM, Luciano Benetti. Common law e contract law: uma introdução ao direito contratual norte-americano. **Revista Semestral de Direito Empresarial**, Rio de Janeiro, n. 10, p. 107-150, jan./jun. 2012. p. 149.

[335] GUEDES, Gisela Sampaio da Cruz. **Lucros cessantes**: do bom senso ao postulado normativo da razoabilidade. São Paulo: Revista dos Tribunais, 2011. p. p. 43.

direito brasileiro, resolver o contrato quando verificado o seu adimplemento substancial[336].

Esse é precisamente o posicionamento da jurisprudência, como se depreende, a título ilustrativo, do Recurso Especial n. 1051270/RS, no qual o STJ aplicou a teoria do adimplemento substancial para negar o pedido de resolução de contrato de leasing para aquisição de veículo, no qual o devedor havia pago 31 das 36 parcelas contratadas, o que consistiria em 86% da obrigação[337]. Neste julgado, ponderou-se que o descumprimento verificado "é inapto a ensejar a reintegração de posse pretendida e, consequentemente, a resolução do contrato", autorizando o credor, autor da ação, apenas a "valer-se de meios menos gravosos e proporcionalmente mais adequados à persecução do crédito remanescente".

Nesse sentido, segundo Luiz Edson Fachin, existem algumas hipóteses que não permitem resolução contratual, de modo que o cumprimento forçado é imperativo, como, por exemplo, em se tratando de mora (isto é, de inadimplemento relativo)[338]. Similarmente, Anderson Schreiber defende que "a execução específica deve ser vista como medida prioritária, a ser afastada somente naquelas hipóteses em que já reste comprometida a função concretamente desempenhada pela relação contratual", em atenção ao princípio da conservação dos contratos[339].

Ainda assim, o parágrafo único do artigo 395 do Código Civil, já mencionado neste livro, autoriza resolução contratual quando a mora tornar a prestação inútil ao credor[340], de modo que, nessas hipóteses,

[336] Vale enfatizar que não há previsão legislativa específica para o instituto, mas ele é admitido e implantado pela jurisprudência, por meio da aplicação da boa-fé objetiva. SCHREIBER, Anderson. A tríplice transformação do adimplemento. Adimplemento substancial, inadimplemento antecipado e outras figuras. **Revista Trimestral de Direito Civil,** Rio de Janeiro, v. 08, n. 32, p. 3-27, out./dez. 2007. p. 16.

[337] REsp 1051270/RS, Rel. Ministro LUIS FELIPE SALOMÃO, QUARTA TURMA, julgado em 04/08/2011, DJe 05/09/2011.

[338] FACHIN, Luiz Edson. **Soluções práticas de direito** - pareceres: contratos e responsabilidade civil. v. 1. São Paulo: Revista dos Tribunais, 2011. p. 283.

[339] SCHREIBER, Anderson. A tríplice transformação do adimplemento. Adimplemento substancial, inadimplemento antecipado e outras figuras. **Revista Trimestral de Direito Civil,** Rio de Janeiro, v. 08, n. 32, p. 3-27, out./dez. 2007. p. 22.

[340] Sobre o tema, Ruy Rosado de Aguiar Júnior afirma que "o incumprimento, para

ele pode pleitear indenização por perdas e danos[341]. Significa dizer que a utilidade da prestação é um critério a ser observado para fins de adoção dos remédios cabíveis em caso de inadimplemento.

Isso porque o efeito produzido pelo mecanismo resolutivo é justamente o liberatório, de forma que a sanção sofrida pelo inadimplente é a decadência do direito à prestação – ou seja, o inadimplente perde as "vantagens econômicas que lhe adviriam do contrato"[342]. A mesma sistemática regulamenta o direito contratual alemão.

De acordo com o BGB, o devedor tem direito de exigir execução específica, de modo que o direito à indenização pecuniária em substituição à prestação é regulamentado de forma secundária[343]. Por isso, em primeiro lugar, o devedor deve ser condenado a restaurar a situação que o lesado estaria sem o inadimplemento e, apenas em uma segunda "instância", deve pagar uma quantia em dinheiro[344].

ser definitivo e causa de resolução, deve ser qualificado por essa perda de interesse do credor, decorrente da inutilidade da prestação". AGUIAR JÚNIOR, Ruy Rosado de. **Extinção dos contratos por incumprimento do devedor**. 2. ed. Rio de Janeiro: AIDE, 2003. p. 115.

[341] Ressalva-se, contudo, que, para Ruy Rosado de Aguiar Júnior, na hipótese de resolução fundada no parágrafo único do artigo 395 do Código Civil, apenas haverá dever de indenizar se o inadimplemento for culposo. Especificamente, o jurista afirma que: "Se o incumprimento definitivo, por perda do interesse na prestação, resulta da 'culpa do devedor', o credor não exigirá a execução em espécie, que já não lhe traz nenhuma utilidade, mas poderá optar entre manter o contrato e obter o equivalente (art. 236 do Código Civil) ou requerer a resolução (art. 475 do Código Civil), sempre com perdas e danos. Na dissolução do vínculo 'sem culpa do devedor', não se impõe a este a obrigação de indenizar perdas e danos, pois o princípio geral do sistema é de somente imputar indenização por perdas e danos ao culpável, salvo casos expressos de responsabilidade pelo risco ou necessidade de criar-se uma obrigação de garantia, que não acontecem aqui.". Ibid., p. 116.

[342] ASSIS, Araken de. **Resolução do contrato por inadimplemento**. 4. ed. São Paulo: Revista dos Tribunais, 2004. p. 71.

[343] CANARIS, Claus-Wilhelm. O novo direito das obrigações na Alemanha. **Revista da EMERJ**, Rio de Janeiro, v. 7, n. 27, p. 108-124, jul./set. 2004. p. 112.

[344] ZIMMERMANN, Reinhard. **The Law of Obligations**: Roman Foundations of the Civilian Tradition. Cidade do Cabo: Juta, 2006. p. 824.

O direito de exigir performance é excluído em determinas hipóteses, previstas no § 275 do BGB, quando (i) a prestação devida for impossível pelo devedor ou qualquer outra pessoa, (ii) a prestação exigir, do devedor, custos e esforços extremamente desproporcionais em comparação com o interesse do credor na execução, ou (iii) a prestação for pessoal e o obstáculo verificado pelo devedor contrariar os interesses do credor, não sendo razoável que ele exija performance[345]. Segundo Reinhard Zimmermann, esse dispositivo é originado do brocardo romano *impossibilium nulla est obligatio*[346], que significa que obrigações impossíveis são nulas.

Em complemento, o § 281 (1) do BGB autoriza o credor a abdicar da performance (pleiteando apenas a indenização correspondente) desde que tenha sido estabelecido um prazo razoável para a sua realização sem que o devedor o tenha observado[347]. Essa exigência pode ser dispensada

[345] § 275, BGB. (1) Der Anspruch auf Leistung ist ausgeschlossen, soweit diese für den Schuldner oder für jedermann unmöglich ist. (2) Der Schuldner kann die Leistung verweigern, soweit diese einen Aufwand erfordert, der unter Beachtung des Inhalts des Schuldverhältnisses und der Gebote von Treu und Glauben in einem groben Missverhältnis zu dem Leistungsinteresse des Gläubigers steht. Bei der Bestimmung der dem Schuldner zuzumutenden Anstrengungen ist auch zu berücksichtigen, ob der Schuldner das Leistungshindernis zu vertreten hat. (3) Der Schuldner kann die Leistung ferner verweigern, wenn er die Leistung persönlich zu erbringen hat und sie ihm unter Abwägung des seiner Leistung entgegenstehenden Hindernisses mit dem Leistungsinteresse des Gläubigers nicht zugemutet werden kann. (4) Die Rechte des Gläubigers bestimmen sich nach den §§ 280, 283 bis 285, 311a und 326. Em tradução livre: (1) Uma ação exigindo execução forçada é obstada quando a performance for impossível para o dever ou para qualquer outra pessoa. (2) O dever pode recusar performance quando ela exigir custos e esforços que, levando-se em consideração o objeto da obrigação e os requerimentos da boa-fé, forem extremamente desproporcionais aos interesses do credor. No momento de determinação de quais esforços podem ser razoavelmente exigidos do devedor, deve ser também levado em consideração se ele é o responsável pelo obstáculo à performance. (3) Em adição, o devedor pode recusar performance a ser executada por ele próprio quando o obstáculo à performance ir de encontro aos interesses do credor na performance, de modo que ela não poderia razoavelmente ser exigida. (4) Os direitos do credor são governados pelos §§ 280, 283 até 285, 311a e 326.

[346] ZIMMERMANN, Reinhard. **The New German Law of Obligations**: Historical and Comparative Perspectives. New York: Oxford University Press, 2005. p. 44.

[347] §281 (1), BGB. Soweit der Schuldner die fällige Leistung nicht oder nicht wie ge-

quando o devedor recusar, de forma séria e definitiva, a performance, ou quando existir alguma circunstância "especial", em benefício de ambas as partes, que justifique a imediata substituição da obrigação por indenização[348].

Nesse caso, o credor pode exigir uma indenização equivalente em dinheiro, em substituição à performance[349]. Ademais, note-se que, assim como autorizado no parágrafo único do artigo 395 do Código Civil brasileiro, o credor pode pleitear indenização como substituição da obrigação em casos de inadimplemento relativo, quando ele não tiver interesse no cumprimento parcial, também nos termos do § 281 (1) do BGB.

Especificamente sobre este dispositivo, Claus-Wilhelm Canaris explica a diferença entre a concessão de uma indenização menor, na qual o credor retém os benefícios recebidos com a execução defeituosa, limitando-se a receber indenização parcial, correspondente ao descumprimento, e de uma indenização maior, consistente no benefício total,

schuldet erbringt, kann der Gläubiger unter den Voraussetzungen des § 280 Abs. 1 Schadensersatz statt der Leistung verlangen, wenn er dem Schuldner erfolglos eine angemessene Frist zur Leistung oder Nacherfüllung bestimmt hat. Hat der Schuldner eine Teilleistung bewirkt, so kann der Gläubiger Schadensersatz statt der ganzen Leistung nur verlangen, wenn er an der Teilleistung kein Interesse hat. Hat der Schuldner die Leistung nicht wie geschuldet bewirkt, so kann der Gläubiger Schadensersatz statt der ganzen Leistung nicht verlangen, wenn die Pflichtverletzung unerheblich ist. Em tradução livre: No limite do inadimplemento do devedor, o credor pode, se satisfeitos os requerimentos do § 280 (1), exigir indenização em substituição da performance, desde que ele tenha estabelecido, sem sucesso, um período razoável para o devedor cumprir a obrigação. Se o devedor tiver inadimplido parcialmente a obrigação, o credor pode exigir indenização em substituição da performance apenas se ele não tiver interesse na parte da obrigação. Se o inadimplemento for imaterial, o credor não pode exigir indenização em substituição da performance.

[348] §281 (2), BGB. Die Fristsetzung ist entbehrlich, wenn der Schuldner die Leistung ernsthaft und endgültig verweigert oder wenn besondere Umstände vorliegen, die unter Abwägung der beiderseitigen Interessen die sofortige Geltendmachung des Schadensersatzanspruchs rechtfertigen. Em tradução livre: A exigência de fixação de um período para performance pode ser dispensada quando o devedor a tiver recusado de forma séria e definitiva, bem como quando existirem circunstâncias especiais que, considerando-se os interesses das duas partes, justifiquem a imediata concessão de indenização.

[349] CANARIS, Claus-Wilhelm. Die Reform des Rechts der Leistungsstörungen. **JuristenZeitung**, Berlin, ano 56, n. 10, p. 499-524, maio 2001. p. 512.

de modo que o credor fica obrigado a restituir eventual quantia já recebida[350]. Essas indenizações são denominadas de *großer und kleiner Schadensersatz*[351], que, em tradução livre, significam compensação maior e compensação menor.

A sua aplicação encontra regulamentação no próprio § 281 (1) do BGB, que dispõe que o inadimplemento parcial autoriza indenização completa apenas se o credor não tiver interesse na parte que foi cumprida – caso contrário, a sua pretensão é limitada apenas à parte inadimplida[352]. Assim, mais uma vez, o fator determinante para estabelecer se a indenização será "maior" ou "menor" é o interesse do credor[353].

Nesse contexto, Reinhard Zimmermann sintetiza a pretensão indenizatória advinda de relações contratuais com base na natureza dos remédios: (i) indenização em substituição de performance (nos casos, por exemplo, de impossibilidade ou recusa de performance), (ii) indenização por atraso e (iii) simples indenização[354]. Essa terceira modalidade de indenização genérica diz respeito a outros danos causados, que também são dignos de tutela – ainda que seu escopo de aplicação seja bastante reduzido, já que a indenização em substituição de performance, ao colocar o credor na situação que estaria se o contrato tivesse sido

[350] CANARIS, Claus-Wilhelm. Die Reform des Rechts der Leistungsstörungen. **JuristenZeitung**, Berlin, ano 56, n. 10, p. 499-524, maio 2001. p. 513.

[351] REIMANN, Mathias; ZEKOLL, Joachim. **Introduction to German Law**. Munique: C. H. Beck, 2005. p. 194.

[352] Veja-se que o credor pode optar por qualquer uma das duas indenizações, se os requisitos para a indenização "maior" forem satisfeitos. Do contrário, ele apenas terá direito à indenização "menor". CANARIS, Claus-Wilhelm. Die Reform des Rechts der Leistungsstörungen. **JuristenZeitung**, Berlin, ano 56, n. 10, p. 499-524, maio 2001. p. 514.

[353] Para ilustrar com um exemplo prático, Claus-Wilhelm Canaris elabora uma situação hipotética de um comprador que encomenda cem garrafas de vinho, mas recebe apenas sessenta. Com base no § 281 do BGB, ele pode pleitear indenização correspondente ao valor das quarenta garrafas não recebidas, retendo as sessenta garrafas efetivamente recebidas. Por outro lado, caso a quantidade de garrafas recebidas não satisfaça seu interesse naquele contrato, ele pode pleitear substituição das quarenta garrafas ou indenização pela totalidade da compra (sendo que, neste último caso, deverá devolver as sessenta garrafas recebidas). Ibid., p. 513.

[354] ZIMMERMANN, Reinhard. **The New German Law of Obligations**: Historical and Comparative Perspectives. New York: Oxford University Press, 2005. p. 52 e 58-59.

adimplido, em regra, é apta a ressarcir todo e qualquer dano advindo do descumprimento.

A indenização, da forma em que vista até agora (especificamente nas três modalidades sintetizadas por Reinhard Zimmermann), mantém o contrato inalterado; contudo, existem hipóteses em que a parte prefere resolver o contrato[355]. Assim, em paralelo ao direito de execução específica e/ou de indenização monetária, o BGB concede ao credor o direito de resolução contratual[356] (*Rücktritt vom Vertrag*), nos termos do § 323 do BGB[357].

[355] ZIMMERMANN, Reinhard. **The New German Law of Obligations**: Historical and Comparative Perspectives. New York: Oxford University Press, 2005. p. 67.

[356] CANARIS, Claus-Wilhelm. O novo direito das obrigações na Alemanha. **Revista da EMERJ**, Rio de Janeiro, v. 7, n. 27, p. 108-124, jul./set. 2004. p. 117.

[357] §323, BGB. (1) Erbringt bei einem gegenseitigen Vertrag der Schuldner eine fällige Leistung nicht oder nicht vertragsgemäß, so kann der Gläubiger, wenn er dem Schuldner erfolglos eine angemessene Frist zur Leistung oder Nacherfüllung bestimmt hat, vom Vertrag zurücktreten. (2) Die Fristsetzung ist entbehrlich, wenn 1. der Schuldner die Leistung ernsthaft und endgültig verweigert, 2. der Schuldner die Leistung bis zu einem im Vertrag bestimmten Termin oder innerhalb einer im Vertrag bestimmten Frist nicht bewirkt, obwohl die termin- oder fristgerechte Leistung nach einer Mitteilung des Gläubigers an den Schuldner vor Vertragsschluss oder auf Grund anderer den Vertragsabschluss begleitenden Umstände für den Gläubiger wesentlich ist, oder 3. im Falle einer nicht vertragsgemäß erbrachten Leistung besondere Umstände vorliegen, die unter Abwägung der beiderseitigen Interessen den sofortigen Rücktritt rechtfertigen. (3) Kommt nach der Art der Pflichtverletzung eine Fristsetzung nicht in Betracht, so tritt an deren Stelle eine Abmahnung. (4) Der Gläubiger kann bereits vor dem Eintritt der Fälligkeit der Leistung zurücktreten, wenn offensichtlich ist, dass die Voraussetzungen des Rücktritts eintreten werden. (5) Hat der Schuldner eine Teilleistung bewirkt, so kann der Gläubiger vom ganzen Vertrag nur zurücktreten, wenn er an der Teilleistung kein Interesse hat. Hat der Schuldner die Leistung nicht vertragsgemäß bewirkt, so kann der Gläubiger vom Vertrag nicht zurücktreten, wenn die Pflichtverletzung unerheblich ist. (6) Der Rücktritt ist ausgeschlossen, wenn der Gläubiger für den Umstand, der ihn zum Rücktritt berechtigen würde, allein oder weit überwiegend verantwortlich ist oder wenn der vom Schuldner nicht zu vertretende Umstand zu einer Zeit eintritt, zu welcher der Gläubiger im Verzug der Annahme ist. Em tradução livre: (1) Se, em um contrato recíproco, o devedor não fizer a performance que é devida, ou não agir em conformidade com o contrato, o credor pode rescindi-lo, se ele houver determinado, sem resultado, um prazo adicional para performance. (2) A determinação de fixação de um período de tempo pode ser dispensada se: 1. O devedor houver recusado performance de forma séria e definitiva a performance, 2. O devedor não tiver

Segundo Mathias Reimann e Joachim Zekoll, a rigor, as exigências impostas ao credor para se valer dos remédios de resolução contratual ou indenização em substituição de performance são praticamente idênticas[358]. Embora extremamente semelhantes, os institutos possuem diferenças: a mais significativa delas é que, para resolução, não é necessário haver culpa do inadimplente[359].

Assim, de acordo com o dispositivo antes referido, o credor pode resolver o contrato em decorrência do inadimplemento ou cumprimento defeituoso, desde que tenha fixado um prazo adicional para performance ou correção[360] (sujeito a algumas hipóteses excepcionais, que dispensam tal prazo adicional) – mesma sistemática da indenização em substituição da performance, como visto anteriormente. Esse remédio somente pode ser utilizado em casos de inadimplemento fundamental, isto é, de um inadimplemento significativo e sério – em atenção ao princípio *pacta sunt servanda*[361].

feito a performance no prazo (ou em um lapso temporal específico) previsto no contrato, a despeito de a performance tempestiva ser de suma importância para o credor, conforme noticiado pelo credor ao devedor em data anterior à conclusão do contrato ou conforme outras circunstâncias verificadas no momento da sua conclusão, ou 3. Se estiverem presentes circunstâncias especiais que justifiquem a imediata resolução, desde que sejam contrapostos os interesses de ambas as partes. (3) Se a natureza do inadimplemento inviabilizar a fixação de um prazo para cumprimento, o credor deverá então providenciar uma notificação de aviso. (4) O credor pode resolver o contrato antes de a performance ser devida quando for óbvio que serão cumpridos os requisitos da resolução. (5) Se o devedor adimplir parte da obrigação, o credor pode resolver todo o contrato somente se não tiver interesse em parte da performance. Se o devedor não cumpriu a obrigação em conformidade com o contrato, o credor não poderá resolver o contrato se este descumprimento for trivial. (6) O direito à resolução é excluído quando o credor for exclusiva ou predominantemente responsável pela circunstância que o tornou apto a pleitear resolução ou quando a circunstância que o devedor não é responsável ocorrer no momento em que o credor estiver em mora para aceitar a obrigação.

[358] REIMANN, Mathias; ZEKOLL, Joachim. **Introduction to German Law**. Munique: C. H. Beck, 2005. p. 193.

[359] ZIMMERMANN, Reinhard. **The New German Law of Obligations**: Historical and Comparative Perspectives. New York: Oxford University Press, 2005. p. 71.

[360] REIMANN, Mathias; ZEKOLL, Joachim. **Introduction to German Law**. Munique: C. H. Beck, 2005. p. 196.

[361] ZIMMERMANN, Reinhard. **The New German Law of Obligations**: Historical and

Significa dizer que descumprimentos irrelevantes não podem ensejar resolução contratual lastreada no referido dispositivo[362]. Assim, em consonância com o critério adotado pela Convention on Contracts for the International Sales of Goods ("CISG"), pelos princípios Unidroit e pelos Principles of European Contract Law ("PECL"), apenas inadimplementos fundamentais (tradicionalmente conhecidos como *fundamental breach*) podem justificar resolução contratual[363].

Se viabilizada, a opção de resolução não obsta o direito ao recebimento de indenização, nos exatos termos do § 325 do BGB[364]. Vale apontar que esse dispositivo foi alterado quando da reforma legislativa de 2002, pois até então, o credor que veiculava pedido de resolução contratual não fazia jus ao recebimento de qualquer indenização – o que foi relativizado pela jurisprudência, com o passar do tempo, até a alteração do texto do BGB[365].

Após a reforma, o referido diploma legal passou a prever expressamente que o direito de exigir ressarcimento do dano não fica excluído[366] com a resolução contratual[367]. Assim, não apenas o tema da prescrição

Comparative Perspectives. New York: Oxford University Press, 2005. p. 67.

362 No original: "Demgemäss ist der Rücktritt nach §323 nur dann ausgeschlossen, wenn 'die Pflichtverletzung unerheblich ist'". CANARIS, Claus-Wilhelm. Die Reform des Rechts der Leistungsstörungen. **JuristenZeitung**, Berlin, ano 56, n. 10, p. 499-524, maio 2001. p. 514.

363 REIMANN, Mathias; ZEKOLL, Joachim. **Introduction to German Law**. Munique: C. H. Beck, 2005. p. 196.

364 § 325, BGB. Das Recht, bei einem gegenseitigen Vertrag Schadensersatz zu verlangen, wird durch den Rücktritt nicht ausgeschlossen. Em tradução livre: O direito de demandar indenizações oriundas de contratos recíprocos não é excluído pela resolução.

365 GUIMARÃES, Paulo Jorge Scartezzini. Responsabilidade civil e interesse contratual positivo e negativo (em caso de descumprimento contratual). **Revista de Direito Privado**, São Paulo, v. 16, n. 63, p. 33-58, jul./set. 2015. p. 5.

366 Da mesma forma, outras estipulações contratuais (como cláusulas de solução de controvérsias) não ficam excluídas, pois a relação contratual é apenas transformada com a resolução. ZIMMERMANN, Reinhard. **The New German Law of Obligations**: Historical and Comparative Perspectives. New York: Oxford University Press, 2005. p. 73.

367 GUIMARÃES, Paulo Jorge Scartezzini. Responsabilidade civil e interesse contratual positivo e negativo (em caso de descumprimento contratual). **Revista de Direito Privado**, São Paulo, v. 16, n. 63, p. 33-58, jul./set. 2015. p. 5.

(enfrentando no primeiro capítulo deste livro) foi objeto da reforma do direito obrigacional alemão ocorrida em 2002[368]: o tema do inadimplemento contratual e seus efeitos também foi reestruturado pelo legislador na ocasião[369].

Até então, os remédios cabíveis eram regulamentados por uma série de dispositivos complexos, que previam consequências distintas para inadimplementos absoluto e relativo, além das especificidades de cada espécie de contrato[370]. Por isso, além de incorporar diretrizes do direito comunitário, o legislador alemão revisitou o tema do inadimplemento contratual e suas consequências[371].

Um dos pontos de reforma, por exemplo, foi viabilizar indenização por execução defeituosa, até então não autorizada pela legislação (§ 280 do BGB)[372]. Com isto, a ideia de inadimplemento positivo do contrato (*positive Vertragsverletzung*) foi incorporada no BGB, permitindo que o credor seja ressarcido por prejuízos decorrentes da performance deficitária[373].

Depreende-se, portanto, que tanto o Código Civil como o BGB autorizam que a parte lesada pelo inadimplemento pleiteie execução específica ou resolução contratual, demandando a correspondente indenização por perdas e danos – embora o direito alemão exija determinados requi-

[368] CANARIS, Claus-Wilhelm. O novo direito das obrigações na Alemanha. **Revista da EMERJ**, Rio de Janeiro, v. 7, n. 27, p. 108-124, jul./set. 2004. p. 112.

[369] Reinhard Zimmermann afirma que eram necessárias reformas fundamentais nos temas do inadimplemento contratual e da prescrição, sobretudo para se adotar um sistema unitário de inadimplemento contratual. ZIMMERMANN, Reinhard. **The Law of Obligations**: Roman Foundations of the Civilian Tradition. Cidade do Cabo: Juta, 2006. p. 814.

[370] REIMANN, Mathias; ZEKOLL, Joachim. **Introduction to German Law**. Munique: C. H. Beck, 2005. p. 192.

[371] Em virtude de determinadas diretivas da União Europeia, determinou-se, por exemplo, que o devedor incorre em inadimplência se deixar de pagar no prazo de 30 dias após a data de vencimento e recebimento de fatura, bem como estabeleceu-se taxa de juros básica de 5%, além da taxa especial para pessoas jurídicas de até 8% ao ano. CANARIS, Claus-Wilhelm. O novo direito das obrigações na Alemanha. **Revista da EMERJ**, Rio de Janeiro, v. 7, n. 27, p. 108-124, jul./set. 2004. p. 119.

[372] Ibid., p. 118.

[373] ZIMMERMANN, Reinhard. **The New German Law of Obligations**: Historical and Comparative Perspectives. New York: Oxford University Press, 2005. p. 40.

sitos (por vezes dispensáveis), como, exemplificativamente, a fixação de prazo para cumprimento da obrigação. Sobre o tema, Mariana Pargendler analisa a abordagem adotada pelos ordenamentos jurídicos para remediar inadimplementos, a fim de verificar o grau de intervenção estatal no direito contratual.

Isso porque o Estado tem um papel menor quando não oferece remédios (ou apenas remédios fracos) para inadimplementos e um papel forte quando fornece suporte ao pacto mediante a implementação de consequências judiciais severas[374]. Segundo a referida jurista, países de *civil law* tendem a fornecer remédios mais fortes, e países de *common law*[375] remédios mais fracos para inadimplementos contratuais[376].

De fato, quer parecer que as opções viabilizadas pelo direito brasileiro e pelo direito alemão consistem em remédios fortes, em especial porque o contratante lesado faz jus ao recebimento de indenização pelos prejuízos sofridos, seja em caso de resolução contratual, seja em caso de execução específica. Afinal, todos os danos devem ser reparados, na medida em que a "responsabilidade contratual consiste na atribuição do dever de reparar os danos provocados pela violação, imputável a uma das partes, de um direito de titularidade do parceiro contratual"[377].

[374] PARGENDLER, Mariana Souza. The Role of the State in Contract Law: The Common-Civil Law Divide. **Yale Journal of International Law**, New Haven, v. 43, n. 1, p. 143-189, mar/2018. p. 166.

[375] Sobre a intervenção estatal no direito contratual americano, veja-se o caso Aluminium Company of America (Alcoa) v. Essex Group, no qual o contrato foi revisto para aplicar indexador diverso daquele pactuado pelas partes, sem que houvesse pedido nesse sentido (sob o fundamento de que essa intervenção judicial é autorizada em outros ordenamentos jurídicos, tais quais o brasileiro e o alemão). Ibid., p. 161. A crítica da doutrina e da jurisprudência à intervenção estatal (e ao referido julgado) se deve ao fato de que o direito dos contratos está fundado na liberdade de contratar, de modo que os tribunais não podem impor estipulações quando as partes não o fizerem e, por consequência, os tribunais não podem intervir desnecessariamente nas relações contratuais. TIMM, Luciano Benetti. Common law e contract law: uma introdução ao direito contratual norte-americano. **Revista Semestral de Direito Empresarial**, Rio de Janeiro, n. 10, p. 107-150, jan./jun. 2012. p. 118.

[376] PARGENDLER, Mariana Souza. The Role of the State in Contract Law: The Common-Civil Law Divide. **Yale Journal of International Law**, New Haven, v. 43, n. 1, p. 143-189, mar/2018. p. 174.

[377] CATALAN, Marcos. **A morte da culpa na responsabilidade contratual**. 2011. 347f.

Nesse contexto, independentemente da haver resolução contratual ou execução específica, a parte lesada tem direito a requerer indenização para se ver ressarcida dos prejuízos incorridos[378]. Para tanto, a doutrina classifica os interesses indenizáveis a depender se a lesão foi causada aos interesses[379] positivos ou negativos do credor[380].

Esses conceitos são "figuras tão próximas das facetas do dano patrimonial que com estas por vezes se confundem"[381]. Especificamente, os interesses positivos consistem nos interesses voltados à prestação, isto é, à execução do contrato; de modo que, segundo Bruno Miragem, todo e qualquer dano advindo do seu inadimplemento absoluto ou relativo (mora ou cumprimento defeituoso) é indenizável, repondo a parte na situação que estaria se o contrato tivesse sido cumprido[382].

Nesses casos, a parte lesada se mantém vinculada à sua prestação, não recebendo de volta o preço eventualmente já pago, por exemplo[383]. Por

Tese de doutorado – Faculdade de Direito da Universidade de São Paulo, São Paulo, 2011. p. 97.

378 SCHREIBER, Anderson. A tríplice transformação do adimplemento. Adimplemento substancial, inadimplemento antecipado e outras figuras. **Revista Trimestral de Direito Civil,** Rio de Janeiro, v. 08, n. 32, p. 3-27, out./dez. 2007. p. 22.

379 Sobre a nomenclatura empregada, convém transcrever os ensinamentos de Paulo Mota Pinto sobre o conceito da palavra "interesse" constante nos termos interesses contratuais positivos e interesses contratuais negativos: "Tal indagação impõe-se, em particular, para a análise da distinção entre o interesse negativo e o interesse positivo, na qual já se tem salientado que o termo 'interesse' é empregue numa acepção ambivalente, ambígua ou anfibológica – designadamente, tanto como situação jurídica tutelada como enquanto 'fórmula de cálculo' ou quantificação do dano -, o que seria responsável por grande parte das perplexidades e incertezas que se encontram na doutrina e na prática a seu respeito.". PINTO, Paulo Mota. **Interesse contratual negativo e interesse contratual positivo.** v. I e II. Coimbra: Coimbra, 2008. p. 501-502.

380 MIRAGEM, Bruno. **Direito Civil**: Direito das Obrigações. São Paulo: Saraiva, 2017. p. 540.

381 GUEDES, Gisela Sampaio da Cruz. **Lucros cessantes**: do bom senso ao postulado normativo da razoabilidade. São Paulo: Revista dos Tribunais, 2011. p. 126.

382 MIRAGEM, Bruno. **Direito Civil**: Direito das Obrigações. São Paulo: Saraiva, 2017. p. 540.

383 MARTINS COSTA, Judith. Responsabilidade civil contratual. Lucros cessantes. Resolução. Interesse positivo e interesse negativo. Distinção entre lucros cessantes e

isso, a indenização "não tem por escopo a recolocação do patrimônio em seu status quo ante, mas o de situá-lo nas condições em que haveria de estar se a obrigação fosse cumprida"[384].

Isso significa que a indenização a ser arbitrada é "o equivalente da prestação em sua dupla face – dano emergente e lucro cessante –, como também a reparação dos prejuízos restantes provenientes da inexecução"[385]. Em posição antagônica, os interesses contratuais negativos estão alinhados com a não performance, em caso de resolução contratual ou de nulidade, por exemplo[386].

lucros hipotéticos. Dever de mitigar o próprio dano. Dano moral e pessoa jurídica. In.: LOTUFO, Renan (Coord.). NANNI, Giovanni Ettore (Coord.). MARTINS, Fernando Rodrigues (Coord.). **Temas relevantes do direito civil contemporâneo**. São Paulo: Atlas, 2012. p. 563.

384 NADER, Paulo. **Curso de direito civil**: obrigações. v.2. 6. ed. Rio de Janeiro: Forense, 2012. p. 457.

385 GUEDES, Gisela Sampaio da Cruz. **Lucros cessantes**: do bom senso ao postulado normativo da razoabilidade. São Paulo: Revista dos Tribunais, 2011. p. 126.

386 Parte da doutrina e da jurisprudência também defende o cabimento de indenização por interesse negativo em caso de responsabilidade pré-contratual, como será abordado a seguir. Nesse sentido, já decidiu o STJ, por maioria, conforme se verifica do seguinte excerto do acórdão do Recurso Especial n. 1641868/SP: "No caso concreto, não se pode admitir que a indenização corresponda a vantagem patrimonial que a ADM deixou de auferir, porque, dessa forma, se estaria equiparando a responsabilidade civil pré-contratual, decorrente do rompimento imotivado das tratativas, com aquela que exsurgiria do próprio inadimplemento do pacto que nunca se perfectibilizou. (...) Impossível, contudo, ultrapassar esse ponto de aproximação para equiparar por completo a responsabilidade civil decorrente do rompimento das tratativas negociais com aquela sobrevinda do próprio inadimplemento contratual. Isso pela simples razão de que as prestações assinaladas para cada um dos contratantes somente se tornam obrigatórias a partir da conclusão do negócio. A responsabilidade pré-contratual apenas pode cobrir as despesas efetivamente realizadas pela parte com o objetivo de concretizar o negócio jurídico ou em razão desse mesmo negócio frustrado.". REsp 1641868/SP, Rel. Ministro MOURA RIBEIRO, TERCEIRA TURMA, julgado em 05/06/2018, DJe 06/09/2018. Na mesma linha, Gisela Sampaio da Cruz Guedes afirma que "exclui-se da indenização o interesse positivo pelo simples fato de que as perdas e danos não devem referir-se ao inadimplemento de um contrato que nunca fora concluído". GUEDES, Gisela Sampaio da Cruz. **Lucros cessantes**: do bom senso ao postulado normativo da razoabilidade. São Paulo: Revista dos Tribunais, 2011. p. 139.

Nesses casos, operam-se efeitos retroativos, "como se o contrato jamais tivesse sido celebrado"[387]. A parte lesada, então, libera-se dos deveres assumidos, recebendo de volta o que eventualmente já foi pago, além de perdas e danos por interesse negativo[388].

Esse é precisamente o teor do artigo 182 do Código Civil[389], que estabelece que, em caso de nulidade e anulabilidade do negócio jurídico, as partes devem retornar ao estado em que se encontravam anteriormente[390]. E, conforme lição de Araken de Assis, este dispositivo legal se aplica analogicamente aos casos em que a parte lesada se vale do remédio resolutório[391].

Nesse sentido, o STJ já decidiu que "[a] resolução do contrato exige que se promova o retorno das partes ao status quo ante"[392], reconhecendo a "eficácia restitutória da resolução contratual"[393]. Isso porque os efeitos da resolução contratual são *ex tunc*, de modo que as partes devem retornar ao estado em que se encontravam antes da celebração do pacto.

Vale mencionar que essa abordagem é objeto de críticas de Paulo Jorge Scartezzini Guimarães, que afirma que a resolução não pode-

387 Ibid., p. 137.

388 MARTINS COSTA, Judith. Responsabilidade civil contratual. Lucros cessantes. Resolução. Interesse positivo e interesse negativo. Distinção entre lucros cessantes e lucros hipotéticos. Dever de mitigar o próprio dano. Dano moral e pessoa jurídica. In.: LOTUFO, Renan (Coord.). NANNI, Giovanni Ettore (Coord.). MARTINS, Fernando Rodrigues (Coord.). **Temas relevantes do direito civil contemporâneo**. São Paulo: Atlas, 2012. p. 563.

389 Artigo 182, Código Civil. Anulado o negócio jurídico, restituir-se-ão as partes ao estado em que antes dele se achavam, e, não sendo possível restituí-las, serão indenizadas com o equivalente.

390 GUIMARÃES, Paulo Jorge Scartezzini. Responsabilidade civil e interesse contratual positivo e negativo (em caso de descumprimento contratual). **Revista de Direito Privado**, São Paulo, v. 16, n. 63, p. 33-58, jul./set. 2015. p. 6.

391 ASSIS, Araken de. **Resolução do contrato por inadimplemento**. 4. ed. São Paulo: Revista dos Tribunais, 2004. p. 157.

392 REsp 1669002/RJ, Rel. Ministra NANCY ANDRIGHI, TERCEIRA TURMA, julgado em 21/09/2017, DJe 02/10/2017.

393 REsp 1508590/TO, Rel. Ministro RICARDO VILLAS BÔAS CUEVA, Rel. p/ Acórdão Ministro MARCO AURÉLIO BELLIZZE, TERCEIRA TURMA, julgado em 14/06/2016, DJe 27/06/2016.

ria culminar "retorno absoluto das partes ao estado anterior, como se o negócio não tivesse existido"[394]. Segundo o referido autor, não seria viável confundir os efeitos de resolução e nulidade, tendo em vista que o contrato existiu e é válido, mas apenas não foi cumprido pelo devedor.

De qualquer forma, o posicionamento majoritário da doutrina e da jurisprudência sobre o tema é no sentido de reestabelecer o *status quo ante* como consequência da resolução contratual[395], ante o interesse negativo do credor[396]. Afinal, nessas hipóteses, o credor simplesmente não pode ser indenizado com base no contrato – para se colocar na situação em que ficaria se o contrato tivesse sido cumprido –, como no caso de interesse positivo.

Esse é o posicionamento de Judith Martins Costa, que defende ser inconcebível que o credor receba "além da volta ao estado anterior, o que faria jus em razão do cumprimento contratual", de modo que a indenização devida está limitada, na medida do possível, ao dever de restituir ao estado anterior[397]. Consequentemente, os danos indenizáveis por interesse negativo são aqueles que poderiam ter sido evitados pelo lesado "se não tivesse confiado legitimamente na conduta da contraparte, acreditando que o responsável cumpria os deveres impostos pela boa-fé às partes, ou ainda a crença na própria validade do negócio"[398].

[394] GUIMARÃES, Paulo Jorge Scartezzini. Responsabilidade civil e interesse contratual positivo e negativo (em caso de descumprimento contratual). **Revista de Direito Privado**, São Paulo, v. 16, n. 63, p. 33-58, jul./set. 2015. p. 9-10.

[395] Sobre o tema, Paulo Mota Pinto afirma que "segundo a posição doutrinal dominante entre nós, seguida pela jurisprudência, também o credor que resolve o contrato devido ao inadimplemento do devedor fica impossibilitado de reclamar a reparação dos danos correspondentes ao interesse no cumprimento do contrato". PINTO, Paulo Mota. **Interesse contratual negativo e interesse contratual positivo**. v. I e II. Coimbra: Coimbra, 2008. p. 12.

[396] Nesse sentido, por exemplo, Araken de Assis faz o seguinte questionamento: "como situar o credor em posição equivalente à que resultaria do cumprimento, se o contrato foi destruído retroativamente?". ASSIS, Araken de. **Resolução do contrato por inadimplemento**. 4. ed. São Paulo: Revista dos Tribunais, 2004. p. 150.

[397] MARTINS COSTA, Judith. Responsabilidade civil contratual. Lucros cessantes. Resolução. Interesse positivo e interesse negativo. Distinção entre lucros cessantes e lucros hipotéticos. Dever de mitigar o próprio dano. Dano moral e pessoa jurídica. In.: LOTUFO, Renan (Coord.). NANNI, Giovanni Ettore (Coord.). MARTINS, Fernando Rodrigues (Coord.). **Temas relevantes do direito civil contemporâneo**. São Paulo: Atlas, 2012. p. 562-563.

[398] MIRAGEM, Bruno. **Direito Civil**: Direito das Obrigações. São Paulo: Saraiva, 2017. p. 541.

Os lucros cessantes, por exemplo, não consistiriam naquilo que o credor razoavelmente deixou de lucrar com o cumprimento do contrato (critério utilizado para aferição da indenização por interesse positivo), mas sim o que razoavelmente obteria se não tivesse celebrado o pacto[399]. Sob essa premissa, Judith Martins Costa opinou, em parecer, pela inviabilidade de concessão de lucros cessantes referentes ao lucro de empreendimento hoteleiro não implementado, na medida em que a parte autora havia postulado judicialmente a resolução do contrato de *joint venture* celebrado para tal finalidade[400].

Similarmente, Gisela Sampaio da Cruz Guedes afirma que não faria sentido que o credor pudesse exigir do devedor o ressarcimento do benefício que lhe traria o cumprimento do pacto, quando ele pretender a sua resolução (com a consequente exoneração das obrigações assumidas)[401]. Em outras palavras, não se pode cogitar a possibilidade de cumulação de interesses positivos e negativos para fins de fixação de indenização[402].

Na Alemanha, a doutrina também classifica o direito à indenização conforme a lesão advinda do inadimplemento contratual, isto é, se os interesses contratuais violados são negativos ou positivos[403]. Na verdade,

[399] MARTINS COSTA, Judith. Responsabilidade civil contratual. Lucros cessantes. Resolução. Interesse positivo e interesse negativo. Distinção entre lucros cessantes e lucros hipotéticos. Dever de mitigar o próprio dano. Dano moral e pessoa jurídica. In.: LOTUFO, Renan (Coord.). NANNI, Giovanni Ettore (Coord.). MARTINS, Fernando Rodrigues (Coord.). **Temas relevantes do direito civil contemporâneo**. São Paulo: Atlas, 2012. p. 565.

[400] Ibid., p. 593.

[401] GUEDES, Gisela Sampaio da Cruz. **Lucros cessantes**: do bom senso ao postulado normativo da razoabilidade. São Paulo: Revista dos Tribunais, 2011. p. 133-134.

[402] GUIMARÃES, Paulo Jorge Scartezzini. Responsabilidade civil e interesse contratual positivo e negativo (em caso de descumprimento contratual). **Revista de Direito Privado**, São Paulo, v. 16, n. 63, p. 33-58, jul./set. 2015. p. 3.

[403] Sobre o tema, ressalva-se que Claus- Wilhelm Canaris afirma que os efeitos do inadimplemento se assemelham com as consequências da rescisão. CANARIS, Claus-Wilhelm. O novo direito das obrigações na Alemanha. **Revista da EMERJ**, Rio de Janeiro, v. 7, n. 27, p. 108-124, jul./set. 2004. p. 119. Todavia, o cálculo da indenização irá variar conforme o remédio escolhido, tendo em vista os interesses negativos e positivos do credor.

foi na Alemanha que esta teoria foi sintetizada[404], a partir da obra de Jhering, que indagava quais as consequências de um contrato que era considerado nulo, especificamente se a parte culpada seria responsável pelos custos que a parte adversa incorreu por sua culpa[405] – questão até então não respondida pela doutrina[406].

Conforme teoria desenvolvida por Jhering, a parte lesada por contrato nulo deve ser colocada na mesma situação que estava antes da sua celebração – ou seja, a indenização é devida pelo interesse negativo de não conclusão do pacto[407], e não no interesse positivo da sua execução[408]. A argumentação do jurista é que, ao concluir o contrato, as partes garantem os resultados favoráveis da sua execução; de modo que a parte tem direito aos benefícios dos interesses positivos do contrato[409].

Justamente por isso, a responsabilidade pré-contratual admite, a rigor, apenas indenização por interesse negativo[410] – embora haja debate jurisprudencial e doutrinário sobre a possibilidade de indenização por interesse positivo[411]. Isso porque a distinção entre interesse contratual

[404] GUIMARÃES, Paulo Jorge Scartezzini. Responsabilidade civil e interesse contratual positivo e negativo (em caso de descumprimento contratual). **Revista de Direito Privado**, São Paulo, v. 16, n. 63, p. 33-58, jul./set. 2015. p. 2.

[405] JHERING, Rudolf Von; STAUB, Hermann. **Culpa in contrahendo. Die positiven Vertragsverletzungen.** Bad Homburg: Gehlen, 1969. p. 7.

[406] O jurista explica em sua obra que até então a doutrina negava qualquer espécie de proteção nesses casos por culpa contratual, tendo em vista que o contrato não surtiu efeitos, e o remédio da responsabilidade extracontratual também não estava disponível. Essa situação criava uma situação de notória injustiça, pois a parte culpada ficava livre, ao passo que a parte inocente se tornava vítima dessa culpa. Ibid., p. 8.

[407] Ibid., p. 38.

[408] PEREIRA, Regis Fichtner. **A responsabilidade civil pré-contratual**: teoria geral e responsabilidade pela ruptura das negociações contratuais. Rio de Janeiro: Renovar, 2001. p. 372.

[409] E, a contrário senso, se a parte causar a nulidade do contrato (e ele indiretamente lesar o outro contratante), ele deve indenizá-lo com base nos interesses negativos do contrato. JHERING, Rudolf Von; STAUB, Hermann. **Culpa in contrahendo. Die positiven Vertragsverletzungen.** Bad Homburg: Gehlen, 1969. p. 38.

[410] PINTO, Paulo Mota. **Interesse contratual negativo e interesse contratual positivo**. v. I e II. Coimbra: Coimbra, 2008. p. 11.

[411] GUIMARÃES, Paulo Jorge Scartezzini. Responsabilidade civil e interesse contratual positivo e negativo (em caso de descumprimento contratual). **Revista de Direito Privado**,

negativo e interesse contratual positivo foi, desde a sua origem, associada à existência ou não de uma vinculação negocial válida[412].

Em paralelo, se o credor se valer da opção de resolução (e, pleitear indenização com base no interesse negativo), as partes devem retornar ao *status quo ante*, já que ambas as partes se exoneram das obrigações assumidas[413]. Esse é expressamente o teor do § 346 do BGB[414], que estabelece, dentre as consequências da resolução, a devolução da performance e dos valores recebidos.

Percebe-se, portanto, que o BGB possui regulamentação expressa sobre o direito de resolução contratual e o correspondente direito de indenização por interesse negativo – diferentemente do Código Civil brasileiro. Cumpre enfatizar, ainda, que essa modalidade de restituição não se confunde com enriquecimento sem causa, sendo uma regra especial que se justifica pelo fato de a resolução não excluir totalmente a existência do contrato (ainda que não sucedido), bastando que ele seja encerrado em substituição à sua implementação[415].

Quanto ao interesse positivo, o credor pode pleitear "uma importância em dinheiro no lugar da prestação acordada", tendo em vista que o contrato não foi executado[416]. Nesse sentido, o §249 (1) do BGB – aplicável para todas as ações indenizatórias, independente da origem do

São Paulo, v. 16, n. 63, p. 33-58, jul./set. 2015. p. 5.

[412] PINTO, Paulo Mota. **Interesse contratual negativo e interesse contratual positivo.** v. I e II. Coimbra: Coimbra, 2008. p. 14.

[413] ZIMMERMANN, Reinhard. **The New German Law of Obligations**: Historical and Comparative Perspectives. New York: Oxford University Press, 2005. p. 73.

[414] § 346, BGB. (1) Hat sich eine Vertragspartei vertraglich den Rücktritt vorbehalten oder steht ihr ein gesetzliches Rücktrittsrecht zu, so sind im Falle des Rücktritts die empfangenen Leistungen zurückzugewähren und die gezogenen Nutzungen herauszugeben. Em tradução livre: Se uma das partes tiver resguardado contratualmente o direito ou preencher os requisitos legais de resolução, em caso de resolução, a performance e os pagamentos recebidos devem ser devolvidos.

[415] ZIMMERMANN, Reinhard. **The New German Law of Obligations**: Historical and Comparative Perspectives. New York: Oxford University Press, 2005. p. 72.

[416] CANARIS, Claus-Wilhelm. O novo direito das obrigações na Alemanha. **Revista da EMERJ**, Rio de Janeiro, v. 7, n. 27, p. 108-124, jul./set. 2004. p. 119.

dano[417] – estabelece que a parte responsável por pagar a indenização deve restabelecer a posição que existiria se a circunstância que o obrigou a pagá-la não tivesse ocorrido[418].

Ou seja, deve colocar o lesado na situação em que ele estaria se o contrato tivesse sido adequadamente adimplido[419]. Afirma-se que o legislador alemão incorporou a consistente teoria de interesse de Friedrich Mommsen – desenvolvida a partir do incerto direito romano sobre indenizações –, que determina que o interesse corresponde à diferença entre a atual situação financeira do lesado e a situação que existiria sem o evento danoso[420].

Outrossim, o § 280 do BGB, já mencionado neste livro, representa a base central para as pretensões indenizatórias decorrentes de descumprimento contratual[421], ao determinar que o inadimplente é responsável pelos danos que causar. Esse dispositivo legal é aplicável para (i) casos

[417] Este dispositivo compõe o denominado *Schadensersatzrecht* (em tradução livre, direito de indenização), já mencionado neste livro, que é aplicável tanto em casos de responsabilidade contratual como de responsabilidade aquiliana. DAUNER-LIEB, Barbara; HEIDEL, Thomas; RING, Gerhard. **BGB Schuldrecht**: §§ 241 – 610. 2. ed. Baden-Baden: Nomos, 2012. p. 123.

[418] § 249 (1), BGB. Wer zum Schadensersatz verpflichtet ist, hat den Zustand herzustellen, der bestehen würde, wenn der zum Ersatz verpflichtende Umstand nicht eingetreten wäre. Em tradução livre: A pessoa responsável por pagar indenização deve recompor a situação que existiria se não tivesse ocorrido a circunstância que o obriga a pagar indenização.

[419] REIMANN, Mathias; ZEKOLL, Joachim. **Introduction to German Law**. Munique: C. H. Beck, 2005. p. 194.

[420] No texto original: "In § 249 hatte der Gesetzgeber die Lehre Mommsens vom Interesse zu kodifizieren versucht. Mit dem Interesse als der Differenz zwischen der tatsächlichen Vermögenslage des Geschädigten und der Lage, die ohne das Schadensereignis bestünde, hatte Mommsen das unübersichtliche römicch-rechtliche Schadensersatzrecht auf eine recht einheitliche dogmatische Grundlage gestellt.". DAUNER-LIEB, Barbara; HEIDEL, Thomas; RING, Gerhard. **BGB Schuldrecht**: §§ 241 – 610. 2. ed. Baden-Baden: Nomos, 2012. p. 86.

[421] CANARIS, Claus-Wilhelm. Die Reform des Rechts der Leistungsstörungen. **JuristenZeitung**, Berlin, ano 56, n. 10, p. 499-524, maio 2001. p. 511.

de mora[422](em que se aplica também a regra específica do § 286[423])[424]

[422] §280, BGB. (2) Schadensersatz wegen Verzögerung der Leistung kann der Gläubiger nur unter der zusätzlichen Voraussetzung des § 286 verlangen. Em tradução livre: Indenizações por atraso na performance podem ser exigidas pelo credor se satisfeitas as exigências adicionais do § 286.

[423] §286, BGB. (1) Leistet der Schuldner auf eine Mahnung des Gläubigers nicht, die nach dem Eintritt der Fälligkeit erfolgt, so kommt er durch die Mahnung in Verzug. Der Mahnung stehen die Erhebung der Klage auf die Leistung sowie die Zustellung eines Mahnbescheids im Mahnverfahren gleich. (2) Der Mahnung bedarf es nicht, wenn 1. für die Leistung eine Zeit nach dem Kalender bestimmt ist, 2. der Leistung ein Ereignis vorauszugehen hat und eine angemessene Zeit für die Leistung in der Weise bestimmt ist, dass sie sich von dem Ereignis an nach dem Kalender berechnen lässt, 3. der Schuldner die Leistung ernsthaft und endgültig verweigert, 4. aus besonderen Gründen unter Abwägung der beiderseitigen Interessen der sofortige Eintritt des Verzugs gerechtfertigt ist. (3) Der Schuldner einer Entgeltforderung kommt spätestens in Verzug, wenn er nicht innerhalb von 30 Tagen nach Fälligkeit und Zugang einer Rechnung oder gleichwertigen Zahlungsaufstellung leistet; dies gilt gegenüber einem Schuldner, der Verbraucher ist, nur, wenn auf diese Folgen in der Rechnung oder Zahlungsaufstellung besonders hingewiesen worden ist. Wenn der Zeitpunkt des Zugangs der Rechnung oder Zahlungsaufstellung unsicher ist, kommt der Schuldner, der nicht Verbraucher ist, spätestens 30 Tage nach Fälligkeit und Empfang der Gegenleistung in Verzug. (4) Der Schuldner kommt nicht in Verzug, solange die Leistung infolge eines Umstands unterbleibt, den er nicht zu vertreten hat. Em tradução livre: (1) Se o devedor, a despeito de notificação do credor feita em momento posterior ao prazo de execução, deixa de executar a obrigação, ele está constituído em mora como consequência da notificação. O ajuizamento de ação de execução específica ou de cobrança para recuperação do crédito possuem o mesmo efeito que uma notificação. (2) A necessidade de notificação é dispensada se: 1. Um período de tempo determinado tiver sido especificado, 2. A performance suceder um evento, de modo que, a partir dele, um período razoável de tempo para performance possa ser calculado, 3. O devedor recusar de forma séria e definitiva a performance, 4. Por razões especiais, levando-se em consideração os interesses de ambas as partes, o início imediato da mora for justificado. (3) O dever de uma obrigação de pagar estará em mora, no mais tardar, se ele não cumprir a obrigação em até 30 dias da data do vencimento e da emissão do recibo ou documento equivalente; essa regra se aplica ao devedor que é consumidor apenas se tais consequências estiverem referidas no recibo ou comprovante de pagamento. Se a data de recebimento, pelo devedor, do recibo ou do comprovante de pagamento for incerta, o devedor que não for consumidor estará em mora no mais tardar 30 dias após o vencimento e o recebimento da contraprestação. (4) O devedor não estará em mora enquanto a performance não for feita como resultado de circunstância pela qual ele não é responsável.

[424] REIMANN, Mathias; ZEKOLL, Joachim. **Introduction to German Law**. Munique: C. H. Beck, 2005. p. 193.

e (ii) nas hipóteses de indenização compensatória em substituição da performance[425], abordada nos dispositivos subsequentes.

Ao credor também é facultado o direito de, ao invés de solicitar indenização em substituição à execução, pleitear "reembolso por despesas incorridas na presunção razoável de que haveria uma execução"[426], mas que foram desperdiçadas pelo inadimplemento[427]. O texto do § 284 do BGB[428], que viabilizou essa modalidade de indenização, foi introduzido na reforma de 2002 como forma de privilegiar o credor nas hipóteses em que não houve "prejuízo importante" que ensejasse ressarcimento em decorrência do inadimplemento[429].

Claus-Wilhelm Canaris exemplifica a alteração legislativa com um caso hipotético de um contrato de locação de imóvel público para evento político, em que a prefeitura posteriormente se recusa a ceder o local[430]. Pela legislação anterior, o partido político não teria direito a receber qualquer indenização, pois o evento não teria intuito de arrecadar fundos.

Entretanto, com base no § 284 do BGB, o partido poderia pleitear indenização com base nos custos que incorreu na expectativa de adimplemento do contrato, tais quais despesas com publicidade, viagens de

[425] § 280 (3), BGB. Schadensersatz statt der Leistung kann der Gläubiger nur unter den zusätzlichen Voraussetzungen des § 281, des § 282 oder des § 283 verlangen. Em tradução livre: Indenizações em substituição de performance podem ser demandadas pelo credor somente se satisfeitos os requisitos dos §§ 281, 282 ou 283.

[426] CANARIS, Claus-Wilhelm. O novo direito das obrigações na Alemanha. **Revista da EMERJ**, Rio de Janeiro, v. 7, n. 27, p. 108-124, jul./set. 2004. p. 120.

[427] ZIMMERMANN, Reinhard. **The New German Law of Obligations**: Historical and Comparative Perspectives. New York: Oxford University Press, 2005. p. 61-62.

[428] § 284, BGB. Anstelle des Schadensersatzes statt der Leistung kann der Gläubiger Ersatz der Aufwendungen verlangen, die er im Vertrauen auf den Erhalt der Leistung gemacht hat und billigerweise machen durfte, es sei denn, deren Zweck wäre auch ohne die Pflichtverletzung des Schuldners nicht erreicht worden. Em tradução livre: Ao invés de indenização em substituição da performance, o credor pode pleitear reembolso das despesas que ele arcou em boa-fé na expectativa de que receberia a performance, salvo se o propósito dessas despesas não fosse atingido, nem mesmo com o adimplemento do contrato.

[429] CANARIS, Claus-Wilhelm. O novo direito das obrigações na Alemanha. **Revista da EMERJ**, Rio de Janeiro, v. 7, n. 27, p. 108-124, jul./set. 2004. p. 120.

[430] Ibid., p. 120.

funcionários, reservas de hotel, entre outros. O que se percebe é que o direito alemão possibilita que o credor lesado pelo descumprimento contratual pleiteie o cumprimento da obrigação ou, não sendo possível ou útil, a fixação de indenização correspondente, além de viabilizar indenização alternativa pelos custos incorridos com a expectativa do cumprimento do pacto[431].

Essas hipóteses, contudo, se restringem aos interesses positivos do credor, como visto acima. Deste modo, os interesses negativos, verificados em caso de resolução contratual, são indenizáveis mediante restituição das partes ao estado anterior ao da celebração do negócio[432].

Embora a fixação de indenizações pareça questão simples e incontroversa, ela se mostra justamente o contrário. Nesse sentido, vale transcrever as considerações de Gisela Sampaio da Cruz Guedes ao discorrer sobre a dificuldade de aferir a extensão do dano indenizável e como se deve repará-lo:

[431] REIMANN, Mathias; ZEKOLL, Joachim. **Introduction to German Law**. Munique: C. H. Beck, 2005. p. 194.

[432] Cumpre mencionar que tal distinção (em interesses negativos e positivos) é, há algum tempo, objeto de críticas e reanálises, pelo menos em matéria de responsabilidade pré-contratual. Segundo Regis Fichtner Pereira, atualmente se prefere falar em dano de confiança (*Vertrauensschaden*). PEREIRA, Regis Fichtner. **A responsabilidade civil pré-contratual**: teoria geral e responsabilidade pela ruptura das negociações contratuais. Rio de Janeiro: Renovar, 2001. p. 382. Esse dano de confiança "é aquele que o lesado evitaria se não tivesse confiado, sem culpa, que durante as negociações, a contraparte cumpriria com os deveres inerentes aos imperativos da boa-fé.". FRITZ, Karina Nunes. A responsabilidade pré-contratual por ruptura das negociações. **Revista dos tribunais**, v. 883. p. 10-56, maio 2009. p. 38. Essa modalidade de dano foi criada pela jurisprudência à luz dos ensinamentos de Jhering sobre *culpa in contrahendo*, a fim de reconhecer obrigações mútuas de proteção antes da reforma do BGB de 2002. REIMANN, Mathias; ZEKOLL, Joachim. **Introduction to German Law**. Munique: C. H. Beck, 2005. p. 196. O termo e o conceito da *culpa in contahendo* foram desenvolvidos por Jhering justamente para contemplar a responsabilidade no momento anterior à conclusão do contrato. JHERING, Rudolf Von; STAUB, Hermann. **Culpa in contrahendo. Die positiven Vertragsverletzungen.** Bad Homburg: Gehlen, 1969. p. 11. Entretanto, cumpre referir que a distinção entre interesse contratual positivo e interesse contratual negativo não perde sua importância com a adoção da responsabilidade pela confiança, como bem pontuou Paulo Mota Pinto. PINTO, Paulo Mota. **Interesse contratual negativo e interesse contratual positivo**. v. I e II. Coimbra: Coimbra, 2008. p. 41.

Com efeito, a linha de fronteira que separa as indenizações, por assim dizer, justas, razoáveis, daquelas indenizações fantasiosas, fixadas no culminar de kafkianos processos, nem sempre é clara. E a dificuldade aumenta quando o dano que se quer reparar não tem ainda completo e materializado todo o seu ciclo de desenvolvimento que é, justamente, o problema dos lucros cessantes na responsabilidade civil.[433]

Por isso, passa-se ao exame do cálculo das indenizações devidas em caso de inadimplemento contratual.

2.1.2 As perdas e danos se medem pela extensão do dano

Como visto, o cálculo da indenização a ser concedida varia conforme o remédio escolhido[434], de modo que as perdas e danos devidas em caso de resolução são distintas daquelas devidas em caráter substitutivo ao cumprimento[435]. Todavia, cumpre salientar que tal distinção não se confunde com "as facetas do dano patrimonial", de modo que, como visto, tanto o interesse positivo como o interesse negativo podem compreender danos emergentes e lucros cessantes[436].

[433] GUEDES, Gisela Sampaio da Cruz. **Lucros cessantes**: do bom senso ao postulado normativo da razoabilidade. São Paulo: Revista dos Tribunais, 2011. p. 49-50.

[434] Nesse sentido, Ruy Rosado de Aguiar Júnior diferencia, em parecer, a pretensão indenizatória fundada no inadimplemento contratual, fulcro no artigo 403 do Código Civil, da indenização devida em caso de nulidade, para reestabelecimento do *status quo ante*. AGUIAR JÚNIOR, Ruy Rosado de. Indenização por perdas e danos. Decadência do direito de anulação do contrato: prescrição da ação de responsabilidade civil prevista na lei societária. Atendimento do critério da razoabilidade no cumprimento do contrato. **Revista de Direito Bancário e do Mercado de Capitais,** São Paulo, v. 8, n. 27, p. 184-200, jan./mar. 2005. p. 188 e 191.

[435] MARTINS COSTA, Judith. Responsabilidade civil contratual. Lucros cessantes. Resolução. Interesse positivo e interesse negativo. Distinção entre lucros cessantes e lucros hipotéticos. Dever de mitigar o próprio dano. Dano moral e pessoa jurídica. In.: LOTUFO, Renan (Coord.). NANNI, Giovanni Ettore (Coord.). MARTINS, Fernando Rodrigues (Coord.). **Temas relevantes do direito civil contemporâneo.** São Paulo: Atlas, 2012. p. 565.

[436] GUEDES, Gisela Sampaio da Cruz. **Lucros cessantes**: do bom senso ao postulado normativo da razoabilidade. São Paulo: Revista dos Tribunais, 2011. p. 141.

Sob essa premissa, em ambas as hipóteses, apenas danos efetivos estão sujeitos à compensação, diante da função reparatória da pretensão indenizatória, sendo "necessário que haja perdas e danos, que não são meramente presumíveis, mas devem ser concretos, verificáveis, quantificados pecuniariamente"[437]. Justamente por isso, o restabelecimento do *status quo ante*, em caso de resolução, não necessariamente implicará o pagamento de indenização[438].

Significa dizer que danos compensáveis são (i) danos emergentes, que consistem em danos já consumados, e (ii) lucros cessantes, que dizem respeito àquilo que "razoavelmente se deixou de ganhar"[439]. Esses conceitos são provenientes do direito romano – embora não houvesse no direito romano um conceito geral de indenização[440].

Gisela Sampaio da Cruz Guedes afirma que a expressão perdas e danos esconde "uma profunda diversidade entre essas duas facetas do dano patrimonial", mas que a sua fragmentação é elementar para garantir a efetividade do princípio da reparação integral (e até mesmo para encorajar a fundamentação das decisões judiciais)[441]. Especificamente, danos emergentes decorrem da redução do patrimônio da vítima[442], ao passo que lucros cessantes correspondem aos proveitos que não foram auferidos – o que não necessariamente corresponde a um lucro advindo de uma atividade[443].

[437] NADER, Paulo. **Curso de direito civil**: obrigações. v.2. 6. ed. Rio de Janeiro: Forense, 2012. p. 456.

[438] ASSIS, Araken de. **Resolução do contrato por inadimplemento.** 4. ed. São Paulo: Revista dos Tribunais, 2004. p. 77.

[439] FACHIN, Luiz Edson. **Soluções práticas de direito** - pareceres: contratos e responsabilidade civil. v. 1. São Paulo: Revista dos Tribunais, 2011. p. 291.

[440] NADER, Paulo. **Curso de direito civil**: obrigações. v.2. 6. ed. Rio de Janeiro: Forense, 2012. p. 459.

[441] GUEDES, Gisela Sampaio da Cruz. **Lucros cessantes**: do bom senso ao postulado normativo da razoabilidade. São Paulo: Revista dos Tribunais, 2011. p. 68.

[442] MIRAGEM, Bruno. **Direito Civil**: Direito das Obrigações. São Paulo: Saraiva, 2017. p. 542.

[443] GUEDES, Gisela Sampaio da Cruz. **Lucros cessantes**: do bom senso ao postulado normativo da razoabilidade. São Paulo: Revista dos Tribunais, 2011. p. 73.

Dano emergente é a diminuição imediata do patrimônio, enquanto o lucro cessante é um "impedimento de elevação do patrimônio"[444]. Seguindo essa linha, perdas e danos são (ou pelo menos deveriam ser, de acordo com a abordagem do Código Civil) fixadas exclusivamente com base no dano, independentemente das circunstâncias fáticas do caso, da gravidade do inadimplemento, da reiteração da conduta e do lucro obtido pelo inadimplente.

Essa é a conclusão que se extrai da leitura dos artigos 402 e 403 do Código Civil, já referidos nesta obra. Por isso, Pontes de Miranda afirma que nem a gravidade da falta nem a situação econômica do ofensor influenciam no dever de indenizar e na quantificação da indenização[445].

Segundo Paulo Nader, o artigo 402 do Código Civil[446] "é uma derivação do artigo 1.149 do Code Napoléon"[447] (atualmente correspondente ao artigo 1231-2). Especificamente, o referido dispositivo estabelece que a indenização devida ao credor geralmente corresponde ao prejuízo incorrido e ao lucro que ele foi privado: "Les dommages et intérêts dus au créancier sont, en général, de la perte qu'il a faite et du gain dont il a été privé, sauf les exceptions et modifications ci-après."[448].

Sobre a questão, juristas tradicionalmente apontam que o contratante lesado deve ser indenizado de forma a ficar na mesma situação que ficaria se o contrato tivesse sido executado, em nítida situação de indiferença[449]. De acordo com James Gordley, tal princípio apareceu originalmente no século XVI, como resultado da tentativa dos juristas

[444] MIRANDA, Francisco Cavalcanti Pontes de. **Tratado de direito privado**: parte especial, tomo 22. 3. ed. São Paulo: Revista dos Tribunais, 1984. p. 213.

[445] Ibid., p. 213.

[446] Destaca-se apenas que o art. 402 do Código Civil não inovou o direito brasileiro: dispositivo idêntico já estava previsto no art. 1.059 do Código Civil de 1916, de modo que ele foi apenas transplantado quando do processo de elaboração do novo código.

[447] NADER, Paulo. **Curso de direito civil**: obrigações. v.2. 6. ed. Rio de Janeiro: Forense, 2012. p. 461.

[448] Em tradução livre: se a obrigação é de não fazer, aquele que a descumprir deve pagar indenização pelo mero descumprimento.

[449] MACKAAY, Ejan; ROUSSEAU, Stéphane. **Análise Econômica do Direito**. 2. ed. São Paulo: Atlas, 2015. p. 494.

da época de sintetizar o direito romano com a filosofia de Aristóteles, da forma em que interpretada por Tomás de Aquino[450].

O jurista explica que, para Aristóteles, a obrigação de pagar indenização decorria do princípio básico de justiça, no sentido de que ninguém deveria ganhar às custas do outro – e, consequentemente, qualquer ganho deveria ser devolvido. Ainda segundo Gordley, o exemplo dado por Tomás de Aquino é o seguinte: se você levar meu cavalo, eu perdi não apenas o valor do cavalo, mas quaisquer lucros que poderia auferir sobre ele, porque eu não tinha o cavalo.

Isso significa que a parte lesada deve ser indiferente ao inadimplemento, eis que o mesmo resultado (econômico) seria verificado em caso de performance (desde que não haja pedido de resolução, em que haveria restabelecimento do *status quo ante*, como visto com detalhes anteriormente). Percebe-se, assim, que a redação do artigo 402 do Código Civil demonstra o "receio do legislador de que a indenização fixada extrapole os limites do justo", razão pela qual exige-se comprovação efetiva do que a parte lesada efetivamente perdeu[451].

Ainda assim, todas as espécies de danos são passíveis de reparação pela sistemática do direito brasileiro. Logo, danos extrapatrimoniais decorrentes de "violação de direitos subjetivos referentes a atributos da personalidade" também são, a rigor, passíveis de indenização em dinheiro[452].

Assim, a doutrina brasileira admite o arbitramento de danos morais por inadimplemento contratual, "principalmente quando o contrato se referir a coisas que têm valor estimativo para o contratante" [453]. Segundo Maria Helena Diniz, a sua concessão somente será inviabilizada se houver ajuste de cláusula penal, uma vez que ela já conteria,

[450] GORDLEY, James. Contract and Delict: Toward a Unified Law of Obligations. **Edinburgh Law Review**, Edimburgo, v. 1, n. 3, p. 345-360, maio 1997. p. 347-348.

[451] NADER, Paulo. **Curso de direito civil**: obrigações. v.2. 6. ed. Rio de Janeiro: Forense, 2012. p. 462.

[452] MIRAGEM, Bruno. **Direito Civil**: Direito das Obrigações. São Paulo: Saraiva, 2017. p. 539.

[453] DINIZ, Maria Helena. **Curso de direito civil brasileiro**: responsabilidade civil. v. 7. 20. ed. São Paulo: Saraiva, 2006. p. 137.

em si, uma prefixação de todos os danos advindos do inadimplemento do contrato (tanto de natureza patrimonial como de natureza extrapatrimonial)[454].

Entretanto, importante destacar que, além de inexistir previsão legal específica[455], o STJ consolidou posicionamento no sentido de não ser devida indenização a título de dano moral por "mero inadimplemento contratual"[456]. Sobre o tema, Maria Celina Bodin de Moraes afirma que "estranhamente" a jurisprudência do STJ considera que o aborrecimento causado pela "quebra de expectativa na relação contratual" não seria gerador de dano extrapatrimonial[457].

Similarmente, Carlos Edison do Rêgo Monteiro Filho[458] critica a

[454] DINIZ, Maria Helena. **Curso de direito civil brasileiro**: responsabilidade civil. v. 7. 20. ed. São Paulo: Saraiva, 2006. p. 137.

[455] A respeito: "A roupagem patrimonial mencionada acabou corroborada com a injustificável omissão do codificador de 2002 em não prever a reparação dos danos morais também no âmbito do contrato. Pelo contrário, o Código, no tema do descumprimento das obrigações, limitou-se a repetir a fórmula patrimonialista de 1916 consagrada na expressão perdas e danos, perdendo excelente oportunidade de adequar a disciplina contratual aos parâmetros superiores do ordenamento, definidos pós-1998.". MONTEIRO FILHO, Carlos Edison do Rêgo. **Responsabilidade contratual e extracontratual**: contrastes e convergências no direito contemporâneo. Rio de Janeiro: Processo, 2016. p. 164.

[456] Nesse sentido, veja-se, exemplificativamente, os seguintes julgados: AgInt no REsp 1720138/SE, Rel. Ministra NANCY ANDRIGHI, TERCEIRA TURMA, julgado em 24/04/2018, DJe 04/05/2018.; AgInt no REsp 1681848/PR, Rel. Ministro RICARDO VILLAS BÔAS CUEVA, TERCEIRA TURMA, julgado em 10/04/2018, DJe 17/04/2018.; AgInt no REsp 1684398/SP, Rel. Ministro RICARDO VILLAS BÔAS CUEVA, TERCEIRA TURMA, julgado em 20/03/2018, DJe 02/04/2018.; AgInt no REsp 1447700/PR, Rel. Ministro PAULO DE TARSO SANSEVERINO, TERCEIRA TURMA, julgado em 27/02/2018, DJe 13/03/2018.

[457] MORAES, Maria Celina Bodin de. **Danos à pessoa humana**: uma leitura civil-constitucional dos danos morais. 2. ed. Rio de Janeiro: Processo, 2017. p. 163.

[458] Para enriquecer o debate, vale transcrever as provocações de Carlos Edison do Rêgo Monteiro Filho, retomando as distinções e aproximações entre as espécies de responsabilidade civil, que foram objeto do primeiro capítulo deste livro: "Aparente distinção entre os regimes jurídicos da responsabilidade contratual e extracontratual é a ausência de previsão da reparação de danos morais em decorrência da inexecução culposa de obrigação no texto do Código Civil. Com efeito, tal legislação absorveu em sua literalidade o disposto nos incisos V e C do artigo 5° da Constituição da República unicamente no tocante à responsabilidade extracontratual (artigos 186 e 927). Na disciplina da respon-

postura da jurisprudência de tolher o direito à indenização por danos morais oriundos de descumprimento contratual, valendo-se da premissa de que "todo dano, juridicamente qualificado como tal, merece reparação" – não podendo o contrato constituir um impeditivo a este direito[459]. O referido jurista ainda analisa os argumentos geralmente utilizados pela jurisprudência para negar indenizações pleiteadas por responsabilidade contratual, chegando à conclusão que, em verdade, os danos morais não são reparáveis por conta da gravidade (ou melhor, por conta da sua ausência), embora este não seja um critério legítimo para fins de concessão ou não de indenização na sistemática atual do direito brasileiro.

Dessa análise crítica, arrisca-se fazer duas presunções: (i) danos morais oriundos de descumprimentos contratuais podem ser concedidos pela jurisprudência, ainda que se exija gravidade, e, por decorrência lógica, (ii) o argumento de que as espécies de responsabilidade consistem em sistemas absolutamente distintos se torna ainda mais enfraquecido. Isso incita as provocações que esta obra se propôs a enfrentar, tendo em vista que aproxima as espécies de responsabilidade, pelo menos quanto à compensação do dano moral, bem como ilustra que as indenizações podem e devem variar conforme as particularidades do caso concreto, não podendo ser regidas por um sistema legal engessado e limitado.

Ainda sobre este tópico, vale mencionar que Gisela Sampaio da Cruz Guedes critica o direito brasileiro no que tange à possibilidade de concessão de indenização por dano moral às pessoas jurídicas, sob

sabilidade contratual, manteve-se a orientação patrimonialista do vetuso Código de 1916, que nada dispunha sobre a reparação de danos extrapatrimoniais gerados no curso de relações contratuais. Dessa forma, previu o Código de 2002, no artigo 389, apenas a obrigação de indenizar as perdas e danos e manteve a tradicional definição legal do seu alcance como tudo aquilo que o credor efetivamente perdeu e o que razoavelmente deixou de lucrar. Ora, ao assim proceder abriu ensanchas à exegese literal que indica a solução negativa à reparabilidade do dano extrapatrimonial no seio do direito dos contratos.". MONTEIRO FILHO, Carlos Edison do Rêgo. **Responsabilidade contratual e extracontratual**: contrastes e convergências no direito contemporâneo. Rio de Janeiro: Processo, 2016. p. 8-10.

[459] Ibid., p. 152-153.

o pretexto de que apenas pessoas naturais poderiam ter seus direitos de personalidade violados[460] – posição semelhante àquela adotada por Maria Celina Bodin de Moraes[461]. De fato, depreende-se de diversos julgados em que foram fixadas indenizações por dano moral em favor de pessoas jurídicas, que o dano sofrido não era propriamente passível de compensação por este instituto.

Em verdade, a concessão do dano moral se dá, inúmeras vezes, como forma de contornar os limites fáticos e jurídicos impostos nos casos concretos. Veja-se, por exemplo, o Recurso Especial n. 1.327.773/MG[462], em que foi reconhecida a prática de ato de concorrência desleal[463] por uso de nome empresarial registrado por outra empresa, ensejando o dever de indenizar.

A Quarta Turma do STJ decidiu, por maioria, que os danos materiais sofridos pela empresa seriam presumidos (com base em lei especial aplicável ao caso[464]), entendimento este que deveria se aplicar também para os danos morais, ainda que houvesse divergência no próprio Tri-

[460] GUEDES, Gisela Sampaio da Cruz. **Lucros cessantes**: do bom senso ao postulado normativo da razoabilidade. São Paulo: Revista dos Tribunais, 2011. p. 161.

[461] Segundo a referida jurista: "Consequência, ainda, do exposto é que o dano às pessoas jurídicas não poderá ser concebido na mesma medida que o dano às pessoas físicas, já que a tutela da dignidade constitucional somente protege as pessoas humanas. As pessoas jurídicas poderão sofrer danos não patrimoniais quando, por exemplo, a instituição não visar lucro ou quando estiver sendo atacada em aspectos não avaliáveis, direta e indiretamente, em dinheiro; mas se tratará, talvez, de um 'dano institucional' – conceito a ser ainda devidamente delineado -, o que se distinguiria do dano moral em razão da necessidade de uma comprovação potencial do prejuízo, não se podendo aplicar a tese in re ipsa.". MORAES, Maria Celina Bodin de. **Danos à pessoa humana**: uma leitura civil-constitucional dos danos morais. 2. ed. Rio de Janeiro: Processo, 2017. p. 191.

[462] REsp 1327773/MG, Rel. Ministro LUIS FELIPE SALOMÃO, QUARTA TURMA, julgado em 28/11/2017, DJe 15/02/2018.

[463] Vale notar que, embora envolvesse responsabilidade aquiliana, o Ministro Raul Araújo aplicou, no seu voto vencido, o disposto nos artigos 402 e 403 do Código Civil e concedeu indenização a título de perdas e danos (nomenclatura usualmente utilizada para responsabilidade contratual). Isso corrobora mais uma vez a crescente interpenetração entre as espécies de responsabilidade, como visto em detalhes no primeiro capítulo deste livro.

[464] Artigo 208, Lei n. 9.279/1996. A indenização será determinada pelos benefícios que o prejudicado teria auferido se a violação não tivesse ocorrido.

bunal a respeito. Determinou-se, então, que os danos materiais seriam apurados em fase de liquidação e os danos morais foram fixados em R$ 50 mil, com base em outros julgados semelhantes e nas particularidades do caso concreto.

Especificamente quanto às particularidades do caso concreto, depreende-se do voto do relator, Ministro Luis Felipe Salomão, que foi levada em consideração a gravidade da conduta, pois, segundo ele, (i) a marca seria possivelmente o bem mais valioso de uma empresa, (ii) o seu uso indevido atinge a reputação, a credibilidade e a imagem da empresa perante todo o mercado e, ainda (iii) haveria usurpação de parte da identidade do fabricante, já que os consumidores não poderiam mais identificá-lo. Diante disso, indaga-se se a indenização concedida a título de danos morais nesse caso não teria sido aplicada como forma de garantir ou majorar a indenização a ser recebida pela empresa lesada, sobretudo considerando que as instâncias inferiores haviam concluído, no caso concreto, pela inexistência de prova de danos materiais.

Nesse sentido, o Ministro Antonio Carlos Ferreira afirmou textualmente que a impossibilidade de prova do prejuízo não pode obstar a concessão de indenização "intuitiva"[465]. Todavia, o ordenamento jurídico não autoriza concessão de indenizações com base em critérios de justiça, sendo necessária prova inequívoca do dano experimentado.

Note-se que esta obra não tem a finalidade de examinar o entendimento sumulado de que pessoas jurídicas têm direito a receber

[465] Constou no voto do referido Ministro: "Trata-se, efetivamente, de danos cuja existência pode ser aferida "in re ipsa", seja no que se refere àqueles de natureza estritamente patrimonial – em que a solução, no particular, é ditada pela lei de regência (L. 9.279/1996), segundo interpretação que se extrai dos arts. 208 e 210 –, mas também em relação aos danos extrapatrimoniais, sobretudo ante a natureza intangível desse tipo de consequência obrigacional, em que as circunstâncias peculiares tornam excessivamente difícil a produção de prova da extensão dos prejuízos, mas sua caracterização, todavia, pode ser aferida por meio de presunção que se extrai da certeza da ocorrência do ato ilícito. (...) Portanto, a inexistência de prova cabal das consequências negativas do fato danoso não deve levar ao julgamento de improcedência de pedido que objetiva sua reparação, notadamente quando é intuitiva, quiçá inafastável, a existência do dano, restando aquilatar, apenas, sua extensão.".

indenização por abalo moral[466]. O que se pretende, em verdade, é provocar o leitor, levando-o à reflexão de que, na prática, essa espécie de dano acaba sendo deturpada em virtude das limitações do regime de responsabilidade (justamente objeto deste livro, em que se examinam métodos de fixação de indenizações que desconsideram o limite do dano).

Ainda assim, apesar da existência de precedentes e comentários da doutrina que indiquem o contrário, defende-se, em regra, que a parte lesada simplesmente não pode lucrar com o inadimplemento, eis que seu único propósito é compensatório. Afinal, compensação excessiva é incompatível com a ideia de compensação[467].

Essa abordagem explica o texto do artigo 403 do Código Civil brasileiro, que limita a indenização cabida em casos de inadimplemento contratual ao exato montante do dano sofrido (e eventuais lucros que deixaram de ser auferidos, naturalmente). Justamente por isso, a culpabilidade do agente é (ou deveria ser) irrelevante para a fixação da indenização.

Sobre o tema, Carlos Edison do Rêgo Monteiro Filho afirma que "de uma ação com forte dolo pode decorrer dano diminuto (ou pior, nenhum dano), assim como de uma culpa levíssima (ou pior, de uma não-culpa) pode derivar dano de colossais dimensões"[468]. Diante dessa constatação, o causador do dano responde pelos efeitos da lesão que causou, independentemente da intensidade da sua culpa.

Por isso, nas hipóteses de pedido indenizatório, incumbe ao Poder Judiciário apurar o exato montante do dano sofrido (provisionando os lucros cessantes), conforme determina o artigo 403 do Código Civil, já mencionado neste livro. Essa não é, entretanto, uma tarefa fácil, havendo discrepâncias na jurisprudência pátria.

[466] O tema leva a uma infinidade de debates, que foram enfrentados por inúmeros juristas em diferentes obras, como, por exemplo, a questão do dano institucional, defendido por Gisela Sampaio da Cruz Guedes. GUEDES, Gisela Sampaio da Cruz. **Lucros cessantes**: do bom senso ao postulado normativo da razoabilidade. São Paulo: Revista dos Tribunais, 2011. p. 167.

[467] DAUNER-LIEB, Barbara; HEIDEL, Thomas; RING, Gerhard. **BGB Schuldrecht**: §§ 241 – 610. 2. ed. Baden-Baden: Nomos, 2012. p. 94.

[468] MONTEIRO FILHO, Carlos Edison do Rêgo. **Responsabilidade contratual e extracontratual**: contrastes e convergências no direito contemporâneo. Rio de Janeiro: Processo, 2016. p. 41.

Além das dificuldades obviamente enfrentadas para apuração e fixação de indenizações por danos morais, a quantificação dos danos materiais também é objeto de discussões na doutrina e na jurisprudência. Evidentemente, os danos emergentes são de mais fácil constatação, bastando a análise do patrimônio do lesado antes e depois do descumprimento; contudo, no que tange aos lucros cessantes, a questão ganha um grau elevado de complexidade.

A título ilustrativo, o posicionamento do STJ é no sentido de que "[n]ão se admite a indenização de lucros cessantes sem a efetiva comprovação, rejeitando-se lucros presumidos ou hipotéticos, dissociados da realidade efetivamente comprovada"[469]. Nesse sentido, decidiu a Primeira Seção do STJ quando do julgamento, em sede de recurso repetitivo[470], do Recurso Especial n. 1.347.136/DF, envolvendo a fixação de preços pelo governo federal para a indústria sucroalcooleira em patamar abaixo do custo de produção.

Embora tal Seção seja competente para analisar questões de direito público, ela concluiu, em caso de responsabilidade civil do Estado, que lucros cessantes não comprovados consistem em dano zero ou em dano sem resultado negativo[471]. Assim, ainda que seja reconhecido o dever de indenizar, inexistindo prova dos danos (no caso, especificamente

[469] AgInt nos EDcl no AREsp 110.662/SP, Rel. Ministro LÁZARO GUIMARÃES (DESEMBARGADOR CONVOCADO DO TRF 5ª REGIÃO), QUARTA TURMA, julgado em 05/06/2018, DJe 12/06/2018.

[470] Julgado em sede de recurso repetitivo pela sistemática do Código de Processo Civil revogado.

[471] Tal acórdão restou assim ementado: (...) RESPONSABILIDADE OBJETIVA DO ESTADO. ART. 37, § 6º, DA CF/1988. COMPROVAÇÃO DO DANO. NECESSIDADE. APURAÇÃO DO QUANTUM DEBEATUR. LIQUIDAÇÃO POR ARBITRAMENTO. CABIMENTO. INDENIZAÇÃO. NATUREZA JURÍDICA. LIQUIDAÇÃO COM "DANO ZERO" OU "SEM RESULTADO POSITIVO". POSSIBILIDADE. (...) O suposto prejuízo sofrido pelas empresas possui natureza jurídica dupla: danos emergentes (dano positivo) e lucros cessantes (dano negativo). Ambos exigem efetiva comprovação, não se admitindo indenização em caráter hipotético, ou presumido, dissociada da realidade efetivamente provada. (...) Não comprovada a extensão do dano (quantum debeatur), possível enquadrar-se em liquidação com "dano zero", ou "sem resultado positivo", ainda que reconhecido o dever da União em indenizar (an debeatur). (...) (REsp 1347136/DF, Rel. Ministra ELIANA CALMON, PRIMEIRA SEÇÃO, julgado em 11/12/2013, DJe 07/03/2014).

dos lucros cessantes), o dano auferido é zero, o que obsta a fixação de qualquer indenização.

Apesar do julgamento em sede de recurso repetitivo, a questão segue controvertida, inclusive no âmbito do STJ, havendo decisões que contrariam tal premissa. Exemplificativamente, o STJ concluiu em alguns julgados que os lucros cessantes são presumidos em favor do promitente comprador em caso de inadimplemento contratual de promessa de compra e venda por atraso na entrega de imóvel[472].

Gisela Sampaio da Cruz Guedes, entretanto, advoga que os lucros cessantes são, assim como danos emergentes, "prejuízos efetivos", de modo que ambos se manifestam, em diferentes medidas, na "frustação das utilidades que o lesado tiraria do bem atingido pelo evento danoso"[473]. Similarmente, Judith Martins Costa afirma que "não se trata, de modo algum, de uma probabilidade perspectivada *in abstracto*, como se do inadimplemento contratual resultasse, *ipso facto*, o lucro cessante"[474].

Todavia, a tarefa de comprovar e apurar lucros cessantes é árdua, tendo em vista que "torna-se impossível demonstrar, com tanta precisão, o quanto a vítima deixou de auferir em razão do evento danoso, já que o ganho que teria obtido, não fosse o evento danoso, sequer chegou a se concretizar"[475]. Da mesma forma, em caso de resolução, é igualmente difícil estipular o que poderia ter ocorrido (e quais lucros poderiam ter sido obtidos) não fosse a celebração do negócio que veio a ser resolvido.

[472] Nessa linha: AgInt no AREsp 1162773/AM, Rel. Ministro MARCO BUZZI, QUARTA TURMA, julgado em 26/06/2018, DJe 29/06/2018; AgInt no REsp 1704671/SP, Rel. Ministro MARCO AURÉLIO BELLIZZE, TERCEIRA TURMA, julgado em 06/03/2018, DJe 15/03/2018.

[473] GUEDES, Gisela Sampaio da Cruz. **Lucros cessantes**: do bom senso ao postulado normativo da razoabilidade. São Paulo: Revista dos Tribunais, 2011. p. 67.

[474] MARTINS COSTA, Judith. Responsabilidade civil contratual. Lucros cessantes. Resolução. Interesse positivo e interesse negativo. Distinção entre lucros cessantes e lucros hipotéticos. Dever de mitigar o próprio dano. Dano moral e pessoa jurídica. In.: LOTUFO, Renan (Coord.). NANNI, Giovanni Ettore (Coord.). MARTINS, Fernando Rodrigues (Coord.). **Temas relevantes do direito civil contemporâneo**. São Paulo: Atlas, 2012. p. 572.

[475] GUEDES, Gisela Sampaio da Cruz. **Lucros cessantes:** do bom senso ao postulado normativo da razoabilidade. São Paulo: Revista dos Tribunais, 2011. p. 90.

Para tanto, o aplicador do direito deve se valer de razoabilidade para arbitrar lucros cessantes, nos exatos termos em que determina o artigo 402 do Código Civil[476]. Ainda assim, em obra dedicada ao tema, Gisela Sampaio da Cruz Guedes afirma que toda e qualquer decisão que conceder lucros cessantes será, necessariamente, deficiente, "quer por não ter reparado o dano, quer por ter ultrapassado a sua extensão, ou, ainda, por falta de adequada fundamentação"[477].

Seguindo essa linha de raciocínio, indaga-se qual o propósito do ordenamento jurídico de limitar, como regra absoluta, as indenizações ao montante do dano, quando existem casos que simplesmente não podem (e outros que não deveriam) ser mensurados pela extensão do dano. Assim, a mera viabilidade de indenização por lucros cessantes no direito brasileiro nos leva a cogitar se não seria aconselhável, também, a desconsideração da extensão do dano em outras circunstâncias.

Isso será objeto de discussão no capítulo subsequente, em que serão abordados dois métodos de fixação de indenização – danos punitivos e lucro da intervenção –, geralmente discutidos pela doutrina e por vezes utilizados pela jurisprudência nacional em casos de responsabilidade extracontratual. Por ora, voltemos à análise das perdas e danos por inadimplemento contratual.

Segundo Jan Dirk Harke, "[e]in materieller Schaden lässt sich in Geld bemessen und ausgleichen"[478], de modo que o inadimplente é responsável tanto pelo prejuízo já incorrido pelo lesado como pelos prejuízos vindouros, com base na figura dos lucros cessantes[479]. No direito alemão, o

[476] Gisela Sampaio da Cruz Guedes identifica os parâmetros utilizados no Brasil para fixação dos lucros cessantes, quais sejam, (i) experiência pretérita da vítima (apontada por ela como o critério mais seguro para se estimar o prejuízo sofrido), (ii) comparação de mercado, (iii) salário mínimo, quando não for possível aferir os seus rendimentos habituais, além de (iv) "referências genéricas ao bom senso, como se o julgador pudesse, com base única e exclusivamente nas suas crenças pessoais, estipular o quantum dos lucros cessantes". GUEDES, Gisela Sampaio da Cruz. **Lucros cessantes**: do bom senso ao postulado normativo da razoabilidade. São Paulo: Revista dos Tribunais, 2011. p. 176.

[477] Ibid., p. 178.

[478] Em tradução livre: Danos materiais podem ser medidos e compensados em dinheiro.

[479] HARKE, Jan Dirk. **Allgemeines Schuldrecht**. Berlin, Heidelberg: Imprint: Springer, 2010. p. 281.

propósito essencial do § 249 e seguintes do BGB (aplicáveis para todas as espécies de ações indenizatórias, como visto anteriormente[480]) é determinar a extensão a qual o credor tem direito à compensação financeira, o que deve viabilizar compensação total pelo prejuízo incorrido[481].

Embora o BGB não tenha limitado textualmente o montante que possa ser arbitrado a título de indenização por perdas e danos, a jurisprudência impôs tal limitação, de modo que somente danos dentro do escopo de proteção do contrato podem ser compensados[482]. Exemplificativamente, a Corte Superior Regional (Oberlandesgericht) de Hamm decidiu, em 1989, que um tradutor não poderia ser condenado a compensar os danos advindos dos erros na tradução para holandês, francês, inglês, espanhol e italiano de um manual alemão de peças de suspensão de motocicletas[483].

Neste julgado, o tribunal entendeu que haveria uma desproporção entre a indenização pleiteada (fundada no dano supostamente sofrido) e o valor do contrato (consistente na taxa cobrada pela tradução), o que impediria que o réu previsse indenização neste montante[484]. Assim, aplicou-se o disposto no § 254 (2) do BGB[485], que imputa responsabi-

[480] ZIMMERMANN, Reinhard; KOCH, Bernhard A. **Digest of European Tort Law**: Essential Cases on Damage. v. II. Berlin: Walter de Gruyter, 2011. p. 17.

[481] DAUNER-LIEB, Barbara; HEIDEL, Thomas; RING, Gerhard. **BGB Schuldrecht**: §§ 241 – 610. 2. ed. Baden-Baden: Nomos, 2012. p. 87.

[482] GORDLEY, James. Contract and Delict: Toward a Unified Law of Obligations. **Edinburgh Law Review**, Edimburgo, v. 1, n. 3, p. 345-360, maio 1997. p. 360.

[483] GORDLEY, James; MEHREN, Arthur Taylor Von. **An introduction to the comparative study** – readings, cases, materials. New York: Cambridge University Press, 2006. p. 550.

[484] Ibid., p. 550.

[485] § 254, BGB. "(1) Hat bei der Entstehung des Schadens ein Verschulden des Beschädigten mitgewirkt, so hängt die Verpflichtung zum Ersatz sowie der Umfang des zu leistenden Ersatzes von den Umständen, insbesondere davon ab, inwieweit der Schaden vorwiegend von dem einen oder dem anderen Teil verursacht worden ist. (2) Dies gilt auch dann, wenn sich das Verschulden des Beschädigten darauf beschränkt, dass er unterlassen hat, den Schuldner auf die Gefahr eines ungewöhnlich hohen Schadens aufmerksam zu machen, die der Schuldner weder kannte noch kennen musste, oder dass er unterlassen hat, den Schaden abzuwenden oder zu mindern. Die Vorschrift des § 278 findet entsprechende Anwendung.". Em tradução livre: (1) Quando a culpa da

lidade por negligência ao contratante lesado (em uma espécie de culpa concorrente), quando este não indica à parte adversa os riscos de altas indenizações[486].

A propósito, James Gordley e Arhur Taylor von Mehren explicam que o Imperador Justiniano alterou sua compilação para limitar a indenização cabível em uma relação contratual: sempre que houvesse estipulação de

parte lesada contribuir para a ocorrência do dano, a responsabilidade pela indenização e a extensão da compensação a ser paga dependem das circunstâncias, em particular em que extensão o dano foi causado principalmente por uma ou por outra parte. (2) Esta regra também se aplica quando a culpa da parte lesada está limitada a deixar de chamar atenção da parte adversa sobre o risco de uma indenização expressiva extraordinária, quando ela não tinha obrigação de saber, ou deixar de evitar ou reduzir o dano. A regra do § 278 se aplica com as modificações necessárias.

[486] Sobre os comentários ao referido dispositivo legal, convém transcrever o seguinte excerto: "Nach Abs. 2 S. 1 Alt. 1 ist der Geschädigte verpflichtet, den Schädiger auf die Gefahr eines ungewöhnlich hohen Schadens aufmerksam zu machen, den der Schädiger weder kannte noch kennen musste, und den Schaden abzuwenden oder zu mindern, Abs. 2 S. 1 Alt. 2. Es handelt sich dabei um besondere Anwendungsfälle des in Abs. 1 geprägten Grundsatzes, wonach der Schädiger nicht über ein vernünftiges Maß hinaus in Anspruch genommen werden dard, vielmehr eine Verleztung der nicht einklagbaren Pflichten gem. Abs. 2 S. 1 zu einer Herabsetzung oder einem Verlust des Schadensersatzanspruchs führt. Im Unterschied zu Abs. 1 knüpft die Rechtsfolge des Abs. 2 S. 1 an ein Unterlassungsverschulden an, wobei dieses nicht die Verletzung einer Rechtspflicht voraussetzt, sodern nur die Nichtbeachtung einer Obliegenheit. Es geht um ein Unterlassen der Maßnahmen, die ein sorgfältiger und verständiger Mensch ergreift, um einen Schaden zu mindern oder von sich abzuwenden. Während für die Schadensminderung ein bereits eingetretener Schaden erforderlich ist, sollen die Warnung (aufmerksam machen) und die Schadensabwendungspflicht einen (höheren) Schaden verhindern. ". DAUNER-LIEB, Barbara; HEIDEL, Thomas; RING, Gerhard. **BGB Schuldrecht**: §§ 241 – 610. 2. ed. Baden-Baden: Nomos, 2012. p. 230. Em tradução livre: Com a redação do parágrafo 2°, a parte lesada é obrigada a chamar atenção da parte adversa sobre o risco de indenizações elevadas não usuais, que a parte lesante desconhecia, além da obrigação de impedir ou reduzir o dano. Esses são casos especiais de aplicação do princípio estabelecido no parágrafo 1°, que estabelece que o ofensor não pode ser responsabilizado além de um valor razoável mediante a transferência de obrigações do lesado, ocasionando a redução ou exclusão da pretensão indenizatória. Em comparação ao parágrafo 1°, as consequências legais do parágrafo 2° estão vinculadas à omissão (que não se confunde com descumprimento da lei, mas apenas a não observância de uma obrigação). Trata-se de falha no dever de adotar as medidas que uma pessoa cuidadosa e razoável adotaria para mitigar ou impedir o dano. Embora o prejuízo seja necessário para que se possa mitigar o dano, o aviso (isto é, chamar a atenção) e o dever de evitar danos podem prevenir prejuízos ainda maiores.

quantidade ou natureza, a indenização não poderia ser superior ao seu dobro[487]. Segundo os referidos autores, a doutrina justifica essa regra como uma limitação de indenização ao montante que era previsível às partes.

Durante o projeto de elaboração do BGB, estabeleceu-se regra de que somente danos previsíveis quando da celebração do contrato poderiam ser compensados; todavia, na sua versão final, optou-se por impor às partes o ônus de comunicar a parte adversa das consequências imprevisíveis do inadimplemento, sob pena de incorrer em uma espécie de culpa concorrente[488]. Assim, a indenização devida por inadimplemento contratual, no direito alemão, estaria vinculada à sua previsibilidade[489].

Vale mencionar que a fixação de indenização conforme o montante estimado pelas partes não é inovadora: ela foi prevista no artigo 1.150 do Code Civil francês e, segundo James Gordley, inspirou outros ordenamentos jurídicos e até mesmo o famoso precedente inglês Hadley v. Baxendale[490]. Neste caso[491], o tribunal decidiu que danos extraordinários somente poderiam ser concedidos se previsíveis para ambas as partes quando da celebração do contrato, limitando a indenização concedida ao montante do prejuízo que as partes poderiam ter previsto[492].

[487] GORDLEY, James; MEHREN, Arthur Taylor Von. **An introduction to the comparative study** – readings, cases, materials. New York: Cambridge University Press, 2006. p. 541.

[488] GORDLEY, James. The Future of European Contract Law on the Basis of Europe's Heritage. **European Review of Contract Law**, Alphen aan den Rijn, v. 1, n. 2, p. 163-183, jul. 2005. p. 173.

[489] Entretanto, em análise crítica, James Gordley afirma que, em verdade, os tribunais alemães, assim como os franceses e os ingleses, se valem do critério da proporcionalidade, e não da previsibilidade, para resolver casos concretos. Ibid., p. 177.

[490] Ibid., p. 173.

[491] Segundo James Gordley, essa decisão inspirou o parágrafo 351 do Restatement Second, assim disposto: Damages are not recoverable for loss that the party in breach did not have reason to foresee as a probable result of the breach when the contract was made. Em tradução livre: Os danos não são compensáveis quando a parte inadimplente não tinha razão para prevê-los como resultado provável do inadimplemento no momento da celebração do contrato. Ibid., p. 176.

[492] TIMM, Luciano Benetti. Common law e contract law: uma introdução ao direito contratual norte-americano. **Revista Semestral de Direito Empresarial**, Rio de Janeiro, n. 10, p. 107-150, jan./jun. 2012. p. 147.

O que se percebe é que a previsibilidade foi o critério utilizado por diversos ordenamentos jurídicos[493] para fins de apuração dos danos materiais incorridos. Ainda assim, note-se que esse critério não autoriza a fixação de indenizações em montante superior ao dano; ele viabiliza, em verdade, a sua redução, sempre que os danos forem exorbitantes (e, no direito alemão, o credor deixar de informar o devedor do seu risco).

Somado a isso, danos imateriais também são passíveis de compensação no direito alemão, sejam eles decorrentes de responsabilidade contratual ou de responsabilidade extracontratual. Isso porque, diferentemente do direito brasileiro, o BGB regulamentou os danos morais junto aos demais dispositivos que compõe o *Schadensersatzrechts*, especificamente no seu § 253.

O § 253 do BGB[494] admite indenizações por danos intangíveis apenas "nos casos estipulados em lei" ou, especificamente, em casos de dano

[493] Ainda, no âmbito de contratos de compra e venda internacionais, a CISG limita o montante das perdas e danos ao valor que o inadimplente previu ou poderia ter previsto quando da celebração do contrato como consequência possível do descumprimento. Especificamente o artigo 74 da CISG dispõe que: "As perdas e danos decorrentes de violação do contrato por uma das partes consistirão no valor equivalente ao prejuízo sofrido, inclusive lucros cessantes, sofrido pela outra parte em consequência do descumprimento. Esta indenização não pode exceder à perda que a parte inadimplente tinha ou devesse ter previsto no momento da conclusão do contrato, levando em conta os fatos dos quais tinha ou devesse ter tido conhecimento naquele momento, como consequência possível do descumprimento do contrato.". Assim, tal limitação diz respeito apenas à previsibilidade dos danos – assim como verificado em outros projetos internacionais, como nos princípios Unidroit e PECL, seguindo-se a tendência do direito francês e do histórico precedente britânico, e não ao prejuízo efetivamente experimentado, como ocorre no direito brasileiro. Entretanto, cumpre ressalvar que a CISG não estabelece a forma de cálculo da indenização, cabendo aos tribunais fazê-lo conforme o caso. Nesse sentido é a Advisory Council Opinion n. 6: "The Convention does not provide specific guidance on calculating lost profits. Individual tribunals are given the authority to calculate damages on a case-by-case basis.". Disponível em: <http://cisgw3.law.pace.edu/cisg/CISG-AC-op6.html>. Acesso em: 16/07/2020. Em tradução livre: A Convenção não fornece orientações específicas para fins de aferição do montante do dano. Os tribunais possuem autoridade para calcular as indenizações no caso concreto.

[494] Este dispositivo foi incluído no BGB com a reforma legislativa do direito das obrigações ocorrida em 2002. DAUNER-LIEB, Barbara; HEIDEL, Thomas; RING, Gerhard. **BGB Schuldrecht**: §§ 241 – 610. 2. ed. Baden-Baden: Nomos, 2012. p. 86.

ao corpo, à saúde, à liberdade e à autodeterminação-sexual[495]. Ainda, merece destaque que o BGB estipula que, nestes últimos casos, será devida uma compensação "razoável".

Deste modo, a doutrina reconhece expressamente que pode ser devida indenização por danos imateriais em decorrência de inadimplemento contratual, quando violados os interesses legais antes mencionados[496]. Cumpre enfatizar, contudo, que o lesado pode pleitear danos imateriais, não como indenizações "adicionais" ou "complementares", mas sim como extensão do dano efetivamente sofrido[497].

Isso porque, como anteriormente mencionado, o legislador alemão adotou os ensinamentos de Friedrich Mommsen acerca da *Differenztheorie*, estabelecendo uma fórmula clara para remediar inadimplementos contratuais[498]. Ainda assim, os limites do *quantum* indenizatório são, por vezes, objeto de debate.

[495] § 253, BGB. (1) Wegen eines Schadens, der nicht Vermögensschaden ist, kann Entschädigung in Geld nur in den durch das Gesetz bestimmten Fällen gefordert werden. (2) Ist wegen einer Verletzung des Körpers, der Gesundheit, der Freiheit oder der sexuellen Selbstbestimmung Schadensersatz zu leisten, kann auch wegen des Schadens, der nicht Vermögensschaden ist, eine billige Entschädigung in Geld gefordert werden. Em tradução livre: (1) Somente pode ser pleiteada indenização em dinheiro para compensação de qualquer prejuízo que não seja pecuniário nos casos estipulados em lei. (2) Se a indenização a ser paga por dano ao corpo, saúde, liberdade, ou autodeterminação sexual, uma compensação razoável em dinheiro também pode ser pleiteada para qualquer prejuízo não pecuniário.

[496] DAUNER-LIEB, Barbara; HEIDEL, Thomas; RING, Gerhard. **BGB Schuldrecht**: §§ 241 – 610. 2. ed. Baden-Baden: Nomos, 2012. p. 172.

[497] Especificamente: "Der Terminus "Schmerzensgeldanspruch" erweckt den Eindruck, es handle sich dabei um eine eigene Anspruchsgrundlage. Das ist indes unzutreffend. Vielmehr geht es nicht um den Haftungsgrund, sondern um den Umfang der Haftung. Voraussetzung für eine Zubilligung ist somit, dass zunächst grpüft werden muss, ob eine Rechtsguts vorliegt, bei der der Zuspruch von Schmerzensgeldes im systematischen Kontext der § 249 ff kommt dies deutlicher zum Ausdruck als früher im Anschluss an die §§ 823 ff.". Ibid., p. 168. Em tradução livre: O termo "pretensões indenizatórias" dá a impressão que esta é uma pretensão própria. Todavia, isto é incorreto. Em verdade, não se trata de fundamento de responsabilidade, mas sim de extensão da responsabilidade. O requisito de pagamento adicional é, portanto, em primeiro lugar, a existência de previsão legal por dano imaterial na sistemática do § 249 e seguintes ou, ainda, no § 823 e seguintes.

[498] ZIMMERMANN, Reinhard. **The Law of Obligations**: Roman Foundations of the Civilian Tradition. Cidade do Cabo: Juta, 2006. p. 833.

Nessa seara, discute-se a possibilidade de a indenização por interesse negativo (isto é, a indenização para repor a parte ao estado anterior ao da celebração do contrato) ser maior do que eventual indenização por interesse positivo (que visa a colocar a parte lesada na situação em que estaria com o adimplemento do contrato)[499]. Isso porque os artigos 122 (I)[500] e 179 (II)[501] do BGB limitam o dano indenizável ao valor do contrato em caso de (i) nulidade de declaração de vontade feita a quem nela confiou e de (ii) contrato de agência em que o agente desconhece não ter poderes para realização de negócios, respectivamente.

Isto significa que, nestas duas hipóteses específicas, a reposição da parte ao *status quo ante* não pode autorizar concessão de indenização em montante superior ao que ela receberia com o adimplemento do contrato (em caso de sua validade). Contudo, nas demais hipóteses, inclusive em casos de responsabilidade contratual, "o parâmetro para a fixação da quantia indenizatória não deve ser o contrato projetado pelas partes, mas os danos efetivamente sofridos por quem confiou – e podia confiar legitimamente na conclusão do negócio jurídico"[502].

[499] FRITZ, Karina Nunes. A responsabilidade pré-contratual por ruptura das negociações. **Revista dos tribunais**, v. 883. p. 10-56, maio 2009. p. 44.

[500] § 122 (1), BGB. Ist eine Willenserklärung nach § 118 nichtig oder auf Grund der §§ 119, 120 angefochten, so hat der Erklärende, wenn die Erklärung einem anderen gegenüber abzugeben war, diesem, andernfalls jedem Dritten den Schaden zu ersetzen, den der andere oder der Dritte dadurch erleidet, dass er auf die Gültigkeit der Erklärung vertraut, jedoch nicht über den Betrag des Interesses hinaus, welches der andere oder der Dritte an der Gültigkeit der Erklärung hat. Em tradução livre: Se uma declaração de vontade é nula conforme § 118 ou anulável conforme §§ 119 e 120, o declarante deve pagar indenização à pessoa que deveria ter feito a declaração ou, ainda, para qualquer terceiro, pelos prejuízos decorrentes de ter confiado na validade da declaração; mas não em valor superior ao montante do interesse da parte ou do terceiro na validade da declaração.

[501] § 179 (2), BGB. Hat der Vertreter den Mangel der Vertretungsmacht nicht gekannt, so ist er nur zum Ersatz desjenigen Schadens verpflichtet, welchen der andere Teil dadurch erleidet, dass er auf die Vertretungsmacht vertraut, jedoch nicht über den Betrag des Interesses hinaus, welches der andere Teil an der Wirksamkeit des Vertrags hat. Em tradução livre: Se o agente não tiver conhecimento da sua falta de poderes, ele é obrigado a compensar somente os danos que a outra parte sofrer por ter confiado no contrato de agência; mas não em valor superior ao montante do interesse da parte ou do terceiro na validade do contrato.

[502] FRITZ, Karina Nunes. A responsabilidade pré-contratual por ruptura das negociações.

Significa dizer que os referidos dispositivos legais são, segundo entendimento jurisprudencial e doutrinário majoritário, exceções. Consequentemente, afirma-se que a indenização por interesse negativo pode ser superior àquela que seria obtida caso fosse celebrado contrato válido, embora não haja consenso jurisprudencial[503].

Ainda assim, isso não significa que a indenização pode ser fixada em montante superior ao dano: pelo contrário, significa que a indenização se mede exatamente pelo dano, seja ele oriundo de interesses contratuais positivos ou de interesses contratuais negativos. Pode-se concluir, portanto, que tanto o direito brasileiro como o direito alemão vedam, a rigor, indenizações em montante superior ao dano.

Cumpre ressalvar que, ainda que as partes possam estipular antecipadamente as indenizações devidas em caso de inadimplemento contratual, por meio de cláusulas penais[504], isso não afasta a limitação do montante indenizatório. Isso porque o artigo 412 do Código Civil[505] limita o valor da cláusula penal ao valor da obrigação, razão pela qual o artigo 413 autoriza o juiz a reduzir o seu montante sempre que ele for "manifestamente excessivo"[506].

De acordo com a sistemática da legislação brasileira, o credor pode pedir indenização complementar apenas (i) se tal faculdade houver sido convencionada e (ii) se ele puder provar que o prejuízo excedeu o valor da cláusula pactuada[507]. Ou seja: a cláusula penal não pode exceder o

Revista dos tribunais, v. 883. p. 10-56, maio 2009. p. 46.

503 PEREIRA, Regis Fichtner. **A responsabilidade civil pré-contratual**: teoria geral e responsabilidade pela ruptura das negociações contratuais. Rio de Janeiro: Renovar, 2001. p. 386.

504 Sobre a finalidade das cláusulas penais, Pontes de Miranda ensina que uma das suas funções mais relevantes é "assentar a indenizabilidade de danos no caso de não ser pecuniária, ou ser de difícil avaliação a prestação prometida". Com isto, o credor se exime previamente do ônus de comprovar dano ou prejuízo. MIRANDA, Francisco Cavalcanti Pontes de. **Tratado de direito privado**: parte especial, tomo 26. 3. ed. São Paulo: Revista dos Tribunais, 1984. p. 59-60.

505 Artigo 412, Código Civil. O valor da cominação imposta na cláusula penal não pode exceder o da obrigação principal.

506 Artigo 413, Código Civil. A penalidade deve ser reduzida eqüitativamente pelo juiz se a obrigação principal tiver sido cumprida em parte, ou se o montante da penalidade for manifestamente excessivo, tendo-se em vista a natureza e a finalidade do negócio.

507 Artigo 416, parágrafo único, Código Civil. Ainda que o prejuízo exceda ao previsto

montante do dano efetivamente experimentado, da mesma forma que ocorre em ações indenizatórias em que inexiste cláusula penal ou que inexiste contrato (responsabilidade aquiliana), uma vez que a sua função é, a rigor, compensatória[508].

Nesse sentido, no Recurso Especial n. 1.466.177/SP, o STJ concluiu que a cláusula penal não pode ser fixada livremente pelas partes, pois ela "deve ser proporcional ao dano sofrido", "não podendo traduzir valores ou penas exorbitantes ao descumprimento do contrato"[509]. No

na cláusula penal, não pode o credor exigir indenização suplementar se assim não foi convencionado. Se o tiver sido, a pena vale como mínimo da indenização, competindo ao credor provar o prejuízo excedente.

[508] Ressalva-se, contudo, que Pontes de Miranda afirma que pode haver pena para o caso de total inadimplemento, "sem se ter de considerar substitutiva", desde que haja previsão expressa no negócio jurídico. MIRANDA, Francisco Cavalcanti Pontes de. **Tratado de direito privado**: parte especial, tomo 26. 3. ed. São Paulo: Revista dos Tribunais, 1984. p. 65.

[509] Este acórdão restou assim ementado: RECURSO ESPECIAL. AÇÃO DE COBRANÇA DE MULTA POR RESCISÃO ANTECIPADA DE CONTRATO DE PRESTAÇÃO DE SERVIÇOS. CLÁUSULA PENAL COMPENSATÓRIA. CUMPRIMENTO PARCIAL DA OBRIGAÇÃO. REDUÇÃO JUDICIAL EQUITATIVA. 1. A cláusula penal constitui elemento oriundo de convenção entre os contratantes, mas sua fixação não fica ao total e ilimitado alvedrio destes, já que o ordenamento jurídico prevê normas imperativas e cogentes, que possuem o escopo de preservar o equilíbrio econômico financeiro da avença, afastando o excesso configurador de enriquecimento sem causa de qualquer uma das partes. É o que se depreende dos artigos 412 e 413 do Código Civil de 2002 (artigos 920 e 924 do codex revogado). 2. Nessa perspectiva, a multa contratual deve ser proporcional ao dano sofrido pela parte cuja expectativa fora frustrada, não podendo traduzir valores ou penas exorbitantes ao descumprimento do contrato. Caso contrário, poder-se-ia consagrar situação incoerente, em que o inadimplemento parcial da obrigação se revelasse mais vantajoso que sua satisfação integral. 3. Outrossim, a redução judicial da cláusula penal, imposta pelo artigo 413 do Código Civil nos casos de cumprimento parcial da obrigação principal ou de evidente excesso do valor fixado, deve observar o critério da equidade, não significando redução proporcional. Isso porque a equidade é cláusula geral que visa a um modelo ideal de justiça, com aplicação excepcional nas hipóteses legalmente previstas. Tal instituto tem diversas funções, dentre elas a equidade corretiva, que visa ao equilíbrio das prestações. Daí a opção do legislador de utilizá-la como parâmetro para o balanceamento judicial da pena convencional. 4. No presente caso, a cláusula penal compensatória foi fixada em R$ 1.000.000,00 (um milhão de reais), havendo, no contrato, regras distintas quanto aos ganhos financeiros

referido caso, o cantor Latino ajuizou ação contra emissora de televisão alegando descumprimento do contrato celebrado para realização de programa televisivo e, consequentemente, pleiteando o pagamento da cláusula penal pactuada de R$ 1 milhão.

O STJ manteve as decisões das instâncias inferiores, a fim de confirmar a redução da cláusula penal para R$ 500 mil, tendo em vista que o contrato havia sido cumprido pela metade do período pactuado – embora haja a afirmação expressa de que o critério adotado para solução do caso foi equidade, e não proporcionalidade. Isso demons-

de cada parte. Para a Rede TV, "toda e qualquer receita ou proveito obtido com a cessão, exibição ou reexibição dos programas" apresentados pelo artista, que cedera seus direitos autorais e conexos, bem como os de imagem e som de voz, existindo, outrossim, cláusula de exclusividade em televisão e internet, impedindo-o de exercer seu ofício em outras emissoras. O cantor Latino, nos termos do contrato, fazia jus à remuneração total máxima de R$ 480.000,00 (quatrocentos e oitenta mil reais). 5. Consoante notório, os proveitos obtidos pelos artistas - especialmente aqueles cujas imagens aparecem na televisão - não se resumem às remunerações expressamente previstas nos contratos celebrados com as emissoras. É que o direito de imagem e conexos desse profissionais costumam ser valiosos, conferindo aos empregadores grandes lucros com sua exibição, realização de merchandising de variados bens de consumo, comercialização de intervalos publicitários, entre outros. 6. Daí se extrai a justificativa para que a indenização arbitrada para o caso de rompimento imotivado do presente contrato tenha sido de expressiva monta. É que as eventuais perdas e danos da emissora também foram utilizadas como parâmetro caso o artista rescindisse a avença. Desse modo, a assessoria jurídica da ré com certeza avaliou o fato de que a limitação da cláusula penal à obrigação remuneratória não cobriria os custos arcados, nem tampouco os ganhos eventualmente perdidos com a rescisão antecipada. 7. Nesse passo, caso limitada a cláusula penal à obrigação remuneratória atribuída ao artista, o princípio da equivalência entre as partes não seria observado, pois o valor da multa teria limites diversos a depender do transgressor do termo de vigência contratual. Para o cantor, o valor máximo de R$ 480.000,00 (quatrocentos e oitenta mil reais), em razão da remuneração anual prevista, e, para a emissora, a quantia de R$ 1.000.000,00 (um milhão de reais) poderia ser considerada insuficiente diante dos prejuízos experimentados. 8. A redução da aludida multa para R$ 500.000,00 (quinhentos mil reais), pelas instâncias ordinárias, em razão do cumprimento parcial do prazo estabelecido no contrato, observou o critério da equidade, coadunando-se com o propósito inserto na cláusula penal compensatória: prévia liquidação das perdas e danos experimentados pela parte prejudicada pela rescisão antecipada e imotivada do pacto firmado, observada as peculiaridades das obrigações aventadas. 9. Recurso especial não provido. (REsp 1466177/SP, Rel. Ministro LUIS FELIPE SALOMÃO, QUARTA TURMA, julgado em 20/06/2017, DJe 01/08/2017).

tra que cláusulas penais estão sujeitas à redução por equidade pelos tribunais brasileiros.

Na Alemanha, similarmente, o § 343 do BGB[510] autoriza que os juízes reduzam a cláusula penal para uma quantia razoável e apropriada, considerando-se todos os interesses legítimos do credor, que não se limitam aos interesses financeiros. Apenas em matéria de contratos comerciais, as cláusulas penais, como pactuadas pelas partes, devem ser respeitadas, eis que o Código Comercial alemão, Handelsgesetzbuch ("HGB"), veda a sua redução[511].

Ainda assim, o Bundesverfassungsgericht ("BVerfG") – Supremo Tribunal Federal alemão – já teve a oportunidade de reduzir cláusula penal de contrato comercial, por ser 840 vezes superior ao preço do bem vendido[512], valendo-se da cláusula geral de boa-fé estabelecida no §242 do BGB[513]. Verifica-se, portanto, a semelhança de tratamento ao

[510] § 343 (1), BGB. Ist eine verwirkte Strafe unverhältnismäßig hoch, so kann sie auf Antrag des Schuldners durch Urteil auf den angemessenen Betrag herabgesetzt werden. Bei der Beurteilung der Angemessenheit ist jedes berechtigte Interesse des Gläubigers, nicht bloß das Vermögensinteresse, in Betracht zu ziehen. Nach der Entrichtung der Strafe ist die Herabsetzung ausgeschlossen. Em tradução livre: Se a cláusula penal é desproporcionalmente elevada, uma decisão judicial pode reduzi-la para uma quantia razoável. Para fins de avaliação da sua adequação, todos os interesses legítimos do credor devem ser levados em consideração, e não apenas interesses meramente financeiros. Uma vez paga a cláusula penal, fica inviabilizado o direito de redução.

[511] §348, HGB. Eine Vertragsstrafe, die von einem Kaufmann im Betriebe seines Handelsgewerbes versprochen ist, kann nicht auf Grund der Vorschriften des § 343 des Bürgerlichen Gesetzbuchs herabgesetzt werden. Em tradução livre: A cláusula penal inserida em contratos empresariais não pode ser reduzida com base na regra do § 343 do BGB.

[512] PARGENDLER, Mariana Souza. The Role of the State in Contract Law: The Common-Civil Law Divide. **Yale Journal of International Law**, New Haven, v. 43, n. 1, p. 143-189, mar/2018. p. 171.

[513] Sobre o referido dispositivo legal, convém mencionar as lições de Bruno Miragem: "A origem das cláusulas gerais nos sistemas jurídicos de direito romano-germânico certamente não é nova. Comumente é reconhecido o Código Civil alemão (*Bürgerliches Gesetzbuch*), de 1900, como a primeira codificação a fazer uso da técnica legislativa das cláusulas gerais, sobretudo em face da criativa utilização que a jurisprudência alemã fará adiante de expressões como a boa-fé e os bons costumes, referidas, respectivamente, no § 242 (boa-fé dos contratantes no cumprimento dos contratos), no § 138 (nulidade dos negócios contrários aos bons costumes) e no § 826 (dever de indenizar danos causados

tema no direito brasileiro e no direito alemão, tendo em vista que os tribunais possuem autonomia para rever as estipulações das partes no que tange cláusulas penais.

Dito isso, reforçamos dois argumentos desenvolvidos neste livro, quais sejam, (i) a aproximação – e até mesmo desnecessidade de distinção – da responsabilidade contratual e da responsabilidade extracontratual (afinal, a possibilidade de antecipação convencional da indenização por meio de cláusulas penais é restrita e suas funções são idênticas), bem como (ii) a limitação da indenização ao exato prejuízo experimentado, ainda que as partes tenham pactuado previamente montante superior em cláusula penal. Diante de todo o exposto, pode-se concluir que os ordenamentos jurídicos brasileiro e alemão vedam, pelo menos *prima facie*, a fixação de indenizações em montante superior ao dano, ainda que o inadimplemento tenha sido doloso. Afinal, como visto com detalhes acima, a indenização se mede única e exclusivamente pela extensão do dano, tendo em vista seu caráter ressarcitório.

Consequentemente, proíbe-se, a rigor, a aplicação de danos punitivos ou de utilização de quaisquer outros métodos para fixação de danos, independentemente da gravidade ou reiteração da conduta. Ainda assim, o direito positivado não impediu que a doutrina e os tribunais estudassem e até mesmo aplicassem esses outros métodos para arbitrar indenizações (inclusive em casos envolvendo responsabilidade contratual), eis que "já é tempo de demonstrar a falsidade dessa visão e de quebrar o vínculo entre 'damages and compensation', pois as condenações por ilícitos possuem finalidades outras de caráter não compensatório"[514].

Tendo em vista que o posicionamento a ser adotado pelos tribunais ao redor do mundo a respeito dessa matéria tem o condão de estimular ou inibir o descumprimento contratual, impactando, por

contra os bons costumes).". MIRAGEM, Bruno. Função social do contrato, boa-fé e bons costumes: nova crise dos contratos e a reconstrução da autonomia negocial pela concretização das cláusulas gerais. In: MARQUES, Claudia Lima. **A nova crise do contrato**: estudos sobre a nova teoria contratual. São Paulo: Revista dos Tribunais, 2007. p. 185-186.

[514] ROSENVALD, Nelson. **A responsabilidade civil pelo ilícito lucrativo** – o disgorgement e a indenização restitutória. Salvador: Editora JusPodivm, 2019. p. 45.

conseguinte, na formação e na execução dos contratos, imperioso discutirmos os meios mais eficazes e adequados para fixação de indenizações[515] (ainda que isso signifique extrapolar os limites dos danos efetivamente sofridos). Nesse sentido, Armando Pinheiro e Jairo Saddi defendem que cabe ao direito manipular corretamente os incentivos pecuniários[516], a fim de pautar a conduta dos cidadãos, em matéria de contratos, conforme a boa-fé objetiva e a eficiência.

Aliás, a escolha dos interesses tutelados pela proteção estatal, e dos respectivos interesses sacrificados, não pode ser resultado de critérios objetivos nem de leis naturais, mas sim da vontade humana[517], corroborando a necessidade de rediscutirmos as consequências do inadimplemento contratual. O próximo capítulo desse livro, portanto, se propõe a analisar métodos de fixação de indenização que desafiam os limites impostos pelo ordenamento jurídico brasileiro, desconsiderando-se o critério legal de extensão do dano.

2.2 Métodos de fixação de indenização que desafiam a limitação das perdas e danos

Como visto, indenizações por inadimplemento contratual (e, também, advindas de responsabilidade aquiliana) são limitadas ao montante do prejuízo incorrido pelo lesado. Todavia, a doutrina e a jurisprudência têm paulatinamente discutido métodos de fixação de indenizações que desconsideram essa limitação; neste capítulo, analisaremos dois deles, quais sejam, danos punitivos e lucro da intervenção.

[515] Para reforçar a importância do debate, transcreve-se os comentários de Paulo Jorge Scartezzini Guimarães: "Não é de hoje que se discute sobre as consequências jurídicas do descumprimento de um contrato, principalmente no tocante ao modo de se calcular a indenização pelos prejuízos sofridos pelo contratante frustrado.". GUIMARÃES, Paulo Jorge Scartezzini. Responsabilidade civil e interesse contratual positivo e negativo (em caso de descumprimento contratual). **Revista de Direito Privado**, São Paulo, v. 16, n. 63, p. 33-58, jul./set. 2015. p. 2.

[516] PINHEIRO, Armando Manuel da Rocha Castelar; SADDI, Jairo. **Direito, economia e mercados.** Rio de Janeiro: Elsevier, 2005. p. 90.

[517] IRTI, Natalino; COPETTI NETO, Alfredo (Trad.); TRINDADE, André Karam (Trad.). Direito e Economia. **Revista de Direito Privado.** São Paulo, v. 16, n. 62, p. 13-21, abr./jun. 2015. p. 13.

2.2.1 Danos punitivos

Como vimos no primeiro capítulo deste livro, as penas privadas[518] surgidas no direito romano foram superadas e eliminadas com a evolução histórica[519]. Nos países de *civil law*, como Brasil e Alemanha, indenizações que atendem funções punitivas são até hoje, em tese, proibidas[520].

Entretanto, o mesmo sabidamente não se pode dizer dos países de *commom law*. Dois casos britânicos são apontados como paradigmáticos para o surgimento dos famigerados danos punitivos, quais sejam, Wilkes v. Wood e Huckle v. Money, nos quais o Judiciário inglês reconheceu expressamente, de forma inovadora, que os jurados poderiam exceder o montante necessário para compensar o lesado em caso de danos oriundos de atos ilícitos[521].

As cortes inglesas então passaram a misturar as funções da indenização: compensar a vítima e punir o ofensor simultaneamente[522], sendo que, neste último caso, danos punitivos eram concedidos com o propósito de humilhar e insultar o causador do dano[523]. Com o passar do tempo, todavia, as indenizações exemplares passaram a ser limitadas à extensão do dano, dada a sua natureza estritamente compensatória[524].

518 Conforme lição de Jan Dirk Harke, verifica-se indenização punitiva no direito das obrigações sempre que o responsável é obrigado a fazer mais do que o ofensor efetivamente perdeu ou quando ocorrer uma diferenciação entre os tipos de ofensores. HARKE, Jan Dirk. **Allgemeines Schuldrecht**. Berlin, Heidelberg: Imprint: Springer, 2010. p. 259-260.

519 MÖLLER, Reinhard. **Das Präventionsprinzip des Schadensrechts**. Berlin: Duncker & Humblot, 2006. p. 48-49.

520 MORAES, Maria Celina Bodin de. Punitive damages em sistemas civilistas: problemas e perspectivas. **Revista Trimestral de Direito Civil**, Rio de Janeiro, v. 18, p. 45-78, abr./jun. 2004. p. 70.

521 MARRERO, Andrew W. Punitive Damages: Why the Monster Thrives. **Georgetown Law Journal**, Washington, v. 105, n. 4, p. 767-818, abr. 2017. p. 777.

522 MARTINS COSTA, Judith. PARGENDLER, Mariana Souza. Usos e abusos da função punitiva: punitive damages e o Direito brasileiro. **Revista CEJ**, Brasília, n. 28, p. 15-32, mar. 2005. p. 17.

523 SEBOK, Anthony J. Punitive damages in the United States. In: KOZIOL, Helmut (Ed.); WILCOX, Vanessa (Ed.). **Punitive damages**: Commom Law and Civil Law perspectives. Mörlenbach: Springer, 2009. p. 159.

524 MORAES, Maria Celina Bodin de. Punitive damages em sistemas civilistas: prob-

Assim, na segunda metade do século XX, os danos punitivos tiveram sua aplicação limitada apenas a casos específicos[525] — entendimento este que é, atualmente, objeto de críticas e objeções, tanto pela doutrina como pela jurisprudência[526]. Mas foi nos Estados Unidos que essa forma de fixação de indenização se tornou relevante, sendo referência no mundo (e objeto dos principais trabalhos comparativos sobre o tema)[527].

Genay v. Norris foi o primeiro caso americano em que foram concedidos danos punitivos: a parte ré havia drogado a parte autora (ao colocar um remédio na sua taça de vinho) em virtude de uma antiga rivalidade[528]. As circunstâncias do caso e a gravidade da conduta teriam autorizado que a indenização excedesse o dano efetivamente sofrido, com a finalidade de punir o ofensor.

Com a evolução do direito americano, a doutrina começou a defender a aplicação de danos punitivos com base em *deterrence*, isto é, uma finalidade dissuasória, e não mais apenas como uma sanção direcionada ao ofensor. Significa dizer que a indenização punitiva visa a punir o ofensor pela ação ilícita, bem como dissuadir ele e o público em geral de cometer ato similar[529].

lemas e perspectivas. **Revista Trimestral de Direito Civil**, Rio de Janeiro, v. 18, p. 45-78, abr./jun. 2004. p. 56.

[525] As três hipóteses de cabimento de danos punitvos no Reino Unido, segundo Maria Celina Bodin de Moraes, eram (i) "quando a administração pública privar um cidadão de seus direitos fundamentais", (ii) quando o ofensor lucrar em decorrência da sua conduta culposa ou (iii) em outros casos expressamente previstos em lei. Ibid., p. 56.

[526] A Câmara dos Lordes decidiu, no caso Kuddus v. Chief Constable of Leicestershire Constabulary, julgado em 2001, que danos punitivos podem ser concedidos por qualquer ilícito (e não apenas em hipóteses específicas, como antes referido). ROWAN, Solène. Reflections on the Introduction of Punitive Damages for Breach of Contract. **Oxford Journal of Legal Studies**, Oxford, v. 30, n. 3, p. 495-517, jul. 2010. p. 498.

[527] Ressalva-se, contudo, que é senso comum que nem todos os estados americanos permitem danos punitivos. Especificamente, Louisiana (estado de *civil law*), Nebraska, New Hampshire, Massachusetts e Washington são estados que não reconhecem (pelo menos não de forma ampla e irrestrita) o instituto. SEBOK, Anthony J. Punitive damages in the United States. In: KOZIOL, Helmut (Ed.); WILCOX, Vanessa (Ed.). **Punitive damages**: Commom Law and Civil Law perspectives. Mörlenbach: Springer, 2009. p. 155.

[528] Ibid., p. 160.

[529] MARRERO, Andrew W. Punitive Damages: Why the Monster Thrives. **Georgetown**

Com isto, as hipóteses de cabimento de danos punitivos foram sendo gradativamente restringidas — tal qual ocorrido no Reino Unido. Atualmente, a aplicação dos danos punitivos nos Estados Unidos se limita aos casos de responsabilidade extracontratual que envolvam malícia, descaso, tenacidade, opressão, fraude, dentre outros[530].

Apesar da sua reiterada aplicação, as cortes e júris americanos não tinham, até recentemente, nenhuma limitação quanto ao montante dos danos punitivos, de modo que não era possível antever o custo de uma ação. O precedente mais simbólico apontado pela doutrina sobre a imprevisibilidade dos danos punitivos é Liebeck v. McDonald's Restaurant (1994)[531].

Neste processo, a parte autora recebeu a quantia de US$ 2.7 milhões em danos punitivos, além de US$ 160 mil em danos compensatórios, em decorrência de queimaduras causadas pela alta temperatura do café vendido pelo McDonald's[532]. Embora a condenação a título de danos

Law Journal, Washington, v. 105, n. 4, p. 767-818, abr. 2017. p. 771-772.

530 MARTINS COSTA, Judith. PARGENDLER, Mariana Souza. **Usos e abusos da função punitiva**: punitive damages e o Direito brasileiro. Revista CEJ, Brasília, n. 28, p. 15-32, mar. 2005. p. 19.

531 Ao comentar o julgado, Maria Celina Bodin de Moraes explica que "a crítica generalizada neste caso, e o seu aspecto mais incompreensível para a opinião pública, parece estar no fato de que a Sra. Liebeck buscou reparação para algo que não era nada mais do que um acidente cotidiano e que lhe cabia evitar, porque estava inteiramente no seu âmbito de ação". Isso porque o acidente com o café ocorreu dentro do seu carro, após aquisição no *drive-thru*, consistindo em "hipótese típica de culpa exclusiva da vítima". Entretanto, segundo a referida jurista, uma simples narrativa do precedente é insuficiente para demonstrar as particularidades do caso concreto. Especificamente, a Sra. Liebeck solicitou administrativamente ao McDonald's que diminuísse a temperatura do café vendido, além do ressarcimento pelos danos materiais sofridos. Diante da recusa da empresa (que lhe ofereceu apenas US$ 800, ela ajuizou a ação judicial. Durante o julgamento, um perito testemunhou que se a temperatura do café vendido fosse reduzida em 10°, o tempo até que a bebida causasse queimaduras de segundo grau reduziria de 3,5 segundos, como ocorrido com a Sra. Liebeck, para 8 segundos. Ainda, comprovou-se que a empresa teria recebido 700 queixas de queimaduras em 10 anos e ainda assim teria se recusado em diminuir a temperatura do café. MORAES, Maria Celina Bodin de. **Danos à pessoa humana**: uma leitura civil-constitucional dos danos morais. 2. ed. Rio de Janeiro: Processo, 2017. p. 230-231.

532 SEBOK, Anthony J. Punitive damages in the United States. In: KOZIOL, Helmut (Ed.); WILCOX, Vanessa (Ed.). **Punitive damages**: Commom Law and Civil Law perspectives. Mörlenbach: Springer, 2009. p. 166.

punitivos tenha sido reduzida para US$ 480 mil, este caso se tornou paradigmático para demonstrar o excesso e a desproporcionalidade dessa espécie de dano.

Como consequência, no histórico precedente BMW of North America, Inc. v. Gore (1996), a Suprema Corte Americana admitiu um recurso que visava a revisar o montante dos danos punitivos, sob o argumento de que indenizações excessivas violam o devido processo legal[533]. O caso envolvia representação fraudulenta em contrato de venda de carro e teve indenização fixada em US$ 2 milhões, valor que correspondia a 500 vezes o dano efetivamente sofrido, no montante de US$ 4 mil[534].

Neste precedente, a Suprema Corte americana estabeleceu três diretrizes para cálculo de *punitive damages*, a fim de balizar as cortes inferiores[535]. Estas balizas são as seguintes[536]: (i) grau de reprovabilidade da conduta do réu (que pode ser aferida ao verificar se o prejuízo é puramente econômico ou físico, se a ação foi praticada com descaso imprudente em detrimento à saúde e segurança de terceiros, se a vítima do dano é economicamente vulnerável, se o ilícito foi praticado uma única vez ou repetidamente, bem como se o dano resultou de uma intenção ou de mero acidente); (ii) disparidade entre o dano efetivo ou potencial e os *punitive damages*; e (iii) diferença entre as multas civis e sanções impostas em casos semelhantes e os *punitive damages*[537].

533 MORAES, Maria Celina Bodin de. Punitive damages em sistemas civilistas: problemas e perspectivas. **Revista Trimestral de Direito Civil**, Rio de Janeiro, v. 18, p. 45-78, abr./jun. 2004. p. 61.

534 MARRERO, Andrew W. Punitive Damages: Why the Monster Thrives. **Georgetown Law Journal**, Washington, v. 105, n. 4, p. 767-818, abr. 2017. p. 768.

535 SAVI, Sérgio. **Responsabilidade civil do enriquecimento sem causa**. São Paulo: Atlas, 2012. p. 79.

536 Esses critérios foram então utilizados em diversos outros casos, tais quais Cooper Industries, Inc. v. Leatherman Tool Group, Inc. (2001), State Farm Mutual Automobile Insurance Co. v. Campbell et al (2003). MARTINS COSTA, Judith. PARGENDLER, Mariana Souza. **Usos e abusos da função punitiva**: punitive damages e o Direito brasileiro. Revista CEJ, Brasília, n. 28, p. 15-32, mar. 2005. p. 19.

537 MORAES, Maria Celina Bodin de. **Danos à pessoa humana**: uma leitura civil-constitucional dos danos morais. 2. ed. Rio de Janeiro: Processo, 2017. p. 240.

Desde que respeitadas tais balizas e suas hipóteses de cabimento, os júris têm discricionariedade para aplicar danos punitivos nos Estados Unidos[538]. Em contrapartida, a aplicação deste instituto no Brasil é bastante controversa: grande parte da doutrina nacional se posiciona contrariamente à aplicação de danos punitivos, sobretudo diante da inexistência de permissão legal[539].

Nesse sentido, afirma-se que cabe ao direito penal preocupar-se com o agente, e ao direito civil, ao contrário, "inquietar-se com a vítima"[540]. Assim como nos Estados Unidos[541], os juristas brasileiros que criticam os danos punitivos se valem, primordialmente, do excesso e da imprevisibilidade das condenações[542].

[538] SEBOK, Anthony J. Punitive damages in the United States. In: KOZIOL, Helmut (Ed.); WILCOX, Vanessa (Ed.). **Punitive damages**: Commom Law and Civil Law perspectives. Mörlenbach: Springer, 2009. p. 155.

[539] Esse é o posicionamento, por exemplo, de Maria Celina Bodin de Moraes. MORAES, Maria Celina Bodin de. Punitive damages em sistemas civilistas: problemas e perspectivas. **Revista Trimestral de Direito Civil**, Rio de Janeiro, v. 18, p. 45-78, abr./jun. 2004. p. 74. Sérgio Savi também se posiciona nesse sentido no seu livro dedicado ao lucro da intervenção, pelos seguintes argumentos: "(i) uma vez que não prevista em lei, a indenização punitiva implicaria em punição sem prévia cominação legal, conferindo um cheque em branco para o juiz cível ferir o princípio da tipicidade (nullum crimen, nulla poena sine lege); (ii) vários atos geradores de dano moral também são crimes, o que acarretaria um bis in idem, especialmente com a previsão de sanção pecuniária no direito penal (Lei nº 9.714/98); (iii) tramitando na vara cível, a ação segue os mecanismos processuais/recursais do direito processual, sem as garantias típicas do procedimento penal; (iv) o efeito punitivo é mitigado no âmbito civil porque nem sempre o responsável é o culpado (como nos casos de seguro de dano) e, nestes casos, o verdadeiro culpado não será punido." SAVI, Sérgio. **Responsabilidade civil do enriquecimento sem causa**. São Paulo: Atlas, 2012. p. 82.

[540] FACCHINI NETO, Eugênio. Da responsabilidade civil no novo código. **Revista do Tribunal Superior do Trabalho**, Porto Alegre, v. 76, n. 1, p. 17-63, jan./mar. 2010. p. 26.

[541] Ressalta-se, contudo, que, segundo Anthony Sebok, os danos punitivos são de certa forma previsíveis nos Estados Unidos, levando-se em consideração o tipo de caso em que eles são aplicados. SEBOK, Anthony J. Punitive damages in the United States. In: KOZIOL, Helmut (Ed.); WILCOX, Vanessa (Ed.). **Punitive damages**: Commom Law and Civil Law perspectives. Mörlenbach: Springer, 2009. p. 158.

[542] MORAES, Maria Celina Bodin de. **Danos à pessoa humana**: uma leitura civil-constitucional dos danos morais. 2. ed. Rio de Janeiro: Processo, 2017. p. 229.

Isso não impediu, contudo, que a doutrina (ou pelo menos parte dela) discutisse e que os tribunais aplicassem danos punitivos, com base em diferentes argumentos, como, por exemplo, na interpretação do parágrafo único do artigo 944 do Código Civil[543], que invoca a desproporção entre a gravidade da culpa e o dano. Eugênio Facchini Neto afirma que o referido dispositivo legal tem o condão de gerar tal discussão[544], embora defenda posicionamento contrário, no sentido de que uma intensa culpabilidade em face de um dano reduzido não autorizaria majoração da indenização.

Similarmente, diversos outros juristas entendem que o disposto no artigo 944 do Código Civil autoriza única e exclusivamente a redução equitativa das indenizações[545], inexistindo autorização para majorá-las, tampouco espaço para interpretação extensiva[546]. Vale mencionar que o Código Civil português possui dispositivo idêntico (i.e. artigo 494[547]), que também se vale de critérios típicos dos danos

[543] Artigo 944, Código Civil. A indenização mede-se pela extensão do dano. Parágrafo único. Se houver excessiva desproporção entre a gravidade da culpa e o dano, poderá o juiz reduzir, eqüitativamente, a indenização.

[544] O jurista pontuou que: "Acreditamos, porém, que o referido parágrafo único tem suficiente potencial para, futuramente, através de uma interpretação sistemática e evolutiva, sofrer uma exegese ampliativa, vindo a albergar também a possibilidade de se conceder uma indenização superior ao montante dos danos, quando patente a desproporção entre a intensidade da culpa e o valor dos danos. Uma tal possibilidade representaria a adoção, entre nós, do instituto das penas privadas.". FACCHINI NETO, Eugênio. Da responsabilidade civil no novo código. **Revista do Tribunal Superior do Trabalho**, Porto Alegre, v. 76, n. 1, p. 17-63, jan./mar. 2010. p. 49-50.

[545] Sérgio Savi critica o referido dispositivo, que desconsidera o princípio da reparação integral, sob o pretexto de que ele vai "de encontro à evolução histórica da responsabilidade civil, que há tempos deixou de lado o grau de culpa do agente e passou a focar na vítima de um dano injusto". SAVI, Sérgio. **Responsabilidade civil do enriquecimento sem causa**. São Paulo: Atlas, 2012. p. 68.

[546] GUEDES, Gisela Sampaio da Cruz. **Lucros cessantes**: do bom senso ao postulado normativo da razoabilidade. São Paulo: Revista dos Tribunais, 2011. p. 217.

[547] Artigo 494, Código Civil português. Quando a responsabilidade se fundar na mera culpa, poderá a indemnização ser fixada, equitativamente, em montante inferior ao que corresponderia aos danos causados, desde que o grau de culpabilidade do agente, a situação económica deste e do lesado e as demais circunstâncias do caso o justifiquem.

punitivos para reduzir equitativamente indenizações causadas por "mera culpa"[548].

A diferença é que, no ordenamento jurídico português, esses critérios são utilizados também para fins de fixação de danos extrapatrimoniais, uma vez que o dispositivo que os regulamenta no Código Civil (artigo 496) determina que "[o] montante da indemnização é fixado equitativamente pelo tribunal, tendo em atenção, em qualquer caso, as circunstâncias referidas no artigo 494"[549]. Ou seja: o direito positivado português autoriza expressamente a utilização de critérios punitivos para fixação de indenizações por danos extrapatrimoniais, além de autorizar a redução equitativa de indenizações com base no grau de culpabilidade do agente, na sua situação econômica (bem como do lesado) e em outras circunstâncias do caso justifiquem tal redução.

Ainda que haja similitude com o direito português, o parágrafo único do artigo 944 do Código Civil é tido como uma exceção no ordenamento jurídico brasileiro, que deve ser interpretado restritivamente[550], razão

[548] MORAES, Maria Celina Bodin de. **Danos à pessoa humana**: uma leitura civil-constitucional dos danos morais. 2. ed. Rio de Janeiro: Processo, 2017. p. 227.

[549] Artigo 496, Código Civil português. 1. Na fixação da indemnização deve atender-se aos danos não patrimoniais que, pela sua gravidade, mereçam a tutela do direito. 2 - Por morte da vítima, o direito à indemnização por danos não patrimoniais cabe, em conjunto, ao cônjuge não separado de pessoas e bens e aos filhos ou outros descendentes; na falta destes, aos pais ou outros ascendentes; e, por último, aos irmãos ou sobrinhos que os representem. 3 - Se a vítima vivia em união de facto, o direito de indemnização previsto no número anterior cabe, em primeiro lugar, em conjunto, à pessoa que vivia com ela e aos filhos ou outros descendentes. 4 - O montante da indemnização é fixado equitativamente pelo tribunal, tendo em atenção, em qualquer caso, as circunstâncias referidas no artigo 494.º; no caso de morte, podem ser atendidos não só os danos não patrimoniais sofridos pela vítima, como os sofridos pelas pessoas com direito a indemnização nos termos dos números anteriores.

[550] Esse é o teor do Enunciado n. 46 da I Jornada de Direito Civil, promovida pelo Centro de Estudos Judiciários do Conselho da Justiça Federal em setembro de 2002, assim disposto: "A possibilidade de redução do montante da indenização em face do grau de culpa do agente, estabelecida no parágrafo único do art. 944 do novo Código Civil, deve ser interpretada restritivamente, por representar uma exceção ao princípio da reparação integral do dano". Este dispositivo foi emendado na IV Jornada, para ressalvar a exceção de responsabilidade objetiva. Disponível em: <http://www.cjf.jus.br/cjf/corregedoria-da-justica-federal/centro-de-estudos-judiciarios-1/publicacoes-1/jornadas-cej/EnunciadosAprovados-Jornadas-1345.pdf>. Acesso em 16/07/2020.

pela qual o juiz não poderia aumentar o valor da indenização "devida por um ofensor gravemente culpado"[551]. Contudo, como mencionado anteriormente, a redação e a interpretação do referido dispositivo não impediram que os adeptos dos danos punitivos defendessem sua aplicabilidade no Brasil, tampouco que a jurisprudência se valesse do instituto para resolver casos concretos. Muito pelo contrário.

Sobre o tema, Maria Celina Bodin de Moraes aponta que a jurisprudência do STJ passou a adotar critérios como "grau de culpa" e "porte econômico das partes" para fixação do dano moral, critérios típicos do dano punitivo[552]. Para ilustrar, cumpre transcrever excerto de julgado do referido Tribunal[553], que corrobora as conclusões da jurista:

> Nas ações de compensação por danos morais e materiais, se o arbitramento do valor da reparação foi realizado com moderação, proporcionalmente ao grau de culpa, ao nível sócio-econômico do autor e, ainda, ao porte econômico do réu, orientando-se o juiz pelos critérios sugeridos pela doutrina e pela jurisprudência, com razoabilidade, fazendo uso de sua experiência e do bom senso, atento à realidade da vida e às peculiaridades de cada caso, o STJ tem por coerente, em regra, a prestação jurisdicional fornecida. (...) Todavia, o STJ afasta o óbice de sua Súmula 7 naquelas hipóteses em que o valor fixado como compensação dos danos morais revela-se irrisório ou exagerado, de forma a não atender os critérios que balizam o seu arbitramento, a saber, assegurar ao lesado a justa reparação pelos danos sofridos, sem, no entanto, incorrer em seu enriquecimento sem causa. (AgInt no REsp 1723464/DF, Rel. Ministro HERMAN BENJAMIN, SEGUNDA TURMA, julgado em 07/05/2019, DJe 29/05/2019)

[551] SAVI, Sérgio. **Responsabilidade civil do enriquecimento sem causa**. São Paulo: Atlas, 2012. p. 74.

[552] MORAES, Maria Celina Bodin de. **Danos à pessoa humana**: uma leitura civil-constitucional dos danos morais. 2. ed. Rio de Janeiro: Processo, 2017. p. 225.

[553] Também nesse sentido: AgRg no AREsp 165.114/PR, Rel. Ministro MARCO BUZZI, QUARTA TURMA, julgado em 17/11/2015, DJe 23/11/2015; REsp 945.369/RJ, Rel. Ministra DENISE ARRUDA, Rel. p/ Acórdão Ministro BENEDITO GONÇALVES, PRIMEIRA TURMA, julgado em 05/10/2010, DJe 18/10/2010.

Em diversos outros julgados, os tribunais enaltecem expressamente a função punitiva, concedendo indenizações por dano moral que visam a reparar a vítima e, simultaneamente, punir o causador do dano[554]. Veja-se, especificamente, o Agravo Interno em Agravo em Recurso Especial n. 1.105.185/RJ, no qual a Primeira Turma do STJ recentemente manteve a condenação da Fundação Departamento de Estradas De Rodagem do Estado do Rio de Janeiro ao pagamento de indenização de R$ 200 mil a título de danos morais para os pais de menor, morto em acidente de trânsito causado pelas más condições da rodovia[555].

Na oportunidade, o Ministro Napoleão Nunes Maia Filho afirmou que o valor arbitrado era razoável e proporcional (o que impediria sua revisão em sede de recurso especial), eis que considerou "o grau da lesividade da conduta ofensiva e a capacidade econômica da parte pagadora". Assim, o acórdão reconheceu que tal condenação cumpria a dupla finalidade de "amenização da dor sofrida pela vítima e punição do causador do dano, evitando-se novas ocorrências".

O que se percebe é que a jurisprudência atribui às indenizações (em especial por dano moral) inegável caráter punitivo. Ou seja, ainda que não tenha acolhido expressamente os *punitives damages* do direito americano, é certo que os tribunais utilizam critérios de quantificação nitidamente punitivos[556].

Em paralelo, grande parte da doutrina compartilha deste entendimento, embora não haja consenso, afirmando que o dano moral possui, também, caráter punitivo, além da inegável função ressarcitória[557]. Nesse sentido, Maria Helena Diniz aduz que "(...) a reparação do dano

[554] Veja-se, exemplificativamente, os seguintes julgados do STJ: AgRg no REsp 1386808/SC, Rel. Ministro MARCO BUZZI, QUARTA TURMA, julgado em 21/05/2015, DJe 29/05/2015; REsp 1695725/ES, Rel. Ministro HERMAN BENJAMIN, SEGUNDA TURMA, julgado em 16/11/2017, DJe 19/12/2017.

[555] AgInt no AREsp 1105185/RJ, Rel. Ministro NAPOLEÃO NUNES MAIA FILHO, PRIMEIRA TURMA, julgado em 20/09/2018, DJe 01/10/2018.

[556] SAVI, Sérgio. **Responsabilidade civil do enriquecimento sem causa.** São Paulo: Atlas, 2012. p. 78.

[557] MELO, Nehemias Domingos de. **Dano moral**: problemática do cabimento à fixação do quantum. São Paulo: Juarez de Oliveira, 2004.

moral tem, sob uma perspectiva funcional, um caráter satisfatório para a vítima e lesados, e punitivo para o ofensor"[558].

Justamente por isso, o artigo 16 do Projeto de Lei n. 6.960/2002 visava a alterar o disposto no artigo 944 do Código Civil[559], para incluir um segundo parágrafo com a seguinte redação: "A reparação do dano moral deve constituir-se em compensação ao lesado e adequado desestímulo ao lesante"[560]. Contudo, a Comissão de Constituição e Justiça da Câmara se manifestou pela rejeição do referido Projeto, sob o argumento de que "[o] critério para cálculo do valor da indenização do dano, tanto para o material quanto para o moral, deve ser o da sua extensão"[561].

O que se percebe é que o legislador brasileiro vetou o reconhecimento do caráter punitivo do dano moral, ao analisar o tema em 2002. Ainda assim, Judith Martins Costa e Mariana Pargendler esclarecem que parte da doutrina defende a sua implementação no Brasil independentemente de qualquer alteração legislativa, na medida em que o artigo 944 do Código Civil seria aplicável tão somente para danos patrimoniais, até porque não há como mensurar monetariamente a extensão do dano não patrimonial[562].

[558] DINIZ, Maria Helena. **Curso de direito civil brasileiro**: responsabilidade civil. v. VII. 20. ed. São Paulo: Saraiva, 2006. p. 139.

[559] Sobre o tema, convém transcrever comentários da doutrina sobre o referido projeto de lei, à época ainda em trâmite: "Este dispositivo, digno de encômios, se aplicado com a devida cautela, autorizará o juiz, seguindo posicionamento já assentado em Tribunais da Europa, a impor indenizações por dano moral com caráter educativo e sancionador, especialmente se o agente causador do dano é reincidente." GAGLIANO, Pablo Stolze. PAMPLONA FILHO, Rodolfo. **Novo curso de direito civil**: abrangendo o Código de 1916 e o novo Código Civil. São Paulo: Saraiva, 2002. p. 319.

[560] Disponível em <http://www.camara.gov.br/proposicoesWeb/fichadetramitacao?idProposicao=56549>. Acesso em: 16/07/2020.

[561] Parecer da Comissão disponível no seguinte link, no site da Câmara dos Deputados: <https://www.camara.leg.br/proposicoesWeb/prop_mostrarintegra;jsessionid=0FBE7E1B06710A16B11614684FA60C4C.proposicoesWebExterno1?codteor=196514&filename=Tramitacao-PL+6960/2002>. Acesso em 16/07/2020.

[562] MARTINS COSTA, Judith. PARGENDLER, Mariana Souza. Usos e abusos da função punitiva: punitive damages e o Direito brasileiro. **Revista CEJ**, Brasília, n. 28, p. 15-32, mar. 2005. p. 22.

Significa dizer que, para esses doutrinadores, danos morais não estão sujeitos a qualquer limitação, o que autorizaria danos punitivos. Afinal, o dano moral não pode ser "reparado", mas apenas "compensado", tanto que se admite reparação não pecuniária.

Anderson Schreiber ilustra essa faculdade com o exemplo da retratação pública, sob o argumento de que tal modalidade de reparação, além de satisfazer o "binômio lesão existencial-reparação pecuniária" também produz "efeitos de desestímulo à conduta praticada (a festejada *deterrence* do direito anglo-saxônico)"[563]. Seguindo essa linha de raciocínio, seria viável defender que a limitação das indenizações instituída pelo Código Civil diz respeito apenas aos danos materiais, eis que danos morais estão sujeitos à outra sistemática de compensação, que não se limitam ao pagamento em dinheiro.

E, tendo em vista que a reparação não pecuniária pode ter efeitos de *deterrence* – finalidade tipicamente utilizada para justificar danos punitivos –, a indenização pecuniária igualmente poderia se valer destes efeitos. Entretanto, Anderson Schreiber defende exatamente o oposto, criticando a utilização de caráter próprio do direito penal no direito civil, sob o pretexto de que "[a] abertura à reparação não-pecuniária não significa que o juiz tenha o poder de impor punições ao réu pela conduta lesiva"[564].

Assim, segundo o jurista, qualquer que seja a consequência do dano (retratação pública, por exemplo)[565], a sua finalidade deve ser "sempre

[563] SCHREIBER, Anderson. Reparação não pecuniária dos danos morais. SCHREIBER, Anderson. Reparação não pecuniária dos danos morais. **Revista VOXLEX**, Porto Alegre, v. 1, n. 1, p. 51-67, mar./abr. 2016. p. 58.

[564] Ibid., p. 63.

[565] Similarmente, Marcos Catalan advoga pelo caráter reparatório da indenização, sob o pretexto de que "a imposição do dever de reparar não pode ser pensada como sanção repressora de um comportamento prenhe de culpa". Ainda assim, o referido jurista comenta a possibilidade de outras formas de reparação não pecuniárias, tais quais retratação pública ou outras formas de tutela específica – o que sugeriria que a pretensão indenizatória não deve necessariamente ser medida ou quantificada pela exata extensão do dano. CATALAN, Marcos. **A morte da culpa na responsabilidade contratual**. 2011. 347f. Tese de doutorado – Faculdade de Direito da Universidade de São Paulo, São Paulo, 2011. p. 69-71.

e exclusivamente a reparação do dano"[566]. Todavia, tal posicionamento parece contrário às correntes modernas e, independentemente das críticas, é certo que a aplicação de danos punitivos no direito brasileiro é objeto de relevante debate doutrinário e jurisprudencial[567].

Mas não somente condenações por danos morais têm adotado critérios nitidamente punitivos. A propósito, veja-se a ação civil pública ajuizada pela Associação Brasileira de Defesa do Consumidor e Trabalhador contra a Volkswagen do Brasil Ltda. em virtude da utilização de software que manipula o resultado da emissão de gases poluentes[568].

Naquele processo, a sentença condenou a Volkswagen do Brasil Ltda. a pagar indenizações de R$ 54 mil a título de danos materiais e de R$ 10 mil a título de danos morais para cada um dos cerca de 17 mil consumidores lesados (proprietários dos automóveis que continham o software fraudulento), bem como R$ 1 milhão a título de dano coletivo, com caráter punitivo pedagógico, destinado ao Fundo Nacional de Defesa do Consumidor. Vejamos excerto da sentença:

> No mérito, a ré afirma que os danos seriam hipotéticos. Esse argumento não merece prosperar, uma vez que a simples existência de um dispositivo que manipule resultados de emissão de gases poluentes já configura um ato não só ilegal, mas imoral e desleal ao meio ambiente e ao consumidor. Essa atitude da empresa ré, além de ferir o princípio da boa-fé, encaixa-se flagrantemente na infração relativa à poluição, disposta no artigo 71 do Decreto 6.514/2008, senão vejamos: Art. 71. Alterar ou promover a conversão de qualquer item em veículos ou motores novos ou usados que provoque alterações nos limites e exigências ambientais previstas na legislação: Os danos se configuram na medida em que, além de enganados pela ré, com dispositivo fraudulento, o valor

[566] SCHREIBER, Anderson. Reparação não pecuniária dos danos morais. SCHREIBER, Anderson. Reparação não pecuniária dos danos morais. **Revista VOXLEX**, Porto Alegre, v. 1, n. 1, p. 51-67mar./abr. 2016. p. 63.

[567] MORAES, Maria Celina Bodin de. **Danos à pessoa humana**: uma leitura civil-constitucional dos danos morais. 2. ed. Rio de Janeiro: Processo, 2017. p. 219.

[568] Ação distribuída sob o n. n. 0412318-20.2015.8.19.0001, em trâmite perante a Justiça Estadual do Rio de Janeiro.

dos veículos com esse software diminui além do normal, uma vez que, devido à velocidade das informações, todos que forem procurar um veículo Amarok para comprar irão oferecer um valor muito inferior ao normal, em decorrência dessa fraude amplamente difundida pela mídia. Assim, o dano estaria associado à perda do valor de mercado e de seu veículo e pela diminuição da performance associada ao software. Além dos danos morais, claramente demonstrados no caso em tela, devido ao fato de os consumidores terem sido vítimas de uma fraude comercial de proporção global. A atitude da ré contraria diversos dispositivos legais e princípios do ordenamento jurídico brasileiro.

Note-se que, em sede de apelação, o E. Tribunal de Justiça do Estado do Rio de Janeiro ("TJRJ") modificou a sentença quanto à condenação por dano material, para que ela seja calculada em fase de liquidação de sentença, mas manteve as parcelas indenizatórias de danos morais e de dano coletivo, este último especificamente "diante da pujança patrimonial da Volkswagen, mas, para a dimensão Brasil, suficiente dentro do plano punitivo, repressão e prevenção à reiteração de prática de conduta lesiva aos consumidores"[569]. Esse julgado corrobora a assertiva de que os aplicadores do direito têm paulatinamente defendido a necessidade de atentarmos aos aspectos econômicos e preventivos[570] da responsabilidade civil.

[569] TJRJ, Apelação n. 0412318-20.2015.8.19.0001, Des(a). ADOLPHO CORREA DE ANDRADE MELLO JUNIOR - Julgamento: 28/05/2019 - NONA CÂMARA CÍVEL, Data de Publicação: 07/06/2019.

[570] Sobre a distinção entre as funções punitiva e preventiva, convém transcrever os comentários de Maria Celina Bodin de Moraes: "Há, de fato, quem distinga a função punitiva da função preventiva, conectando essa última a um objetivo utilitarista, no sentido de avaliação de sua utilidade para prevenir danos futuros, e não para retribuir danos passados – característica própria de juízo punitivo. Ocorre que, mediante tal perspectiva, será possível deduzir que uma conduta gravemente dolosa possa não constituir pré-requisito necessário e suficiente à imposição de penalidade, justamente por ser de difícil repetição; de outro lado, uma conduta menos grave, mas que possa ser facilmente imitada, mereceria, na finalidade preventiva, uma condenação maior. Este parece ser o problema principal da justiça/injustiça das sentenças exemplares e dos chamados 'bodes expiatórios'". MORAES, Maria Celina Bodin de. **Danos à pessoa humana**: uma leitura civil-constitucional dos danos morais. 2. ed. Rio de Janeiro: Processo, 2017. p. 225-226.

Ainda assim, muitos dos seus adeptos autorizam a aplicação de danos punitivos apenas em casos de responsabilidade aquiliana, tendo em vista que a indenização pode ser vista também como uma lição[571] – excluindo o instituto em litígios contratuais. Aliás, inclusive nos Estados Unidos defende-se a inaplicabilidade de danos punitivos em litígios oriundos de contratos[572], sob o pretexto de que eles estariam restritos somente aos casos de responsabilidade aquiliana[573], se comprovado dolo[574].

Nesse aspecto, paradoxalmente, os países de *commom law* não admitem *penalty clauses*[575], mas apenas *liquidated damages clauses,* que estabelecem antecipadamente o valor da indenização razoavelmente devida – de modo que valores excessivos a esse título não podem ser exigidos[576]. Ou seja, embora apliquem danos punitivos aos litígios envolvendo responsabilidade aquiliana, países de *commom law* proíbem os contratantes de fixarem antecipadamente indenização em montante superior ao dano, como bem apontou Mariana Pargendler[577]. Essa assertiva corrobora o posicionamento de que danos punitivos seriam inaplicáveis em litígios contratuais.

[571] MIRAGEM, Bruno. **Direito civil:** responsabilidade civil. São Paulo: Saraiva, 2015. p. 358.

[572] ROWAN, Solène. Reflections on the Introduction of Punitive Damages for Breach of Contract. **Oxford Journal of Legal Studies**, Oxford, v. 30, n. 3, p. 495-517, jul. 2010. p. 497.

[573] Ao abordar as distinções entre os regimes de responsabilidade, Solène Rowan explica que uma possível justificativa para limitar danos punitivos aos casos de responsabilidade aquiliana, no direito inglês, é a percepção de que o ato ilícito é mais sério e grave do que o inadimplemento contratual. Ibid., p. 506.

[574] MARTINS COSTA, Judith. PARGENDLER, Mariana Souza. **Usos e abusos da função punitiva**: punitive damages e o Direito brasileiro. Revista CEJ, Brasília, n. 28, p. 15-32, mar. 2005. p. 19.

[575] ROWAN, Solène. Reflections on the Introduction of Punitive Damages for Breach of Contract. **Oxford Journal of Legal Studies**, Oxford, v. 30, n. 3, p. 495-517, jul. 2010. p. 509.

[576] PARGENDLER, Mariana Souza. The Role of the State in Contract Law: The Common-Civil Law Divide. **Yale Journal of International Law**, New Haven, v. 43, n. 1, p. 143-189, mar/2018. p. 170-171.

[577] Ibid., p. 171.

Todavia, a exclusão dos danos punitivos em matéria contratual não parece fazer sentido (havendo inclusive debate, no Reino Unido, sobre eventual reconsideração da clássica abordagem)[578]. Em especial, no direito brasileiro, não haveria fundamento plausível para excluir o cabimento dos danos punitivos na responsabilidade contratual, justamente quando grande parte da doutrina e da jurisprudência vêm justamente desconsiderando a diferença entre as espécies de responsabilidade civil. Assim, se admitido o instituto no Brasil, não haveria porque limitar tal fenômeno apenas aos casos de responsabilidade extracontratual.

Aliás, a jurisprudência nacional já teve a oportunidade de aplicar indenizações com caráter punitivo também em casos de responsabilidade contratual[579]. Por exemplo, em ação movida por um grupo de naturistas contra o canal SBT, reconheceu-se danos de ordem moral pela veiculação de filmagens que haviam sido consentidas para um programa jornalístico específico também em outros dois programas, de forma depreciativa e jocosa[580].

[578] Especificamente, a doutrina aponta para o julgado da Câmara dos Lordes no caso Kuddus v. Chief Constable of Leicestershire Constabulary, no qual se decidiu que danos punitivos podem ser concedidos por qualquer ilícito (e não apenas em hipóteses específicas, como antes referido). Com base neste entendimento, passou-se a questionar se seria viável, também, conceder danos punitivos por inadimplemento contratual. ROWAN, Solène. Reflections on the Introduction of Punitive Damages for Breach of Contract. **Oxford Journal of Legal Studies**, Oxford, v. 30, n. 3, p. 495-517, jul. 2010. p. 498.

[579] SAVI, Sérgio. **Responsabilidade civil do enriquecimento sem causa.** São Paulo: Atlas, 2012. p. 29.

[580] Enaltece-se, para os fins propostos neste livro, que foi concedida indenização por dano moral em caso envolvendo responsabilidade contratual (afinal, foi celebrado contrato para autorização e concessão das filmagens), a despeito do entendimento jurisprudencial majoritário de que, a rigor, não se admite indenização a este título por mero descumprimento contratual, como visto com detalhes na seção 2.1.2 deste livro.

O caso foi julgado pelo TJRS em 2002[581], ocasião em que se reconheceu o caráter punitivo da indenização aplicada, embora a relatora tenha tentado afastá-la da responsabilidade contratual, ante a violação a direito personalíssimo. O acórdão constatou que "o ataque à dignidade, ideologia, decoro, intimidade, privacidade e outros direitos constitucionalmente amparados foi grotesco", excedendo a mera negociação de imagem[582].

[581] O acórdão restou assim ementado: AÇÃO DE REPARAÇÃO POR DANOS MATERIAIS E MORAIS. NATURISMO. FILMAGEM E REPORTAGEM. AUTORIZAÇÃO PARA O FIM PRECÍPUO DE SER A REPORTAGEM MOSTRADA DE FORMA NÃO SENSACIONALISTA. EXIBIÇÃO DETURPADA NO "PROGRAMA DO RATINHO". ILEGITIMIDADE PASSIVA DA TVSBT CANAL 5 DE PORTO ALEGRE. SÃO LEGITIMADOS PARA AGIR, ATIVA E PASSIVAMENTE, OS TITULARES DOS INTERESSES EM CONFLITO: LEGITIMAÇÃO ATIVA TERÁ O TITULAR DO INTERESSE AFIRMADO NA PRETENSÃO, PASSIVA TERÁ O TITULAR DO INTERESSE QUE SE OPÕE AO AFIRMADO NA PRETENSÃO. PRELIMINAR RECHAÇADA. QUANTUM INDENIZATÓRIO. LEI DE IMPRENSA. A INDENIZAÇÃO DEVE SER FIXADA A PARTIR DOS CRITÉRIOS UTILIZADOS NAS DEMAIS DEMANDAS LASTREADAS NA REPARAÇÃO DO CÓDIGO CIVIL. SEGUEM-SE OS LINDES DO CÓDIGO CIVIL, DADO O PRINCÍPIO DA AMPLA REPARABILIDADE ESTATUÍDO NO ART. 5º, X, DA CONSTITUIÇÃO FEDERAL. DANOS MORAIS. SITUAÇÃO QUE NÃO RECOMENDA A MITIGAÇÃO DO VALOR INDENIZATÓRIO, SENÃO AUTORIZA SEU EXASPERAMENTO, PORQUANTO OS FATOS PERPETRADOS REVELAM LESÃO QUE SE ESPRAIA PARA ALÉM DO GRAVE, ADENTRANDO A SEARA DO GRAVÍSSIMO: AO PAR DA VIOLAÇÃO DO AJUSTE, INFRINGINDO-SE CAPITALMENTE O PACTA SUNT SERVANDA), O ATAQUE À DIGNIDADE, IDEOLOGIA, DECORO, INTIMIDADE, PRIVACIDADE E OUTROS DIREITOS CONSTITUCIONALMENTE AMPARADOS FOI GROTESCO. DANOS MATERIAIS. DANOS MATERIAIS INCLUÍDOS NOS DANOS MORAIS, JÁ QUE A QUESTÃO NÃO DIZ COM NEGOCIAÇÃO DE IMAGEM, TAMPOUCO CONTRATAÇÃO DESSA, SENÃO VIOLAÇÃO DE DIREITOS PERSONALÍSSIMOS. DESPROVIMENTO DO APELO DAS RÉS, POR UNANIMIDADE, E PARCIAL PROVIMENTO DA APELAÇÃO DOS AUTORES, MAJORANDO-SE A INDENIZAÇÃO À QUANTIA DE 1.000 SALÁRIOS MÍNIMOS PARA CADA AUTOR, POR MAIORIA. (Apelação Cível Nº 70003521176, Nona Câmara Cível, Tribunal de Justiça do RS, Relator: Ana Lúcia Carvalho Pinto Vieira Rebout, Julgado em 11/12/2002).

[582] Convém transcrever excerto do voto, que confirma as conclusões aqui tecidas: "Atenta ao caso concreto, desde logo sublinhando que a situação dos autos não recomenda a mitigação do valor indenizatório, senão autoriza seu exasperamento, destaco que os fatos perpetrados revelam lesão que se espraia para além do grave, adentrando a seara do gravíssimo. Ao par da violação do ajuste, infringindo-se capitalmente o pacta sunt

Ou seja: o TJRS expressamente desconsiderou a limitação do *quantum* indenizatório estabelecida pelo Código Civil, por entender cabível a majoração da indenização, não com base na extensão do dano, mas na natureza dos interesses violados e na gravidade da conduta. Note-se, em complemento, que no voto do desembargador Adão Sérgio do Nascimento Cassiano, que compôs o julgamento, constou que "a indenização de mil salários mínimos por autor está adequada, se não para punir efetivamente uma grande emissora de televisão, que, certamente, ganhou fortunas com essa divulgação, mas que, pelo menos, fará sentir, de uma vez por todas, que no Brasil já se foram os tempos em que tudo se fazia impunemente".

Ao reapreciar a questão, o STJ salientou a importância da natureza punitiva da indenização "para que não se concretize a vantagem dos altos índices de audiência sobre os riscos advindos da violação dos direitos constitucionalmente garantidos, honra e dignidade"[583], embora tenha reduzido o *quantum* indenizatório para R$ 200 mil em favor de cada autor. Com base nos precedentes colacionados neste livro, é evidente que os tribunais brasileiros se valem, reiteradamente, de indenizações punitivas (ainda que não o façam declaradamente).

Sobre o fenômeno, Bruno Miragem afirma que "[n]ão se desconhecem, contudo, soluções que encontram na responsabilidade civil a possibilidade de prevenir danos futuros perante o exame e a sanção da conduta do autor do dano"[584]. Assim, quer parecer que o direito brasileiro admite a aplicação de danos punitivos (até porque, na prática, eles

servanda (destarte, desimportando se o acerto fora verbal ou escrito), gizo que o ataque à dignidade, ideologia, decoro, intimidade, privacidade e outros direitos constitucionalmente amparados foi grotesco. (...) Danos materiais pleiteados incluem-se, por tudo, nos danos morais, já que a questão não diz com negociação de imagem, tampouco contratação dessa, senão violação de direitos personalíssimos. Majoro a indenização, para cada autor, ao valor correspondente a mil (1.000) salários mínimos, aquém da expectativa dos autores, mas quantia razoável a robustecer o necessário aspecto punitivo/pedagógico/inibitório da sanção pecuniária, para que jamais torne a ocorrer.".

583 REsp 838.550/RS, Rel. Ministro CESAR ASFOR ROCHA, QUARTA TURMA, julgado em 13/02/2007, DJ 21/05/2007, p. 589.

584 MIRAGEM, Bruno. **Direito Civil**: Responsabilidade civil. São Paulo: Saraiva, 2015. p. 87.

já são implementados), seja pela interpretação extensiva do artigo 944, parágrafo único, do Código Civil, seja pela conclusão de que tal dispositivo se restringe aos danos materiais, inexistindo limitação aplicável aos danos extrapatrimoniais.

Naturalmente, esse instituto não pode ser aplicado "indiscriminadamente a toda e qualquer reparação de danos morais", sob pena de deturpar a função precípua da responsabilidade civil[585], que é, como demonstrado à exaustão nesta obra, compensar a vítima. Ainda assim, negá-lo implicaria ignorar a realidade fática do direito brasileiro e fomentar a situação atual da jurisprudência, que vêm proferindo decisões discricionárias e sem quaisquer critérios.

Eugênio Battesini enfrenta o tema por um viés econômico, defendendo não ser absoluta a regra geral de "simetria entre a indenização e o dano", citando como exemplo a hipótese de redução do valor da indenização por força de culpa concorrente da vítima[586]. Assim, o referido jurista defende, com base em argumentos de eficiência econômica, que existem "situações nas quais é justificável o pagamento de indenização superior ao dano", associando o instituto das *punitive damages* com a noção de culpa grave[587].

O que se percebe é que a doutrina vem procurando fundamentos para relativizar os limites impostos pelo Código Civil, até mesmo para acompanhar as soluções propostas pela jurisprudência. Por isso, ainda que se discorde da aplicação do instituto, é certo que ele vem sendo utilizado como forma de melhor resolver litígios – inclusive envolvendo responsabilidade contratual.

Na Alemanha, danos punitivos são vedados[588], uma vez que os princípios do direito alemão não admitem o elemento punitivo nas

[585] MORAES, Maria Celina Bodin de. **Danos à pessoa humana**: uma leitura civil-constitucional dos danos morais. 2. ed. Rio de Janeiro: Processo, 2017. p. 258.

[586] BATTESINI, Eugênio. Regra de hand, graduação da culpa e quantificação da indenização: uma análise à luz do Código Civil Brasileiro de 2002. **Revista VOXLEX**, Porto Alegre, v. 1, n. 1, p. 69-99, mar./abr. 2016. p. 84.

[587] Ibid., p. 95.

[588] BEHR, Volker. Myth and Reality of Punitive Damages in Germany. Pittsburgh, **Journal of Law and Commerce**, v. 24, p. 197-224, primavera, 2004-2005. p. 198.

indenizações[589] – situação semelhante daquela verificada no Brasil. Afinal, como visto no capítulo 1.2.2, a função da indenização é compensar o lesado pelo prejuízo, e não punir o ofensor.

Jan Dirk Harke explica que, com a evolução do direito, juristas alemães passaram a criticar os elementos penais da indenização, defendendo a necessidade de separação entre compensação privada e eventual sanção penal[590]. Por isso, o legislador alemão excluiu todos os elementos de danos punitivos até então existentes quando do processo de codificação do BGB[591].

Segundo o autor, atualmente os incentivos voltados ao comportamento obediente são mero reflexo das disposições jurídicas (gerando efeitos preventivos específicos e generalizados)[592]. Ainda assim, da mesma forma em que ocorrido no Brasil, a questão não é pacificada.

A função preventiva do direito indenizatório alemão, *Schadensersatzrechts* – aplicável para ambas as espécies de responsabilidade civil –, embora por vezes negada, é objeto de comentários doutrinários[593]. Afirma-se que a indenização pode de fato influenciar no comportamento de potenciais ofensores, desde que eles racionalmente planejem seus comportamentos[594].

Assim, defende-se, por exemplo, a utilização de sanção privada na indenização como forma de salvaguardar litígios envolvendo propriedade intelectual e antitruste[595]. Somado a isso, a jurisprudência rela-

[589] DAUNER-LIEB, Barbara; HEIDEL, Thomas; RING, Gerhard. **BGB Schuldrecht**: §§ 241 – 610. 2. ed. Baden-Baden: Nomos, 2012. p. 88.

[590] HARKE, Jan Dirk. **Allgemeines Schuldrecht**. Berlin, Heidelberg: Imprint: Springer, 2010. p. 259-260.

[591] BEHR, Volker. Myth and Reality of Punitive Damages in Germany. Pittsburgh, **Journal of Law and Commerce**, v. 24, p. 197-224, primavera, 2004-2005. p. 198.

[592] HARKE, Jan Dirk. **Allgemeines Schuldrecht**. Berlin, Heidelberg: Imprint: Springer, 2010. p. 259-260.

[593] DAUNER-LIEB, Barbara; HEIDEL, Thomas; RING, Gerhard. **BGB Schuldrecht**: §§ 241 – 610. 2. ed. Baden-Baden: Nomos, 2012. p. 87.

[594] Ibid., p. 87-88.

[595] Na obra original: "In letzter Zeit ist vor allem eine verstärke Beachtung ökonomischer und präventiver Überlegungen für die Weiterentwicklung des Schadensrechts gefordert worden. Insbesondere im Bereich des Immaterialgüterrechts und des Kartellrechts soll

tiviza a vedação aos danos punitivos em casos envolvendo direitos de personalidade, tendo em vista a função preventiva de indenização[596].

Em posição similar, Reinhard Möller defende a flexibilização do princípio compensatório para concessão de danos morais em casos de violação ao direito de privacidade e para aferição da indenização devida por danos à propriedade intelectual, ante a importância da função preventiva[597]. Exemplo disso é o famigerado caso Caroline de Mônaco I, que será abordado em detalhes no capítulo 2.2.2, em que o tribunal se voltou exclusivamente para a imagem do ofensor para fins de cálculo da indenização (especificamente, o seu interesse econômico).

Tratava-se de discussão sobre direito de privacidade em virtude da veiculação de notícias (fotos e entrevista) em revista, na qual a indenização arbitrada pelo BGH foi fixada em montante expressivamente superior ao dano, com base em argumento punitivo, para impedir que as revistas seguissem praticando atos similares[598]. Voltaremos a analisar o caso, com mais detalhes, no próximo capítulo desta obra, mas convinha mencioná-lo brevemente neste momento, por ser um caso paradigmático de dano punitivo no direito alemão.

Antes desse julgamento, contudo, o BGH já havia tido a oportunidade de apreciar a questão quando da homologação de sentença estrangeira, em junho de 1992[599], proferida nos Estados Unidos em desfavor de um cidadão alemão, envolvendo a condenação ao pagamento de indenização de cerca de US$ 750 mil (em adição à pena de reclusão) por abusos sexuais praticados contra menor[600]. Esse valor

die private Sanktion des Chadensersatzes zu besserer Rechtsverwirklichung genutzt werden. Der Wortlaut der Schadensersatzregeln des BGB ist davon jedoch bislang unberührt geblieben.". Ibid., p. 86.

596 Ibid., p. 89.

597 MÖLLER, Reinhard. **Das Präventionsprinzip des Schadensrechts.** Berlin: Duncker & Humblot, 2006. p. 92.

598 BEHR, Volker. Myth and Reality of Punitive Damages in Germany. Pittsburgh, **Journal of Law and Commerce**, v. 24, p. 197-224, primavera, 2004-2005. p. 210-211.

599 BGH, 04.06.1992 - IX ZR 149/91.

600 MORAES, Maria Celina Bodin de. Punitive damages em sistemas civilistas: problemas e perspectivas. **Revista Trimestral de Direito Civil**, Rio de Janeiro, v. 18, p.

englobava reparação por danos materiais, tais quais despesas médicas, danos morais, bem como danos punitivos de US$ 400 mil[601].

O tribunal concluiu pela impossibilidade de homologação de toda sentença, da forma em que proferida, levando-se em consideração a função reparatória da indenização no direito alemão, assim como a inviabilidade de o juiz alemão rever as espécies de danos englobadas na condenação, pois "tal integração da sentença basear-se-ia em grande parte em presunções"[602]. Com isto, a condenação ao pagamento de danos punitivos não foi homologada, por ter sido considerada contrária às políticas públicas alemãs[603].

Ainda assim, Maria Celina Bodin de Moraes ressalva que, neste precedente, o BGH não inviabilizou que sentenças estrangeiras que contenham danos punitivos sejam executadas na Alemanha, mas apenas concluiu que aquela sentença específica não poderia ser executada, por ausência de "precisas indicações, por parte do tribunal estrangeiro, em ralação aos critérios de determinação da condenação"[604]. Considerando que a homologação de sentenças estrangeiras na Alemanha pressupõe que a decisão não seja contrária aos princípios fundamentais do direito alemão (em especial os direitos constitucionais)[605], este precedente é comentado como uma possível "aceitação" de danos punitivos no direito alemão.

Entretanto, o posicionamento da doutrina é uníssono quanto ao não cabimento de indenizações punitivas no direito alemão. Os seus críti-

45-78, abr./jun. 2004. p. 66-67.

601 BEHR, Volker. Myth and Reality of Punitive Damages in Germany. Pittsburgh, **Journal of Law and Commerce**, v. 24, p. 197-224, primavera, 2004-2005. p. 204.

602 MORAES, Maria Celina Bodin de. Punitive damages em sistemas civilistas: problemas e perspectivas. **Revista Trimestral de Direito Civil**, Rio de Janeiro, v. 18, p. 45-78, abr./jun. 2004. p. 68.

603 BEHR, Volker. Myth and Reality of Punitive Damages in Germany. Pittsburgh, **Journal of Law and Commerce**, v. 24, p. 197-224, primavera, 2004-2005. p. 205.

604 MORAES, Maria Celina Bodin de. **Danos à pessoa humana**: uma leitura civil-constitucional dos danos morais. 2. ed. Rio de Janeiro: Processo, 2017. p. 256.

605 BEHR, Volker. Myth and Reality of Punitive Damages in Germany. Pittsburgh, **Journal of Law and Commerce**, v. 24, p. 197-224, primavera, 2004-2005. p. 204.

cos afirmam que esta é uma questão de direito constitucional, pois ao direito civil não seria permitido punir[606].

Diante de todos esses comentários, importante reconhecer, a este ponto, que o objeto de estudo deste capítulo é bastante controverso. Não apenas a aplicação de danos punitivos é discutida (e, por muitas vezes, criticada) no Brasil e também na Alemanha, inexistindo sequer previsão legislativa específica, mas a sua aplicação no âmbito de relações contratuais sequer é aceita nos Estados Unidos.

Entretanto, a restrição dessa modalidade de indenizações nos Estados Unidos não pode tolher eventual aplicação no direito brasileiro, até porque o sistema de *torts* possui diferenças em relação ao regime de responsabilidade civil brasileiro. Podemos citar alguns fundamentos que justificam essa assertiva – ainda que possam existir argumentos em contrário, o que apenas justifica a importância de discussão dos temas aqui propostos.

Primeiro, no Brasil e outros países, como na Alemanha, verificamos crescente desconsideração da distinção entre responsabilidade contratual e responsabilidade extracontratual, como explorado detalhadamente no primeiro capítulo deste livro. Se a finalidade da pretensão indenizatória é a mesma, independentemente da origem do dano, qual a razão para não aplicar os mesmos remédios para ambas?

Segundo, como vimos no tópico 2.1.1 desta obra, países de *commom law* costumam conceder indenizações para remediar inadimplementos contratuais, valendo-se, apenas em casos excepcionais, de execução específica[607] (considerada como um ato de intrusão com alto poder coercitivo, até porque o seu descumprimento pode gerar sanções criminais)[608]. No Brasil, esta medida considerada severa é a regra geral, o que recomendaria que, quando substituída por uma indenização em dinheiro, fosse viabilizado o mesmo nível de severidade.

[606] Ibid., p. 216.

[607] A execução específica possui, no Reino Unido, função dissuasória. ROWAN, Solène. Reflections on the Introduction of Punitive Damages for Breach of Contract. **Oxford Journal of Legal Studies**, Oxford, v. 30, n. 3, p. 495-517, jul. 2010. p. 510.

[608] PARGENDLER, Mariana Souza. The Role of the State in Contract Law: The Common-Civil Law Divide. **Yale Journal of International Law**, New Haven, v. 43, n. 1, p. 143-189, mar/2018. p. 169.

Assim, quer parecer que as mudanças sociais exigem que o tema das indenizações punitivas seja revisitado, sobretudo porque os tribunais brasileiros têm utilizado meios transversos com o intuito de aplicar indenizações mais elevadas, ainda que com outra roupagem. Diante de todo o exposto, convém encerrar este tópico com os comentários de Anthony J. Sebok sobre os motivos que o levam a defender a aplicação de danos punitivos, que podem ser aproveitados para a realidade brasileira – sobretudo em matéria de contratos:

> Businesses are motivated by profits, which is neither good nor bad in itself. Business decisions are bad, from society's point of view, if they do not maximize society's net wealth, even if they do maximize the business's profit. As a number of scholars have pointed out, punitive damages are perfectly suited to create incentives ex ante to produce conformity with the tort law.[609]

Uma vez explorados os fundamentos para aplicar (ou não) danos punitivos no direito brasileiro, nas duas espécies de responsabilidade civil, passemos ao exame de outra modalidade de fixação de indenização, igualmente concentrada na figura do ofensor, mais especificamente no lucro por ele auferido com o ato lesivo.

2.2.2 Lucro da intervenção

Se desconsiderarmos a limitação imposta pelo artigo 403 do Código Civil brasileiro, seria possível conceder indenizações em montante superior ao dano efetivamente sofrido, por exemplo, quando tal valor parecer injusto ou insuficiente frente ao lucro auferido pela parte inadimplente. Afinal, como pontuou Nelson Rosenvald, "[e]xigir que os autores de

[609] SEBOK, Anthony J. Punitive damages in the United States. In: KOZIOL, Helmut (Ed.); WILCOX, Vanessa (Ed.). **Punitive damages**: Commom Law and Civil Law perspectives. Mörlenbach: Springer, 2009. p. 167. Em tradução livre: Negócios são motivados por lucros, o que é não, por si só, nem bom nem ruim. Decisões negociais são ruins, do ponto de vista da sociedade, se elas não maximizarem o patrimônio da sociedade, ainda que elas maximizem os lucros do negócio. Como inúmeros juristas destacaram, danos punitivos são perfeitamente adequados para criarem antecipadamente incentivos voltados à atuação em conformidade com a lei.

atos antijurídicos renunciem aos seus ganhos ilícitos é frequentemente explicado com base no fato de que isso lhes suprime um incentivo para cometer condutas contrárias ao ordenamento"[610].

Nessa linha, Mathias Siems afirma que, embora o lucro do ofensor seja desconsiderado pelos remédios jurídicos ortodoxos disponíveis na maioria dos ordenamentos jurídicos para casos de inadimplementos contratuais, é inaceitável que exista realmente um "monopólio da compensação"[611] – isto é, que a indenização sirva sempre, única e exclusivamente, para compensar a vítima. Em decisão histórica sobre o tema, a Câmara dos Lordes do Reino Unido (tribunal que antecedeu a Suprema Corte do Reino Unido[612]) decidiu, no ano 2000, que a indenização em matéria de *breach of contract* poderia ser calculada conforme os ganhos do inadimplente[613].

No precedente paradigmático Attorney-General v. Blake, decidiu-se que George Blake, ex-agente secreto britânico que vendeu segredos à União Soviética e, após, escreveu um livro de memórias, não poderia receber os *royalties* da sua obra em Moscou, onde vivia como refugiado[614]. Em resumo, o tribunal concluiu que Blake havia "assumido contratualmente com a Coroa em 1944 o compromisso de não divulgar qualquer informação, confidencial ou não, obtida durante a sua atuação como agente do serviço secreto"[615].

[610] ROSENVALD, Nelson. **A responsabilidade civil pelo ilícito lucrativo** – o disgorgement e a indenização restitutória. Salvador: Editora JusPodivm, 2019. p. 60-61.

[611] SIEMS, Mathias. Disgorgement of Profits for Breach of Contract: A Comparative Analysis. **Edinburgh Law Review**. Edimburgo, v. 7, n. 1, p. 27-59, jan. 2003. p. 27.

[612] Em outubro de 2009, a Suprema Corte substituiu o *Appellate Committee* da Câmara dos Lordes, passando a atuar como o tribunal de maior hierarquia no Reino Unido. Informações disponíveis em: <https://www.supremecourt.uk/about/the-supreme-court.html>. Acesso em: 16/07/2020.

[613] SHAVELL, Steven. **Foundations of economic analysis of law**. Cambridge (USA): Belknap Press of Harvard University Press, 2004. p. 398-399.

[614] SIEMS, Mathias. Disgorgement of Profits for Breach of Contract: A Comparative Analysis. **Edinburgh Law Review**. Edimburgo, v. 7, n. 1, p. 27-59, jan. 2003. p. 30.

[615] DIAZ, Júlio Alberto. Possíveis contribuições do Common Law em matéria de estimação da indenização pelo descumprimento contratual. In: CUNHA, Alexandre dos Santos (coord.). **O direito da empresa e das obrigações e o novo Código Civil brasileiro:**

Ainda que a Coroa não tivesse sofrido qualquer perda econômica como consequência do inadimplemento, a ação foi julgada procedente para condenar Blake ao pagamento de indenização correspondente ao lucro obtido com a publicação da sua obra[616]. Ou seja: a extensão do dano não foi considerada para fins de cálculo da indenização devida. Com base neste precedente[617], a Câmara dos Lordes passou a admitir a quantificação da indenização com base nos ganhos, ou parte deles, obtidos pelo inadimplente em determinados casos de descumprimento contratual[618].

Júlio Alberto Diaz afirma que essa decisão "rompe com a tradição milenar, constituída em pedra basilar do sistema, que estabelece o modesto objetivo de apenas compensar a vítima pelos danos efetivamente sofridos"[619]. O direito inglês denomina essa modalidade de indenização de *equitable account,* que corresponde à conta matemática que utiliza o valor do lucro como base para cálculo de determinada obrigação[620].

Tal entendimento foi replicado pela Chancery Division of the High Court of Justice inglesa no precedente Esso Petroleum Co Ltd v. Niad, envolvendo acordo de fixação de preço de gasolina, em face da ina-

anais do congresso Ítalo Luso Brasileiro de direito civil (2004) direito GV. São Paulo: Quartier Latin, 2006. p. 402.

616 ROSENVALD, Nelson. **A responsabilidade civil pelo ilícito lucrativo** – o disgorgement e a indenização restitutória. Salvador: Editora JusPodivm, 2019. p. 70-71.

617 Vale mencionar que este precedente fomentou a discussão doutrinária, no Reino Unido, no sentido de que inadimplementos contratuais também poderiam ensejar danos punitivos. Afinal, a indenização concedida neste caso não foi compensatória. ROWAN, Solène. Reflections on the Introduction of Punitive Damages for Breach of Contract. **Oxford Journal of Legal Studies**, Oxford, v. 30, n. 3, p. 495-517, jul. 2010. p. 498-499.

618 SIEMS, Mathias. Disgorgement of Profits for Breach of Contract: A Comparative Analysis. **Edinburgh Law Review**. Edimburgo, v. 7, n. 1, p. 27-59, jan. 2003. p. 33.

619 DIAZ, Júlio Alberto. Possíveis contribuições do Common Law em matéria de estimação da indenização pelo descumprimento contratual. In: CUNHA, Alexandre dos Santos (coord.). **O direito da empresa e das obrigações e o novo Código Civil brasileiro**: anais do congresso Ítalo Luso Brasileiro de direito civil (2004) direito GV. São Paulo: Quartier Latin, 2006. p. 402.

620 ANDREWS, Neil. **Contract law**. New York: Cambridge, 2011. p. 541.

dequação de indenização meramente compensatória[621]. Segundo Neil Andrews, a finalidade da indenização, nestes casos excepcionais, não é ressarcir a parte lesada, mas sim impedir que o inadimplente se beneficie economicamente do descumprimento[622].

Os Estados Unidos possuem precedente similar, qual seja, Snepp v. United States, no qual um membro da CIA publicou, sem autorização, livro sobre as atividades da instituição no Vietnã[623]. Embora não tivessem sido revelados quaisquer informações secretas, a Suprema Corte americana decidiu que Snepp deveria pagar indenização a título de lucro da intervenção para ser privado dos proveitos econômicos advindos da publicação, já que ele havia acordado que jamais forneceria qualquer informação ou divulgaria qualquer material da CIA sem aprovação prévia.

Neste julgado, a Suprema Corte americana optou pelo lucro da intervenção em detrimento de danos punitivos, sob a premissa de que o primeiro remédio seria mais seguro e voltado a dissuadir pessoas que possam colocar em risco informações sensíveis, ao passo que o último é especulativo e desassociado do prejuízo irreparável do governo e do benefício injusto obtido pelo ofensor. Sob essa perspectiva, seria justificável majorar o *quantum* indenizatório decorrente da quebra de contrato nas hipóteses em que o inadimplente auferiu significativa quantia com o descumprimento, desconsiderando-se a extensão dos danos do contratante lesado (o que obviamente não se confunde com os danos punitivos vistos no capítulo anterior[624]).

A propósito, Gisela Sampaio da Cruz Guedes chama a atenção para o fato de que, excepcionalmente, os tribunais brasileiros levam em consideração o lucro obtido pelo ofensor ao causar o dano para fins de fixação da indenização[625]. Nesse sentido, o STJ aplicou entendimento semelhante

[621] [2001] EWHC 6 (Ch)

[622] ANDREWS, Neil. **Contract law**. New York: Cambridge, 2011. p. 541.

[623] SIEMS, Mathias. Disgorgement of Profits for Breach of Contract: A Comparative Analysis. **Edinburgh Law Review**. Edimburgo, v. 7, n. 1, p. 27-59, jan. 2003. p. 33-34.

[624] ROSENVALD, Nelson. **A responsabilidade civil pelo ilícito lucrativo** – o disgorgement e a indenização restitutória. Salvador: Editora JusPodivm, 2019. p. 67.

[625] GUEDES, Gisela Sampaio da Cruz. **Lucros cessantes**: do bom senso ao postulado

quando do julgamento do Recurso Especial n. 1.698.701/RJ, decorrente de ação indenizatória movida pela atriz Giovanna Antonelli contra uma farmácia de manipulação[626]. A pretensão indenizatória estava lastreada no uso não autorizado do seu nome e da sua imagem em campanha publicitária, tendo sido requerida a "restituição de todos os benefícios econômicos que a ré obteve na venda dos produtos atrelados ao nome e à imagem da autora, a serem apurados em liquidação de sentença".

Em primeiro grau, a farmácia foi condenada ao pagamento de danos morais de R$ 30 mil, além do valor "que se obteria pela utilização autorizada da sua imagem". A sentença foi retificada em sede de embargos declaratórios, para que o montante da condenação correspondesse a "todos os benefícios econômicos que a parte ré teria obtido na venda de seus produtos".

Contudo, em sede de apelação, o lucro obtido pela farmácia foi o critério estabelecido para cálculo da indenização, tendo sido decidido que a autora faria jus ao "montante correspondente ao lucro da intervenção", fixado em 5% ao volume de vendas do produto que fora objeto da publicidade, no período compreendido entre o início da publicidade e a sua cessação. Na mesma oportunidade, também foi majorada a condenação ao pagamento de danos morais para R$ 50 mil[627].

normativo da razoabilidade. São Paulo: Revista dos Tribunais, 2011. p. 193.

[626] REsp 1698701/RJ, Rel. Ministro RICARDO VILLAS BÔAS CUEVA, TERCEIRA TURMA, julgado em 02/10/2018, DJe 08/10/2018.

[627] Sobre este ponto, retoma-se as indagações feitas ao longo deste livro, no sentido de que os danos morais são, inúmeras vezes, deturpados para fins de concessões de indenizações maiores. Assim, indaga-se se o prejuízo moral incorrido pela autora da ação efetivamente alcança este patamar, sobretudo considerando que a morte de familiares costuma ser compensada pelo STJ (pelo menos em julgados recentes) com indenizações entre R$ 60 mil a R$ 300 mil (a depender das particularidades do caso concreto), ou se a sua aplicação se deu em virtude da gravidade da conduta ou do lucro obtido pela empresa às custas da imagem da autora. Afinal, o dano oriundo da morte de um familiar certamente é mais profundo e extenso do que o dano experimentado por uso indevido de imagem, independentemente das circunstâncias fáticas de ambos os casos. Sobre reparações de dano moral decorrentes de morte, veja-se, exemplificativamente, os seguintes julgados: "Somente em hipóteses excepcionais, quando estiver evidente que os danos morais foram fixados em montante irrisório ou exorbitante, é possível a esta Corte rever o valor arbitrado pelas instâncias ordinárias com esteio nos deslindes

Ao apreciar a questão, a Terceira Turma do STJ afirmou que "não é razoável deixar ao arbítrio do julgador a fixação de um percentual aleatório a título de lucro da intervenção", concluindo que um profissional dotado de melhores condições técnicas deve aferir, em fase de

fáticos da controvérsia. Na hipótese, os danos morais decorrentes da morte de detento em unidade prisional foram fixados em R$ 50.000,00 pelo Tribunal de origem; valor que não extrapola os limites da razoabilidade." AgRg no AREsp 748.412/SC, Rel. Ministro NAPOLEÃO NUNES MAIA FILHO, PRIMEIRA TURMA, julgado em 26/06/2018, DJe 02/08/2018. "No caso dos autos, é insuficiente a cifra de R$ 30.000,00 (trinta mil reais) para a morte de preso em estabelecimento prisional. Majoração do valor para R$ 60.000,00 (sessenta mil reais), com amparo em precedentes de situação semelhante."AgInt no AREsp 812.782/PR, Rel. Ministro OG FERNANDES, SEGUNDA TURMA, julgado em 17/10/2018, DJe 23/10/2018. O Superior Tribunal de Justiça, afastando a incidência da Súmula nº 7/STJ, tem reexaminado o montante fixado pelas instâncias ordinárias, a título de danos morais, apenas quando irrisório ou abusivo, circunstâncias inexistentes no presente caso, em que arbitrada a indenização no valor de R$ 78.800,00 (setenta e oito mil e oitocentos reais), decorrente do falecimento do genitor dos recorrentes em acidente de trânsito." AgInt no AREsp 1264724/SP, Rel. Ministro RICARDO VILLAS BÔAS CUEVA, TERCEIRA TURMA, julgado em 21/08/2018, DJe 31/08/2018. "No caso, o valor da indenização por danos morais, arbitrado em R$ 100.000,00 (cem mil reais), nem é exorbitante nem desproporcional aos danos sofridos pela agravada, tendo em vista a morte de seu filho recém-nascido por infecção hospitalar." AgInt no AREsp 747.320/DF, Rel. Ministro LÁZARO GUIMARÃES (DESEMBARGADOR CONVOCADO DO TRF 5ª REGIÃO), QUARTA TURMA, julgado em 14/08/2018, DJe 22/08/2018. "A Corte local, considerando as peculiaridades do caso concreto (profundo sofrimento dos pais decorrente do evento danoso morte), reputou adequada a indenização por danos morais no montante de R$ 100.000,00 (cem mil reais) para cada, quantia que não se afigura exorbitante, o que torna inviável o apelo especial, nos termos do Enunciado n. 7 da súmula do STJ." AgInt no AREsp 1258616/SP, Rel. Ministro MARCO AURÉLIO BELLIZZE, TERCEIRA TURMA, julgado em 26/06/2018, DJe 29/06/2018. "No caso, ainda que se considere a aflição experimentada pela recorrida e a gravidade dos prejuízos imateriais por ela suportados, indenização originalmente arbitrada (em R$ 500.000,00 - quinhentos mil reais) deve ser reduzida para o valor de R$ 200.000,00 (duzentos mil reais)." REsp 1677955/RJ, Rel. Ministro RICARDO VILLAS BÔAS CUEVA, TERCEIRA TURMA, julgado em 18/09/2018, DJe 26/09/2018. "No caso, o valor da indenização por danos morais, arbitrado em R$ 300.000,00 (trezentos mil reais), nem é exorbitante nem desproporcional aos danos sofridos pelo agravado, tendo em vista a morte da paciente, sua esposa, em face da deficiência do tratamento que lhe foi dispensado." AgInt no AREsp 1056650/SP, Rel. Ministro LÁZARO GUIMARÃES (DESEMBARGADOR CONVOCADO DO TRF 5ª REGIÃO), QUARTA TURMA, julgado em 21/08/2018, DJe 24/08/2018.

liquidação de sentença, o verdadeiro acréscimo patrimonial obtido pela empresa – autorizando o perito a encontrar "o melhor método de quantificação do que foi auferido"[628]. Assim, ainda que a função da responsabilidade civil seja ressarcitória, isso não impediu que o STJ analisasse a situação do ofensor para fins de concessão de indenização no caso suprareferido – situação semelhante aos casos em que são concedidas indenizações com caráter nitidamente punitivo, como visto anteriormente.

Outrossim, o instituto do lucro da intervenção tem sido aplicado para fins de cálculo dos lucros cessantes devidos no campo da propriedade intelectual, tendo em vista que "este tem sido um dos setores em que a responsabilidade civil mais tem falhado ou se mostrado insuficiente"[629]. Especificamente, o artigo 210 da Lei n. 9.279/1996 (doravante denominada "Lei de Propriedade Industrial")[630] determina que os lucros cessantes serão determinados pelo critério mais favorável ao prejudicado, podendo ser (i) os benefícios que ele teria auferido não fosse a violação, (ii) os benefícios auferidos pelo autor da violação (critério do lucro da intervenção) ou (iii) a remuneração que o autor da violação teria pago ao titular do direito violado para explorar o bem[631].

[628] Para balizar os trabalhos periciais, o acórdão estabeleceu os seguintes critérios: "a) apuração do quantum debeatur com base no denominado lucro patrimonial; b) delimitação do cálculo ao período no qual se verificou a indevida intervenção no direito de imagem da autora; c) aferição do grau de contribuição de cada uma das partes mediante abatimento dos valores correspondentes a outros fatores que contribuíram para a obtenção do lucro, tais como a experiência do interventor, suas qualidades pessoais e as despesas realizadas, e d) distribuição do lucro obtido com a intervenção proporcionalmente à contribuição de cada partícipe da relação jurídica.".

[629] GUEDES, Gisela Sampaio da Cruz. **Lucros cessantes**: do bom senso ao postulado normativo da razoabilidade. São Paulo: Revista dos Tribunais, 2011. p. 195.

[630] A referida legislação regulamenta os direitos e obrigações relativos à propriedade industrial.

[631] Artigo. 210, Lei de Propriedade Industrial. Os lucros cessantes serão determinados pelo critério mais favorável ao prejudicado, dentre os seguintes: I - os benefícios que o prejudicado teria auferido se a violação não tivesse ocorrido; ou II - os benefícios que foram auferidos pelo autor da violação do direito; ou III - a remuneração que o autor da violação teria pago ao titular do direito violado pela concessão de uma licença que lhe permitisse legalmente explorar o bem.

Segundo Sérgio Savi, este dispositivo contém erro técnico, já que não se trata de lucros cessantes: os benefícios auferidos pelo autor da violação não correspondem aos lucros que a vítima razoavelmente deixou de lucrar[632]. De forma semelhante, Gisela Sampaio da Cruz Guedes critica a abordagem da Lei de Propriedade Industrial, pois o instituto não seria um "critério legítimo" para fixação de lucros cessantes, eis que considera apenas a situação do ofensor, e não da vítima[633].

Ainda assim, a referida jurista questiona se não seria possível aplicar o mesmo critério em outras searas do direito, quando verificada a mesma dificuldade enfrentada no campo da propriedade intelectual[634] – respondendo, ao final, negativamente[635], ao defender que o lucro por intervenção só poderia ser utilizado quando expressamente previsto em lei, sob pena de desvirtuar a própria função da responsabilidade civil[636]. Para ilustrar a aplicação do instituto no âmbito de litígios envolvendo propriedade

632 SAVI, Sérgio. **Responsabilidade civil do enriquecimento sem causa**. São Paulo: Atlas, 2012. p. 84-85.

633 GUEDES, Gisela Sampaio da Cruz. **Lucros cessantes**: do bom senso ao postulado normativo da razoabilidade. São Paulo: Revista dos Tribunais, 2011. p. 198.

634 Ibid., p. 203.

635 Para melhor compreender os seus fundamentos, convém transcrever os comentários de Gisela Sampaio da Cruz Guedes ao se posicionar de forma contrária ao artigo 210 da Lei de Propriedade Industrial (e ao instituto do lucro da intervenção): "O problema todo é que, a rigor, o lucro da intervenção é tema próximo do direito restituitório, e não da responsabilidade civil, daí o dispositivo causar tamanho embaraço à doutrina, embora a jurisprudência o aplique sem grandes reflexões, salientado apenas que os critérios ali indicados não são cumulativos e que o direito ao sigilo contábil não pode servir de obstáculo para o exercício do direito de ação, também constitucionalmente assegurado. Algumas decisões chegam a falar em 'prejuízo presumido' e em 'responsabilidade *in re ipsa*', mas a maioria apenas remete ao art. 210 da Lei 9.279/1996 sem discutir seu fundamento. Já a doutrina, como foi visto, manifesta um enorme estranhamento, especialmente por conta da sua incompatibilidade com a fórmula da equivalência que deve, tanto quanto possível, orientar a reparação do dano patrimonial, e também assim a dos lucros cessantes, ainda que por estimativa. A função dos lucros cessantes na responsabilidade civil é flagrantemente reparatória, não sendo, portanto, recomendável introduzir na aferição desta faceta do dano patrimonial critérios que sequer são afeitos à responsabilidade civil, sob pena de a reparação dos lucros cessantes se transformar numa verdadeira *caixa de Pandora* que, embora incite a curiosidade, é sempre preferível não tocar.". Ibid., p. 221-223.

636 Ibid., p. 212.

intelectual, convém mencionar o caso Apple Inc. v. Samsung Electronics Co.[637], em que a Suprema Corte Americana condenou a Samsung a pagar indenização milionária à Apple correspondente a todo o lucro auferido com a comercialização de smartphones idênticos ao *iphone*.

No âmbito do direito brasileiro, veja-se, por exemplo, o caso envolvendo o famigerado contrato firmado entre o cantor Zeca Pagodinho e a marca Schincariol. Logo após a divulgação da propaganda contratada pela Schincariol, o cantor celebrou outro contrato com a empresa concorrente Brahma, participando de outro comercial na qual fez alusão, de maneira depreciativa, à campanha anterior. A questão foi levada ao Poder Judiciário em ação movida pelas empresas de publicidade que representavam a Schincariol contra a agência de publicidade contratada pela Brahma[638], arguindo concorrência desleal.

A ação foi julgada procedente, com condenação por danos morais fixados em primeiro grau em R$ 500 mil e R$ 100 mil para cada autora, respectivamente, além de danos materiais correspondentes ao benefício que as agências autoras teriam auferido se a violação não tivesse ocorrido, a ser apurado em fase de liquidação. Em sede de apelação, o Tribunal de Justiça do Estado de São Paulo ("TJSP") alterou a rubrica das indenizações para danos materiais (excluindo a indenização por danos morais).

Assim, com base no artigo 210 da Lei de Propriedade Intelectual, o acórdão autorizou que as autoras escolhessem o critério mais benéfico de cálculo dos lucros cessantes após apuração da liquidação de sentença (critério fixado em sentença ou lucro da intervenção, isto é, lucro que foi auferido pela empresa que violou o direito). O STJ reformou novamente a decisão, por maioria[639], apenas no que tange a condenação dos danos morais, reestabelecendo o *quantum* fixado na sentença[640].

[637] Samsung Electronics Co. v. Apple Inc., 580 U.S. ___ (2016)

[638] O sócio-fundador da empresa também era réu da ação, mas foi excluído da lide em sentença, em decisão confirmada pelo Tribunal estadual, por ilegitimidade passiva.

[639] Foi vencido o Relator, Ministro Paulo de Tarso Sanseverino, que determinava que o critério de cálculo dos danos materiais fosse escolhido pelas autoras na petição inicial da fase de cumprimento de sentença, bem como indeferia o pedido de fixação de danos morais, conforme posicionamento do Tribunal paulista.

[640] REsp 1316149/SP, Rel. Ministro PAULO DE TARSO SANSEVERINO, TERCEIRA

Assim, restou mantida a condenação fundada no artigo 210 da Lei de Propriedade Intelectual, o que autoriza as autoras a calcularem (i) o lucro da intervenção e (ii) o benefício que elas teriam auferido se não fosse a violação, para, após, escolherem o mais benéfico. O que se percebe é que o critério do lucro da intervenção já é utilizado no direito brasileiro para fins de cálculo de indenizações, com base em legislação especial aplicável a litígios de propriedade intelectual.

Vale mencionar que, além do processo envolvendo as agências publicitárias, a Schincariol processou a Ambev (proprietária da Brahma) e o Zeca Pagodinho em outros dois processos, também julgados em grau recursal pelo TJSP. No primeiro deles, movido contra a empresa, também se discutiu a ocorrência ou não de concorrência desleal, havendo condenação ao pagamento de danos materiais correspondentes aos gastos não usufruídos com a campanha e danos morais de R$ 200 mil[641].

No segundo processo, por outro lado, foi reconhecido o inadimplemento contratual do Zeca Pagodinho, tendo em vista a desconsideração da cláusula de exclusividade prevista no contrato celebrado com a Schincariol, vigente quando da veiculação do comercial da Brahma[642]. Assim, o cantor foi condenado a restituir parte do valor recebido, de R$ 600 mil, a ser apurado em liquidação de sentença, com base nas obrigações que foram efetivamente cumpridas, além de multa de 20% sobre o valor do contrato[643], bem como danos morais de R$ 420 mil[644].

TURMA, julgado em 03/06/2014, DJe 27/06/2014.

[641] TJSP; Apelação 9112793-79.2007.8.26.0000; Relator (a): J.L. Mônaco da Silva; Órgão Julgador: 5ª Câmara de Direito Privado; Foro Central Cível - 24.VARA CIVEL; Data do Julgamento: 12/06/2013; Data de Registro: 25/06/2013.

[642] TJSP; Apelação 7.155.293-9; Relator Pedro Alexandrina Ablas; Órgão Julgador: 14ª Câmara de Direito Privado; Foro Central Cível - 36.VARA CIVEL; Data do Julgamento: 09/04/2008.

[643] Conforme consta no acórdão, o contrato celebrado entre as partes previa que, na hipótese de inadimplemento culposo do contrato, o cantor deveria restituir a quantia recebida de R$ 600 mil, bem como pagar multa. O Tribunal de Justiça do Estado de São Paulo reduziu a multa aplicada em primeiro grau para 20% do valor do contrato. Não há maiores informações na decisão sobre o que havia sido estipulado em contrato.

[644] Especificamente quanto à condenação a título de danos morais, veja-se que o acórdão consignou expressamente que tal rubrica não está sujeita a qualquer limitação (em con-

Comentando essa decisão, Júlio Alberto Diaz afirma que, do ponto de vista econômico, tal descumprimento contratual poderia ser considerado eficiente, pois o cantor poderia indenizar os danos causados à Schincariol e ainda assim auferir lucro com os valores recebidos pela Brahma[645]. Descumprimentos contratuais dessa natureza, embora contrários ao direito, são considerados eficientes e, até mesmo, aconselháveis do ponto de vista financeiro.

É o que a doutrina da análise econômica do direito denomina de *efficient breach*[646] (ou, em tradução livre, inadimplemento eficiente). Nesses casos, indaga-se se o cálculo da indenização não deveria se valer do critério do lucro da intervenção, a fim de impedir o lucro em detrimento dos compromissos assumidos.

Afinal, como bem constatou o TJSP ao analisar o inadimplemento contratual do Zeca Pagodinho: "[o] interesse egoístico, a quebra da lealdade e confiança, com infringência do princípio da obrigatoriedade contratual, importaram em rompimento deliberado do contrato e prejuízos à outra parte"[647]. Nesse contexto, o conhecido brocardo "one does not buy a right to damages, one buys a horse"[648] demonstra que o contra-

sonância com parte do posicionamento da doutrina e da jurisprudência, como vimos no item 2.2.1), valendo-se de critérios tipicamente punitivos. Vejamos excerto da decisão: "A autora sofreu sérios transtornos, considerados os graves aborrecimentos sofridos com os diversos atentados à sua honra objetiva, inexistindo legislação de qualquer natureza que limite o valor da indenização para a reparação por dano moral, devendo o quantum indenizatório ser proporcional à gravidade do dano, e à condição econômica das partes, afigurando-se adequada e moderada à espécie a indenização por dano moral em quantia equivalente a 1.000 (mil) salários mínimos, ou seja, R$ 420.000,00 (quatrocentos e vinte mil reais).".

645 DIAZ, Júlio Alberto. Possíveis contribuições do Common Law em matéria de estimação da indenização pelo descumprimento contratual. In: CUNHA, Alexandre dos Santos (coord.). **O direito da empresa e das obrigações e o novo Código Civil brasileiro**: anais do congresso Ítalo Luso Brasileiro de direito civil (2004) direito GV. São Paulo: Quartier Latin, 2006. p. 398.

646 BARBOSA, Ana Beatriz Nunes. Consequentialism and the efficient breach theory. **Revista de Direito Empresarial** - IBMEC, Rio de Janeiro, v. 1, p. 171-189, 2003. p. 179.

647 TJSP; Apelação 7.155.293-9; Relator Pedro Alexandrina Ablas; Órgão Julgador: 14ª Câmara de Direito Privado; Foro Central Cível - 36.VARA CIVEL; Data do Julgamento: 09/04/2008.

648 Em tradução livre: a pessoa não compra o direito a receber indenização, ela compra um cavalo.

tante tem expectativa da performance, e não do seu valor correspondente (sobretudo em caso de violação à cláusula de exclusividade), de modo que a sociedade deve ser encorajada a adimplir suas obrigações contratuais[649]. Dito isso, o mero ressarcimento dos danos seria suficiente para resolver litígios tais quais este em análise?

Embora do ponto de vista econômico o inadimplemento contratual não esteja vinculado a questões de ordem moral, a doutrina tradicional costuma aproximar essas figuras, em atenção aos princípios *pacta sunt servanda* e boa-fé objetiva[650]. Nesse sentido, Mariana Pargendler afirma que a máxima *pacta sunt servanda*, herdada do direito canônico, representa a ideia de que um contrato possui tanto uma obrigação legal quanto moral[651] – o que pode justificar o alto valor da condenação do cantor Zeca Pagodinho arbitrada pelo Tribunal paulista, em especial a título de danos morais.

Ainda sobre este caso concreto, Júlio Alberto Diaz ressalva que seria possível considerar que a Brahma cometeu ato ilícito ao induzir o rompimento do pacto celebrado entre Zeca Pagodinho e Schincariol, o que recomendaria que eventual condenação fosse calculada com base nos "lucros obtidos graças à campanha publicitária infiel"[652], tal como ocorreu no julgamento do STJ envolvendo somente as agências publicitárias.

[649] SIEMS, Mathias. Disgorgement of Profits for Breach of Contract: A Comparative Analysis. **Edinburgh Law Review**. Edimburgo, v. 7, n. 1, p. 27-59, jan. 2003. p. 53.

[650] Sobre a aplicação do princípio da boa-fé em matéria de contratos, João de Matos Antunes Varela leciona que: "Assim ampliado e fortalecido, o princípio da boa-fé torna-se, no direito português, um manancial inesgotável de deveres acessórios de conduta, quer dentro, quer fora do contrato, quer na realização do interesse para que directamente aponta a prestação devida, quer na tutela de todos os demais interesses do credor e do devedor envolvidos na relação obrigacional". VARELA, João de Matos Antunes. **Das obrigações em geral.** V. II. 7 ed. Coimbra: Livraria Almedina, 1997. p. 14.

[651] PARGENDLER, Mariana Souza. The Role of the State in Contract Law: The Common-Civil Law Divide. **Yale Journal of International Law**, New Haven, v. 43, n. 1, p. 143-189, mar/2018. p. 148.

[652] DIAZ, Júlio Alberto. Possíveis contribuições do Common Law em matéria de estimação da indenização pelo descumprimento contratual. In: CUNHA, Alexandre dos Santos (coord.). **O direito da empresa e das obrigações e o novo Código Civil brasileiro**: anais do congresso Ítalo Luso Brasileiro de direito civil (2004) direito GV. São Paulo: Quartier Latin, 2006. p. 398.

Diante disso, parece coerente restringir o escopo de aplicação do lucro da intervenção somente ao âmbito da Lei de Propriedade Intelectual?

A sistemática atual do ordenamento jurídico impede que a empresa Schincariol seja ressarcida da mesma forma que sua agência de publicidade foi, ainda que ambas as ações envolvam o mesmo fato, apenas porque uma delas discute inadimplemento contratual e a outra discute violação de propriedade intelectual. Assim, quer parecer que este mesmo critério pode e deve ser discutido em outras áreas do direito, evitando-se tratamento diferenciado para casos iguais[653], em nítida situação de injustiça.

Além da controvérsia quanto à sua aplicabilidade, o lucro da intervenção encontra outra dificuldade: o seu enquadramento jurídico. Isso porque ele aproxima os institutos da responsabilidade civil lato senso e do enriquecimento sem causa, situando-se em uma "área de confrontação" entre eles[654].

De um lado, o lucro da intervenção viola a função primordial da responsabilidade civil, qual seja, o ressarcimento do dano (como visto com detalhes no início desta obra), o que poderia obstar a sua caracterização como tal. Mas, de outro lado, o lucro da intervenção também não se encaixa no conceito legal de enriquecimento sem causa, já que este exige enriquecimento "à custa de outrem" e visa à "remoção do enriquecimento do patrimônio do beneficiado"[655], enquanto aquele visa à remoção do patrimônio do ofensor, ainda que a vítima não tenha tido

653 Vale referir que Nelson Rosenvald, em obra dedicada ao tema, se manifesta contrariamente à aplicação de lucro da intervenção na seara da responsabilidade contratual, com base nos seguintes fundamentos: (i) muitas violações de contrato seriam feitas por razões comerciais, (ii) "na busca de restituição, o demandante pode estar evitando as exigências do seu próprio dever de mitigar o prejuízo", (iii) "um prêmio de restituição é, na realidade, uma forma monetizada de desempenho específico, mas nem todos os contratos são especificamente executáveis", e (iv) existiriam dificuldades na apuração e diferenciação do lucro efetivamente gerado pelo inadimplemento do lucro "normal", que seria auferido independentemente do inadimplemento. ROSENVALD, Nelson. **A responsabilidade civil pelo ilícito lucrativo** – o disgorgement e a indenização restitutória. Salvador: Editora JusPodivm, 2019. p. 100.

654 SAVI, Sérgio. **Responsabilidade civil do enriquecimento sem causa**. São Paulo: Atlas, 2012. p. 10.

655 CAMPOS, Diogo Leite de. Enriquecimento sem causa, responsabilidade civil e nulidade. **Revista dos Tribunais**, São Paulo, v. 71, n. 560, p. 259-266, jun. 1982. p. 262.

nenhum prejuízo. Ou seja: o lucro da intervenção simplesmente não pode ser classificado como responsabilidade civil nem como enriquecimento sem causa sem desconsiderar o texto expresso do Código Civil[656].

Além disso, as semelhanças entre os regimes de enriquecimento sem causa e de responsabilidade civil[657] também prejudicam o enquadramento do lucro da intervenção, pois, conforme Pontes de Miranda, essa semelhança "começa na formação mesma dos suportes fáticos", já que em ambos há "alteração no estado de coisas entre o sujeito ativo e o sujeito passivo"[658]. Ante a dificuldade do tema, Sérgio Savi dedicou um livro exclusivamente para analisar o enquadramento dogmático do lucro da intervenção. Segundo o referido autor, a peculiaridade do seu trabalho é justamente analisar situações que

[656] Cumpre esclarecer que, para fins de classificação do lucro da intervenção como enriquecimento sem causa, é necessário superar texto também expresso do Código Civil, uma vez que o artigo 884 exige que o enriquecimento se dê "à custa de outrem", o que sabidamente não ocorre no lucro da intervenção. Para tanto, Sérgio Savi afirma que "[a] adoção do enriquecimento sem causa para solucionar o problema do lucro da intervenção pressupõe a superação da teoria unitária do deslocamento patrimonial e a adoção da teoria que propõe a divisão do instituto em diferentes categorias". SAVI, Sérgio. **Responsabilidade civil do enriquecimento sem causa.** São Paulo: Atlas, 2012. p. 145. Isso porque, segundo Luís Manuel Teles de Menezes Leitão, o enriquecimento sem causa, conforme corrente clássica, pressupõe dois requisitos: (i) deslocamento patrimonial direto entre duas pessoas, sendo que uma delas sofre um enriquecimento e a outra um empobrecimento, e (ii) ausência de causa jurídica para tanto. LEITÃO, Luís Manuel Teles de Menezes. O enriquecimento sem causa no novo código civil brasileiro. **Revista CEJ**, Brasília, n. 25, p. 24-33, abr./jun. 2004. p. 25. Consequentemente, se a lei pode ser "flexibilizada" para fins de enquadramento do lucro da intervenção como enriquecimento sem causa, porque não o fazê-lo para fins de enquadramento na responsabilidade civil?

[657] Apesar das similitudes, as pretensões de enriquecimento sem causa e responsabilidade civil são distintas, ainda que uma mesma hipótese possa configurar ambas. CAMPOS, Diogo Leite de. Enriquecimento sem causa, responsabilidade civil e nulidade. **Revista dos Tribunais**, São Paulo, v. 71, n. 560, p. 259-266, jun. 1982. p. 262. Nesse sentido, Pontes de Miranda explica que a diferença entre os institutos se deve ao fato de que nem o ato ilícito nem a culpa são requisitos para configuração de enriquecimento sem causa. MIRANDA, Francisco Cavalcanti Pontes de. **Tratado de direito privado**: parte especial, tomo 26. 3. ed. São Paulo: Revista dos Tribunais, 1984. p. 121.

[658] MIRANDA, Francisco Cavalcanti Pontes de. **Tratado de direito privado**: parte especial, tomo 26. 3. ed. São Paulo: Revista dos Tribunais, 1984. p. 122.

preencham simultaneamente os requisitos da responsabilidade civil e do enriquecimento sem causa[659].

Para resolver tal impasse, o artigo 886 do Código Civil[660] regulamenta o enriquecimento sem causa em caráter subsidiário, de modo que ele deve ser utilizado apenas quando inexistir outro remédio[661]. Ainda assim, Sérgio Savi afirma que este dispositivo não autoriza que o lucro da intervenção seja utilizado no escopo da responsabilidade civil, tendo em vista a sua função ressarcitória[662].

Nesse sentido, a Terceira Turma do STJ concluiu, no precedente anteriormente mencionado envolvendo a atriz Giovanna Antonelli e uma farmácia de manipulação, que a subsidiariedade do enriquecimento sem causa não obsta que haja cumulação de ações[663]. Simi-

659 SAVI, Sérgio. **Responsabilidade civil do enriquecimento sem causa**. São Paulo: Atlas, 2012. p. 65.

660 Artigo 886, Código Civil. Não caberá a restituição por enriquecimento, se a lei conferir ao lesado outros meios para se ressarcir do prejuízo sofrido.

661 Sobre a subsidiariedade do instituto do enriquecimento sem causa, Júlio Manuel Vieira Gomes afirma que a doutrina diverge sobre a sua imperatividade e extensão: determinados autores defendem sua subsidiariedade absoluta, outros a defendem quando outros remédios são inviáveis (embora existentes) e, ainda, alguns autores criticam a subsidiariedade, defendendo a possibilidade de escolha entre todos os remédios existentes. GOMES, Júlio Manuel Vieira. Unjust Enrichment: A Few Comparative Remarks. **European Review of Private Law**, Alphen aan den Rijn, v. 9, n. 2/3, p. 449–473, 2001. p. 463. Quanto a este último posicionamento, Luís Manuel Teles de Menezes Leitão relativiza tal regra, afirmando que "[n]ão parece existir, por isso, uma verdadeira subsidiariedade do enriquecimento sem causa, funcionando muitas vezes a invocação de tal regra como um "cripto argumento", destinado a evitar uma utilização desproporcionada da cláusula geral do art. 884.". LEITÃO, Luís Manuel Teles de Menezes. O enriquecimento sem causa no novo código civil brasileiro. **Revista CEJ**, Brasília, n. 25, p. 24-33, abr./jun. 2004. p. 25.

662 Nas palavras do jurista: "Diante da regra da subsidiariedade da ação de enriquecimento sem causa, ou melhor, valendo-se de uma leitura equivocada de tal regra, muitos doutrinadores deixam-se seduzir pela ideia de que a responsabilidade civil seria a única solução possível para o problema. (...) Contudo, é dogmaticamente inadequado aproximar o enriquecimento sem causa, cuja função é justamente remover o enriquecimento do patrimônio do ofensor, da responsabilidade civil, que tem por função primordial, repita-se, remover o dano sofrido pela vítima.". SAVI, Sérgio. **Responsabilidade civil do enriquecimento sem causa**. São Paulo: Atlas, 2012. p. 65-66.

663 Constou do acórdão que: "A subsidiariedade, portanto, não impede que se promova a

larmente, Diogo Leite de Campos leciona que, havendo concurso, pode-se aplicar simultaneamente os dispositivos que regulamentam responsabilidade civil e enriquecimento sem causa, sempre que o ofensor houver lucrado em montante superior ao dano efetivamente experimentado[664].

A propósito, note-se que o ordenamento jurídico português possui regra similar ao nosso Código Civil: o artigo 474 do Código Civil português[665] estabelece a subsidiariedade do enriquecimento sem causa em detrimento, por exemplo, do regramento das nulidades[666]. Todavia, Diogo Leite de Campos defende que tal regra não deve ser aplicada em caso de responsabilidade civil, em que se admite incidência concomitante de ambos os regramentos[667] – tal como decidido pelo STJ.

Isso porque o regime da responsabilidade civil (voltado tão somente à reparação de um dano) possui uma lacuna – referente aos efeitos do enriquecimento –, que poderia ser preenchida pelo enriquecimento sem causa. Em sua obra dedicada ao tema, Sérgio Savi propôs o enquadramento dogmático do lucro da intervenção justamente no regime de enriquecimento sem causa, sob o pretexto de que a principal função da responsabilidade civil é reparar o dano sofrido pela vítima, devendo respeitar o seu limite[668].

cumulação de ações, cada qual disciplinada por um instituto específico do Direito Civil, sendo perfeitamente plausível a formulação de pedido de reparação dos danos mediante aplicação das regras próprias da responsabilidade civil, limitado ao efetivo prejuízo suportado pela vítima, cumulado com o pleito de restituição do indevidamente auferido, sem justa causa, às custas do demandante." REsp 1698701/RJ, Rel. Ministro RICARDO VILLAS BÔAS CUEVA, TERCEIRA TURMA, julgado em 02/10/2018, DJe 08/10/2018.

664 CAMPOS, Diogo Leite de. Enriquecimento sem causa, responsabilidade civil e nulidade. **Revista dos Tribunais**, São Paulo, v. 71, n. 560, p. 259-266, jun. 1982. p. 265.

665 Artigo 474, Código Civil português. Não há lugar à restituição por enriquecimento, quando a lei facultar ao empobrecido outro meio de ser indemnizado ou restituído, negar o direito à restituição ou atribuir outros efeitos ao enriquecimento.

666 CAMPOS, Diogo Leite de. Enriquecimento sem causa, responsabilidade civil e nulidade. **Revista dos Tribunais**, São Paulo, v. 71, n. 560, p. 259-266, jun. 1982. p. 263.

667 Ibid., p. 265.

668 SAVI, Sérgio. **Responsabilidade civil do enriquecimento sem causa**. São Paulo: Atlas, 2012. p. 23 e 26.

Tal entendimento se coaduna com o enunciado n. 620 da VIII Jornada de Direito Civil, promovida pelo Centro de Estudos Judiciários do Conselho da Justiça Federal em abril de 2018, que dispõe que: "[a] obrigação de restituir o lucro da intervenção, entendido como a vantagem patrimonial auferida a partir da exploração não autorizada de bem ou direito alheio, fundamenta-se na vedação do enriquecimento sem causa"[669]. A Terceira Turma do STJ corroborou tal posicionamento ao concluir que a responsabilidade civil não é o instituto mais apropriado para regulamentar o lucro da intervenção, justamente em virtude das limitações da extensão do dano[670].

Segundo o voto do Ministro Ricardo Villas Bôas Cueva, "a responsabilidade civil não tutela nada além dos prejuízos efetivamente sofridos pela vítima do evento danoso", entendimento este que, naturalmente, impediria a aplicação do lucro da intervenção ou dano punitivo para remediar hipóteses de responsabilidade civil. Todavia, casos semelhantes ao da atriz Giovanna Antonelli, em que o pedido indenizatório não está atrelado ao lucro do ofensor, não são julgados ou enquadrados como enriquecimento sem causa, mas como típicos casos de responsabilidade civil[671].

Assim, questiona-se se um fato idêntico deveria dar azo à uma indenização a título de dano moral no âmbito da responsabilidade civil e, ao mesmo tempo, indenização a título de lucro da intervenção com

[669] Disponível em: <http://www.cjf.jus.br/cjf/corregedoria-da-justica-federal/centro-de-estudos-judiciarios-1/publicacoes-1/jornadas-cej/viii-enunciados-publicacao-site-com-justificativa.pdf>. Acesso em 16/07/2020.

[670] REsp 1698701/RJ, Rel. Ministro RICARDO VILLAS BÔAS CUEVA, TERCEIRA TURMA, julgado em 02/10/2018, DJe 08/10/2018.

[671] A título ilustrativo, o STJ concedeu indenização por danos morais por veiculação não autorizada de imagem, a despeito da ausência de prova de dano no seguinte julgado: AGRAVO INTERNO NOS EMBARGOS DE DECLARAÇÃO NO RECURSO ESPECIAL. AÇÃO DE INDENIZAÇÃO POR DANOS MORAIS. 1. VEICULAÇÃO DA IMAGEM DA AUTORA, SEM AUTORIZAÇÃO, PARA FINS COMERCIAIS. DEVER DE INDENIZAR. DANO IN RE IPSA. 2. AGRAVO INTERNO IMPROVIDO.1. É pacífica a jurisprudência desta Corte no sentido de que a publicação não autorizada de imagem de pessoa com fins econômicos ou comerciais gera o dever de indenização por danos morais, ainda que sem conotação ofensiva ou vexatória. 2. Agravo interno improvido. (AgInt nos EDcl no REsp 1631429/SC, Rel. Ministro MARCO AURÉLIO BELLIZZE, TERCEIRA TURMA, julgado em 13/03/2018, DJe 27/03/2018).

base no enriquecimento sem causa, como posicionamento sugerido[672], a depender da forma em que o autor delimita a lide e como o Judiciário a enfrenta. Afinal, relembra-se que o objetivo do presente livro é justamente questionar a necessidade de impor uma limitação às indenizações oriundas de responsabilidade contratual e de responsabilidade extracontratual.

Assim, se tal limite fosse flexibilizado para fins de aplicação de danos punitivos (o que, como vimos, já ocorre), por que também não o flexibilizar para autorizar lucro da intervenção como consequência da responsabilidade civil? Nesse caso, não há razão para enfrentar a problemática da classificação do lucro da intervenção como enriquecimento sem causa, já que a indenização superior ao valor do dano não seria um óbice a ser superado para fins do seu enquadramento no âmbito da responsabilidade civil.

Ademais, veja-se que, segundo Sérgio Savi, casos como os antes mencionados, envolvendo a Lei de Propriedade Industrial, devem ser resolvidos ou com base nos requisitos da responsabilidade civil ou com base nos requisitos do enriquecimento sem causa, a depender da existência de pedido de indenização baseado no lucro do interventor[673]. Ou seja, de acordo com o referido jurista, caberia ao autor optar, na inicial da ação indenizatória, pela pretensão reparatória ou restitutória.

[672] Também nesse sentido, Júlio Manuel Vieira Gomes afirma que parte da doutrina estrangeira reputa normal que o autor de uma ação tenha várias pretensões para um mesmo fato. GOMES, Júlio Manuel Vieira. Unjust Enrichment: A Few Comparative Remarks. **European Review of Private Law**, Alphen aan den Rijn, v. 9, n. 2/3, p. 449–473, 2001. p. 463. Similarmente, Sérgio Savi refere que a existência de "várias ações a partir de uma mesma premissa atende ao desejo de que todos os interesses afetados sejam adequadamente protegidos". SAVI, Sérgio. **Responsabilidade civil do enriquecimento sem causa**. São Paulo: Atlas, 2012. p. 119.

[673] Nas palavras do autor: "Mesmo em sede de direitos de propriedade industrial, o triplo método de cálculo da indenização deve ser 'destrinchado', separando o remédio apropriado para cada situação. Quanto a vítima do ato violador do direito de propriedade industrial requerer 'indenização' dos 'lucros cessantes' baseada nos lucros do interventor, não obstante a terminologia, estar-se-á diante de uma restituição que deveria observar regras do enriquecimento sem causa". SAVI, Sérgio. **Responsabilidade civil do enriquecimento sem causa**. São Paulo: Atlas, 2012. p. 88.

Entretanto, relembra-se que o STJ decidiu no julgado envolvendo as agências publicitárias dos comerciais de cerveja que a parte lesada pode escolher como gostaria de calcular a sua indenização após o fim da fase de liquidação de sentença (para que seja apurado o método mais vantajoso)[674]. Isso naturalmente impede que a escolha entre responsabilidade civil ou enriquecimento sem causa seja feita *a priori*, como sugere Sérgio Savi.

Afinal, primeiro é necessário que a ação seja julgada procedente (o que exige a aferição dos requisitos da responsabilidade civil ou do enriquecimento sem causa, que são distintos), para então se estabelecer se o lucro da intervenção será utilizado como critério de cálculo indenizatório. Assim, a desconsideração da extensão do dano na responsabilidade civil resolveria este relevante problema, viabilizando que comportamentos voltados tão somente à obtenção do lucro (em detrimento das obrigações contratuais assumidas) fossem devidamente reprimidos pelo ordenamento jurídico. Nesse sentido, Mathias Siems afirma que o lucro da intervenção não se enquadra na gestão de negócios nem no enriquecimento sem causa: ele é desencadeado simplesmente pelo descumprimento contratual[675] (ou seja, segundo o referido jurista, ele é classificado no âmbito da responsabilidade civil).

Outrossim, na Alemanha, violações de propriedade intelectual são resolvidas da mesma forma que no Brasil: a parte lesada pela violação de direitos autorais e patentes faz jus ao "método triplo de cálculo de indenizações"[676], podendo optar receber sua indenização (i) com base

[674] Na oportunidade, decidiu-se que: "Sendo incontroversa a existência do dano material, a dificuldade de se quantificá-lo a priori não pode ser obstáculo à justa indenização, de modo que a sua apuração deverá ser feita em sede de liquidação de sentença, segundo o critério que se mostrar mais favorável dentre os previstos nos incisos I e II do art. 210 da Lei 9.279/96." REsp 1316149/SP, Rel. Ministro PAULO DE TARSO SANSEVERINO, TERCEIRA TURMA, julgado em 03/06/2014, DJe 27/06/2014.

[675] SIEMS, Mathias. Disgorgement of Profits for Breach of Contract: A Comparative Analysis. **Edinburgh Law Review**. Edimburgo, v. 7, n. 1, p. 27-59, jan. 2003. p. 51.

[676] Segundo Volker Behr, este método de fixação de indenizações foi desenvolvido no Reichsgericht (Suprema Corte alemã durante o período imperial) no final do século XIX. BEHR, Volker. Myth and Reality of Punitive Damages in Germany. Pittsburgh, **Journal of Law and Commerce**, v. 24, p. 197-224, primavera, 2004-2005. p. 220.

nos danos efetivamente experimentados, fulcro nos §§ 251[677] e 252[678] do BGB, (ii) de acordo com o valor que receberia se o ofensor tivesse pedido por uma licença ou (iii) fundada no lucro da intervenção (isto é, no lucro que ofensor auferiu em decorrência da violação)[679]. Inicialmente, a justificativa dessa regra recaía sobre o critério da equidade; contudo, atualmente, ela se justifica para impedir que o ofensor fique em uma situação melhor violando direitos de propriedade intelectual do que adquirindo a adequada licença[680].

Os dois últimos métodos não são exclusivamente compensatórios: a sua finalidade é justamente apagar o lucro do ofensor – o que é abertamente reconhecido pelos tribunais alemães[681]. Assim, o BGH já afirmou que, para remediar o comportamento lesivo, a vítima da violação dos direitos de propriedade intelectual deve receber o lucro auferido por quem os violou.

Ainda assim, nos demais ramos do direito, a indenização deve ser fixada, em regra, nos limites do dano sofrido. Aliás, Mathias Siems

[677] § 251, BGB. (1) Soweit die Herstellung nicht möglich oder zur Entschädigung des Gläubigers nicht genügend ist, hat der Ersatzpflichtige den Gläubiger in Geld zu entschädigen. (2) Der Ersatzpflichtige kann den Gläubiger in Geld entschädigen, wenn die Herstellung nur mit unverhältnismäßigen Aufwendungen möglich ist. Die aus der Heilbehandlung eines verletzten Tieres entstandenen Aufwendungen sind nicht bereits dann unverhältnismäßig, wenn sie dessen Wert erheblich übersteigen. Em tradução livre: (1) Não sendo possível a restauração ou não sendo suficiente para compensar o credor, o responsável por pagar a indenização deve compensar o credor em dinheiro. (2) O responsável por pagar a indenização pode compensar o credor em dinheiro se a restauração somente for possível mediante o pagamento de despesas desproporcionais. As despesas incorridas como consequência do tratamento de um animal machucado não são desproporcionais apenas porque elas excedem significativamente o valor do animal.

[678] § 252, BGB. Der zu ersetzende Schaden umfasst auch den entgangenen Gewinn. Als entgangen gilt der Gewinn, welcher nach dem gewöhnlichen Lauf der Dinge oder nach den besonderen Umständen, insbesondere nach den getroffenen Anstalten und Vorkehrungen, mit Wahrscheinlichkeit erwartet werden konnte. Em tradução livre: O dano a ser compensando também engloba lucros perdidos. Esses lucros são considerados perdidos se, no curso normal de eventos ou em circunstâncias especiais, eles poderiam ser esperados, considerando-se as medidas e precauções adotadas.

[679] BEHR, Volker. Myth and Reality of Punitive Damages in Germany. Pittsburgh, **Journal of Law and Commerce**, v. 24, p. 197-224, primavera, 2004-2005. p. 220.

[680] Ibid., p. 220.

[681] Ibid., p. 220-221.

afirma que o caso Attorney General v. Blake provavelmente seria resolvido de forma diferente se julgado na Alemanha, pois dificilmente o lucro da intervenção seria concedido no direito privado[682].

Isso não impediu, entretanto, que a jurisprudência relativizasse essa regra em casos de violação de direitos de personalidade envolvendo empresas da área de mídia, permitindo que a indenização seja fixada com base no lucro pretendido ou no lucro realmente auferido[683]. Exemplo disso é o antes mencionado caso Caroline de Mônaco I, envolvendo Caroline de Mônaco e a revista Die Bunte, julgado pelo BGH em 1994 (VI ZR 56/94)[684]. No caso, discutia-se a veiculação de uma entrevista fictícia, que jamais havia sido concedida pela autora, além de fotos que a revista afirmou serem provenientes do seu álbum de família, que em verdade foram tiradas por *paparazzi*[685].

O Tribunal alemão reconheceu a violação ao direito de personalidade, mantendo a condenação estabelecida em primeiro grau de 30 mil marcos alemães, além de impor retratações públicas. Contudo, para fins de quantificação da indenização, o BGH não se preocupou com a extensão do dano sofrido, valendo-se de outros critérios, em especial a função preventiva da responsabilidade civil e a sua relação com os ganhos obtidos em decorrência da violação aos direitos de personalidade[686].

Especificamente, o BGH concluiu que, se a invasão ao direito de privacidade for perpetrada com intenção de auferir lucros, a ideia da prevenção exige que tais lucros sejam incluídos como fatores de determinação da indenização pecuniária[687]. Na decisão, foi ponderado que o

682 SIEMS, Mathias. Disgorgement of Profits for Breach of Contract: A Comparative Analysis. **Edinburgh Law Review**. Edimburgo, v. 7, n. 1, p. 27-59, jan. 2003. p. 47.

683 DAUNER-LIEB, Barbara; HEIDEL, Thomas; RING, Gerhard. **BGB Schuldrecht**: §§ 241 – 610. 2. ed. Baden-Baden: Nomos, 2012. p. 89.

684 Disponível em: <https://www.jurion.de/urteile/bgh/1994-11-15/vi-zr-56_94>. Acesso em 16/07/2020.

685 MÖLLER, Reinhard. **Das Präventionsprinzip des Schadensrechts**. Berlin: Duncker & Humblot, 2006. p. 172.

686 SIEMS, Mathias. Disgorgement of Profits for Breach of Contract: A Comparative Analysis. **Edinburgh Law Review**. Edimburgo, v. 7, n. 1, p. 27-59, jan. 2003. p. 35.

687 No idioma original, a decisão dispôs que: "Erfolgt der Einbruch in das Persönlich-

valor da indenização não poderia ser alto a ponto de restringir a liberdade de imprensa, mas também não poderia autorizar que uma pessoa fosse usada insensivelmente como objeto de marketing com a única finalidade de lucrar (como era o caso em discussão).

Após o julgamento pelo BGH, o caso retornou ao Tribunal de Apelação de Hamburgo para deliberação final, oportunidade em que o *quantum* indenizatório foi revisto e fixado no patamar de 180 mil marcos alemães – maior montante até então concedido por um tribunal alemão para violações de direitos de personalidade[688]. Volker Behr aponta que, além do alto valor, esta decisão inovou ao (i) divergir de precedentes sobre o mesmo tema (em que foram concedidas indenizações em montante inferior), bem como (ii) utilizar argumento punitivo para impedir que as revistas seguissem praticando atos similares em busca de lucros[689].

Cabe comentar que essa decisão do BGH guarda semelhanças com o recente precedente do STJ no caso envolvendo a atriz Giovanna Antonelli, uma vez que, neste último julgado, a indenização foi fixada com base no acréscimo patrimonial obtido pela farmácia em decorrência da veiculação não autorizada da imagem da atriz[690]. Todavia, diferentemente do tribunal alemão, que parece ter arbitrado um valor genérico de indenização, agravado pelo lucro auferido pela revista, o STJ utilizou critério mais preciso, ao determinar que o exato montante do lucro da farmácia fosse calculado em liquidação de sentença.

O que se percebe é que existe uma tendência dos tribunais de resguardar outros interesses que não puramente compensatórios – o que não necessariamente implica deturpação da finalidade da responsabi-

keitsrecht des Betroffenen vorsätzlich mit dem Ziel der Auflagensteigerung und Gewinnerzielung, dann gebietet der Gedanke der Prävention, die Gewinnerzielung als Bemessungsfaktor in die Entscheidung über die Höhe der Geldentschädigung einzubeziehen.".

688 BEHR, Volker. Myth and Reality of Punitive Damages in Germany. Pittsburgh, **Journal of Law and Commerce**, v. 24, p. 197-224, primavera, 2004-2005. p. 210.

689 BEHR, Volker. Myth and Reality of Punitive Damages in Germany. Pittsburgh, **Journal of Law and Commerce**, v. 24, p. 197-224, primavera, 2004-2005. p. 210.

690 REsp 1698701/RJ, Rel. Ministro RICARDO VILLAS BÔAS CUEVA, TERCEIRA TURMA, julgado em 02/10/2018, DJe 08/10/2018.

lidade civil. Diante disso, é provável que a evolução da sociedade exija que outros critérios sejam considerados, uma vez que a figura do ofensor vem cada vez mais sendo considerada para fins de apuração do *quantum* indenizatório.

Para ilustrar, Mathias Siems critica o posicionamento do direito alemão com um caso hipotético de um ferreiro que faz um acordo com o seu vizinho de não martelar durante o horário de almoço[691]. Caso este compromisso seja descumprido, o direito alemão não autorizaria o lucro da intervenção, sob a premissa de que a finalidade do acordo era tutelar o desejo do vizinho de tranquilidade e silêncio.

Todavia, segundo o jurista, essa visão é muito simplista: seria melhor compreender que a finalidade do acordo era impedir que o ferreiro estivesse motivado, por ganância, a trabalhar ininterruptamente para auferir lucro. Ainda assim, Mathias Siems ressalva que este não seria um caso persuasivo para defender a aplicação do lucro da intervenção na Alemanha.

Sobre o tema, Joaquim Muniz, em consonância com o posicionamento adotado por Richard Posner, aduz que uma das principais funções do direito contratual é justamente "prevenir comportamentos oportunistas"[692]. Se o dano é causado com a finalidade de auferir lucro, tal lucro deveria ser computado para fins de cálculo da indenização devida.

Esse é precisamente o posicionamento de Nelson Rosenvald, ao defender o enquadramento do lucro da intervenção na seara da responsabilidade civil, a partir de uma ressignificação do conceito de reparação integral (ainda que o jurista aparente excluir a responsabilidade contratual do seu escopo)[693]. Seguindo essa premissa, adota-se as lições de Sérgio Savi no sentido de que não se pode "ignorar a necessidade de

691 SIEMS, Mathias. Disgorgement of Profits for Breach of Contract: A Comparative Analysis. **Edinburgh Law Review**. Edimburgo, v. 7, n. 1, p. 27-59, jan. 2003. p. 59.

692 MUNIZ, Joaquim de Paiva. Apontamentos sobre a análise econômica de certos institutos do direito contratual. **Revista de Direito Empresarial - IBMEC**, Rio de Janeiro, v. 2, p. 69-90, 2004. p. 75.

693 ROSENVALD, Nelson. **A responsabilidade civil pelo ilícito lucrativo** – o disgorgement e a indenização restitutória. Salvador: Editora JusPodivm, 2019. p. 531.

impor ao interventor a obrigação de se desfazer do lucro obtido com a indevida ingerência nos bens e direitos alheios", sob pena de o ordenamento jurídico deixar de tutelar interesses dignos de tutela[694].

Nesse cenário, afirma-se que um dos argumentos basilares para compelir o inadimplente a ceder o lucro advindo do descumprimento ao contratante lesado é justamente a noção de justiça[695]. De forma semelhante, Júlio Alberto Diaz, por exemplo, defende ser conveniente adotar algum tipo de sanção que reprima comportamentos deliberadamente dirigidos à obtenção de maiores lucros em detrimento dos compromissos assumidos[696].

Para ilustrar mais uma vez a importância do lucro da intervenção como método de fixação de indenizações, Sérgio Savi se vale de um exemplo hipotético, no qual uma famosa atriz recusa inúmeras vezes convites para ser fotografada nua para uma revista masculina, mas é fotografada nua durante a filmagem de uma cena[697]. As fotos são então publicadas, levando a revista a lucrar (lucro líquido) R$ 3 milhões. Em uma ação indenizatória, é reconhecido o direito de indenização no valor de R$ 1 milhão. Diante desse cenário fático, o jurista indaga se não seria economicamente aconselhável violar os interesses tutelados pelo ordenamento e aguardar eventual reação do seu titular, com a seguinte provocação: "Se a prática do ato ilícito gerou para a revista masculina um lucro de, no mínimo, dois milhões de reais, pergunta-se: por que pensar em obter contratualmente a autorização da atriz para utilização lícita de sua imagem?"[698].

[694] SAVI, Sérgio. **Responsabilidade civil do enriquecimento sem causa.** São Paulo: Atlas, 2012. p. 2.

[695] SIEMS, Mathias. Disgorgement of Profits for Breach of Contract: A Comparative Analysis. **Edinburgh Law Review**. Edimburgo, v. 7, n. 1, p. 27-59, jan. 2003. p. 50.

[696] DIAZ, Júlio Alberto. Possíveis contribuições do Common Law em matéria de estimação da indenização pelo descumprimento contratual. In: CUNHA, Alexandre dos Santos (coord.). **O direito da empresa e das obrigações e o novo Código Civil brasileiro**: anais do congresso Ítalo Luso Brasileiro de direito civil (2004) direito GV. São Paulo: Quartier Latin, 2006. p. 399.

[697] SAVI, Sérgio. **Responsabilidade civil do enriquecimento sem causa.** São Paulo: Atlas, 2012. p. 15.

[698] Ibid., p. 15.

Especificamente no âmbito da responsabilidade contratual, não parece viável admitir que o inadimplente simplesmente possa lucrar em decorrência do descumprimento daquilo que fora pactuado. Contudo, por outro lado, convém indagar se a premissa de que o direito deve reprimir comportamentos dirigidos à obtenção de lucros em detrimento dos compromissos assumidos poderia justificar intervenção judicial para impor que absolutamente todo o contrato seja cumprido.

Quer parecer que a razoabilidade é o critério que deveria pautar essa modalidade de fixação de indenizações – critério este, aliás, já utilizado pela jurisprudência e reconhecido pela doutrina para fins de concessão de danos morais[699]. Nesse contexto, este método de fixação de indenizações, ainda que autorizado, não poderia ser usado sem discernimento; até porque disponível apenas quando a indenização compensatória for inadequada, ante o deliberado descumprimento do contrato[700].

Diante das considerações acima, não vemos motivos para não autorizar o lucro da intervenção como forma de cálculo de indenizações– ainda que o enriquecimento não seja proveniente do empobrecimento do lesado –, por meio do regime de responsabilidade civil[701]. Assim, uma vez flexibilizados os limites indenizatórios (sobretudo no âmbito

[699] Neste sentido, Maria Celina Bodin de Moraes aponta para os principais critérios adotados na compensação do dano moral, quais sejam, extensão do prejuízo, grau de culpa, situação econômico-financeira da vítima e do ofensor, além da razoabilidade. Especificamente, a referida jurista afirma que este último critério é utilizado "em substituição ao critério mais antigo, que impunha uma reparação equitativa". MORAES, Maria Celina Bodin de. **Danos à pessoa humana**: uma leitura civil-constitucional dos danos morais. 2. ed. Rio de Janeiro: Processo, 2017. p. 275-276.

[700] SIEMS, Mathias. Disgorgement of Profits for Breach of Contract: A Comparative Analysis. **Edinburgh Law Review**. Edimburgo, v. 7, n. 1, p. 27-59, jan. 2003. p. 56-57.

[701] Como referido, Nelson Rosenvald defende a mesma tese, mas sob outra perspectiva, sem atacar a limitação legal de perdas e danos. Vejamos as considerações do referido autor: "E, para o que nos interessa, atualizamos o conceito da reparação integral, a fim de que se entenda que a reconstituição do equilíbrio patrimonial violado pelo ilícito, seja efetuado tanto pelo tradicional remédio compensatório (restaurando-se o ofendido a situação anterior ao dano), mas também pelo resgate de lucros antijurídicos e restituição de benefícios indevidos (restaurando-se o ofensor à situação anterior ao ilícito).". ROSENVALD, Nelson. **A responsabilidade civil pelo ilícito lucrativo** – o disgorgement e a indenização restitutória. Salvador: Editora JusPodivm, 2019. p. 456.

da responsabilidade contratual), o lucro da intervenção pode e deve ser utilizado como critério do cálculo de indenizações – inclusive tornando inócua a discussão sobre a sua classificação.

Por fim, convém mencionar que a presente obra não teve o objetivo de exaurir o tema, em especial quanto ao tópico do lucro da intervenção, ainda bastante incipiente. Sérgio Savi ressalvou no início do seu livro que não se tinha, à época, "qualquer decisão no Brasil que faça referência expressa ao lucro da intervenção[702], assim como não se conhece qualquer trabalho acadêmico exclusivamente dedicado ao tema"[703].

O conceito do lucro da intervenção é, portanto, novo e excepcional, pois vai de encontro à noção clássica encontrada na história do direito de que a indenização está fundada no dano[704]. Justamente por isso, impõe-se difundir o estudo do instituto e incorporá-lo no regime de responsabilidade civil, para que o direito possa acompanhar as mudanças sociais, respondendo adequadamente aos danos causados, sejam eles decorrentes de responsabilidade aquiliana ou de responsabilidade contratual.

[702] O acórdão do STJ citado neste livro (Recurso Especial n. 1.698.701/RJ) foi julgado posteriormente e inclusive cita a obra do autor.

[703] SAVI, Sérgio. **Responsabilidade civil do enriquecimento sem causa**. São Paulo: Atlas, 2012. p. 5.

[704] SIEMS, Mathias. Disgorgement of Profits for Breach of Contract: A Comparative Analysis. **Edinburgh Law Review**. Edimburgo, v. 7, n. 1, p. 27-59, jan. 2003. p. 43.

Conclusões

Conforme apontou Clóvis do Couto e Silva, o limite indenizatório "foi sempre um dado importante da política jurídica"[705], o que corrobora a importância do debate suscitado neste livro. Isso porque o direito é um "indutor de condutas"[706], de modo que as indenizações arbitradas pelo Poder Judiciário geram relevantes consequências na sociedade.

Embora o Código Civil limite o valor da indenização ao montante do dano, tais limites são regularmente flexibilizados pela jurisprudência, para melhor atender aos critérios de justiça e razoabilidade[707]. Por isso, convém revisitar o tema constantemente para avaliar se a limitação legal das indenizações ainda faz sentido teórico e prático.

Afinal, a mera repetição da tradição jurídica sem questionamentos ou contradições fulmina os ideais de progresso e justiça essenciais para modernização dos ordenamentos jurídicos. Relembra-se as diver-

[705] SILVA, Clóvis Veríssimo do Couto e. O conceito de dano no direito brasileiro e no direito comparado. **Revista dos Tribunais**. São Paulo, n. 667, v. 80, maio 1991. p. 11.

[706] PINHEIRO, Armando Manuel da Rocha Castelar; SADDI, Jairo. **Direito, economia e mercados**. Rio de Janeiro: Elsevier, 2005. p. 17.

[707] A respeito, Maria Celina Bodin de Moraes afirma que as controvérsias no ramo da responsabilidade civil ultrapassam os limites do direito, consistindo em "questões morais de dimensão filosófica, que se reconduzem, diretamente, à concepção vigente de justiça". MORAES, Maria Celina Bodin de. **Danos à pessoa humana**: uma leitura civil-constitucional dos danos morais. 2. ed. Rio de Janeiro: Processo, 2017. p. 322.

sas reformas legislativas mencionadas ao longo deste livro, que foram fruto de profundas e duradouras discussões doutrinárias, como, a título exemplificativo, as noções de *culpa in contrahendo* desenvolvidas por Jhering, que só foram incorporadas no BGB em 2002 (embora o livro do ilustre jurista sobre o tema, consultado para elaboração da presente obra, tenha sido publicado em 1969).

É senso comum que o direito pressupõe constante evolução, sendo que institutos, conceitos e normas devem ser repensados repetidamente – ainda que remetam aos princípios basilares da sua formação. Aliás, vale referir que Reinhard Zimmermann afirma que o conceito da *Differenztheorie* foi desenvolvido mediante uma interpretação equivocada do conceito romano de *id quod interest*, que significa o que está no meio[708].

Segundo o referido jurista, os princípios que governam (e limitam) a reparação de danos contratuais consistiam em um dos maiores e mais complexos campos minados do direito romano, razão pela qual a teoria apresentada por Friedrich Mommsen satisfazia os interesses dos pandectistas de estabelecer uma fórmula conceitual clara[709] - ainda que eventualmente pecasse na sua precisão. Mais uma razão para repensarmos a limitação estanque estabelecida tanto pelo BGB como pelo nosso Código Civil – sob pena de perpetuar noções incoerentes e ultrapassadas.

Mas, independentemente da origem histórica e da escolha legislativa, é certo que os limites indenizatórios já têm sido questionados e desconsiderados pelos tribunais brasileiros. Sob essa premissa, o risco de desnaturar a função da responsabilidade civil[710] não parece suficiente para impedir a aplicação de outros métodos de fixação de indenização como aqueles estudados no segundo capítulo desta obra.

Por isso, a tese desenvolvida neste livro contrapõe o argumento defendido por Sérgio Savi no sentido de enquadrar o lucro da intervenção no campo do enriquecimento sem causa, sob a premissa de que

[708] ZIMMERMANN, Reinhard. **The Law of Obligations**: Roman Foundations of the Civilian Tradition. Cidade do Cabo: Juta, 2006. p. 833.

[709] Ibid., p. 833.

[710] GUEDES, Gisela Sampaio da Cruz. **Lucros cessantes**: do bom senso ao postulado normativo da razoabilidade. São Paulo: Revista dos Tribunais, 2011. p. 223.

seria impossível desconsiderar a função ressarcitória da responsabilidade civil[711]. Os limites indenizatórios já são, na prática, flexibilizados para se atentar justamente à conduta do ofensor – deturpando e hipertrofiando outros institutos para satisfazer interesses legítimos, mas atualmente não contemplados no ordenamento jurídico.

Ou seja, a sistemática atual acaba desfigurando as regras de responsabilidade civil, por exigir que os tribunais se valham de outras espécies de danos, em especial, danos morais, para compensar injustiças e majorar indenizações. Consequentemente, é a solução atual que promove insegurança jurídica, dada a incerteza do desfecho das ações indenizatórias propostas e da impossibilidade de distinguir as espécies e funções das indenizações arbitradas (isso sem mencionar a violação ao dever de fundamentação das decisões).

Ironicamente, os métodos de fixação de indenização estudados nesta obra que são acusados de gerar insegurança jurídica, na medida em que podem eventualmente acarretar indenizações exorbitantes e imprevisíveis (crítica geralmente atribuída aos danos punitivos, inclusive nos Estados Unidos, como já referido). Todavia, a concessão de indenizações elevadas por meios transversos ou escusos, tal como atualmente verificado no direito brasileiro, gera incertezas e riscos ainda maiores.

Assim, propõe-se repensar os limites impostos ao *quantum* indenizatório, para se admitir que pretensões indenizatórias possam ultrapassar o montante do dano efetivamente sofrido, dadas as particularidades do caso concreto[712]. Como visto com detalhes no segundo capítulo deste livro, existem casos em que são recomendadas indenizações em montante superior ao dano efetivamente sofrido pelo lesado, seja para punir o ofensor ou inadimplente, seja para privá-lo do lucro obtido.

[711] SAVI, Sérgio. **Responsabilidade civil do enriquecimento sem causa.** São Paulo: Atlas, 2012. p. 47.

[712] Sobre o tema, afirma-se que a maior dificuldade em admitir danos punitivos em casos de responsabilidade contratual é justamente como e onde estabelecer a linha que separa os remédios regulares e os danos punitivos. ROWAN, Solène. Reflections on the Introduction of Punitive Damages for Breach of Contract. **Oxford Journal of Legal Studies**, Oxford, v. 30, n. 3, p. 495-517, jul. 2010. p. 502.

Nesse cenário, danos punitivos e o lucro da intervenção têm sido discutidos pela doutrina e pela jurisprudência como remédios adequados e eficientes a coibir comportamentos oportunistas ou desleais – como, por exemplo, a conduta da farmácia na ação movida pela atriz Giovanna Antonelli[713]. Isso porque a mera indenização compensatória não é *sempre* a medida recomendável, ainda que esta seja a primordial função da responsabilidade civil.

Outrossim, importante enfatizar que o princípio da reparação integral não é absoluto, uma vez que o direito brasileiro já prevê circunstâncias que autorizam redução equitativa de indenizações. É o caso por exemplo, de grau reduzido de culpa do ofensor na responsabilidade aquiliana, nos termos do artigo 944, parágrafo único, ou, ainda, de análise do porte econômico do ofensor incapaz, fulcro no artigo 928, parágrafo único, ambos do Código Civil.

Isso evidencia que, a despeito do demonstrado ao longo deste livro, a indenização não necessariamente se mede pela extensão do dano. Existem hipóteses em que tal princípio (e, por consequência, a função reparatória da responsabilidade civil) é desconsiderada em atenção a outros bens jurídicos tutelados.

Diante desse contexto, indaga-se: por que impedir que indenizações, em determinados casos, sejam majoradas pelo juiz? Ora, o Código Civil já desconsidera o montante do dano para reduzir indenizações, voltando-se para a figura do ofensor, nas hipóteses antes referidas – inexistindo direito absoluto à dita "reparação integral".

Por isso, os métodos de fixação de indenização propostos nesta obra podem e devem ser discutidos no direito brasileiro[714] – inclusive no

[713] REsp 1698701/RJ, Rel. Ministro RICARDO VILLAS BÔAS CUEVA, TERCEIRA TURMA, julgado em 02/10/2018, DJe 08/10/2018.

[714] Sobre a classificação dos danos, convém mencionar que os dois métodos propostos neste livro são distintos: o lucro da intervenção visa a retirar do ofensor o lucro que ele aferiu, ao passo que os danos punitivos visam a puni-lo. Para evidenciar a diferença entre os institutos e suas consequências práticas, basta entender que "uma indenização somente conseguirá ser considerada 'punitiva' se o valor que o ofensor tiver que pagar for realmente superior a qualquer benefício advindo do ato ilícito praticado", já que se "o ofensor ainda conservar um lucro em seu patrimônio, ele não estará sendo punido eficazmente". SAVI, Sérgio. **Responsabilidade civil do enriquecimento sem causa**. São Paulo: Atlas, 2012. p. 81.

âmbito da responsabilidade contratual[715]. Essa é a medida que melhor reflete os atuais anseios sociais, facilmente constatados por meio da jurisprudência nacional e estrangeira.

Embora, em regra, o debate sobre desconsideração do limite indenizatório seja restrito à responsabilidade aquiliana, a aproximação entre os regimes de responsabilidade civil, como demonstrado ao longo deste livro, autoriza que este debate seja estendido aos casos envolvendo relações contratuais. Afinal, a evolução do direito moderno parece incompatível com a tradicional abordagem dicotômica da responsabilidade civil, na medida em que a circunstância que a originou já não subsiste mais.

As distinções criadas pelo direito romano sobre o tema foram, há muito, extintas, razão pela qual tal distinção clássica já teria perdido o seu propósito. Justamente por isso, inúmeros juristas têm defendido a sua impertinência[716], ao passo que a jurisprudência tem cada vez mais desconsiderado esta distinção para solução de litígios – situação que parece semelhante na Alemanha[717]. Na prática, ainda, diversos aplicadores do direito constantemente confundem os institutos, tratando ilícitos e inadimplementos como sinônimos, ao mencionar dispositivos legais e precedentes que tratam de uma ou de outra hipótese sem qualquer ressalva, como se o direito à indenização fosse uno[718].

715 Naturalmente, nestes casos, é necessário que haja a separação expressa entre as modalidades de danos concedidos e seus respectivos montantes; deste modo, o ofensor poderá saber qual o valor de cada parcela a que foi condenado a pagar, atingindo-se o intento da prevenção ou desestímulo. MORAES, Maria Celina Bodin de. **Danos à pessoa humana**: uma leitura civil-constitucional dos danos morais. 2. ed. Rio de Janeiro: Processo, 2017. p. 328-329.

716 Nesse sentido, por exemplo, a teoria da morte do contrato inviabilizaria essa distinção entre contratos e ilícitos. ZIMMERMANN, Reinhard. **The Law of Obligations**: Roman Foundations of the Civilian Tradition. Cidade do Cabo: Juta, 2006. p. 903.

717 Exemplo disso é a expansão da responsabilidade contratual alemã para tutelar casos de danos à bens jurídicos não englobados na responsabilidade extracontratual, como danos puramente econômicos. Isso porque, enquanto a responsabilidade contratual abrange todo e qualquer tipo de dano advindo de uma relação contratual, segundo Jan Dirk Harke, a responsabilidade civil em sentido estrito visa a tutelar a propriedade. HARKE, Jan Dirk. **Allgemeines Schuldrecht**. Berlin, Heidelberg: Imprint: Springer, 2010. p. 253-254.

718 Para ilustrar, em complemento aos diversos exemplos trazidos nesta obra, Nelson Rosenvald menciona o julgado Attorney General v. Blake dentro de capítulo denominado

Aliás, James Gordley enfrentou o tema em artigo publicado em 1997, no qual propôs um novo critério para classificação das obrigações. O jurista resolveu este "antigo problema" a partir da análise de quão vulnerável é a atividade que deu origem ao dano, a fim de avaliar o cabimento ou não da indenização[719]. Partindo do princípio aristotélico de que ninguém deve lucrar em detrimento de outrem (que, segundo ele, ironicamente teria dado origem aos ideais que levaram à divisão dicotômica da responsabilidade civil), James Gordley aproxima as espécies de responsabilidade utilizando-se de critério que denomina vulnerabilidade anormal.

Assim, o colecionador que tem um conjunto de porcelanas anormalmente caro e frágil não deveria ser reembolsado pelo colega de apartamento que o danificou, assim como o proprietário de um moinho não deveria ser recompensado pelo transportador que atrasa a entrega do eixo que lhe é necessário, sob o pretexto de que o transportador não assumiu o risco de causar tamanho dano. Segundo James Gordley, não se trata de adotar o critério da previsibilidade (como fazem diversos países, inclusive a Alemanha, como visto no segundo capítulo deste livro), mas sim avaliar o quão incomumente frágil é a atividade ou o bem prejudicado – seja em caso de um ilícito, seja em caso de uma relação contratual.

O que se percebe é que um mesmo problema pode ser repensado, a qualquer tempo, por fundamentos e perspectivas absolutamente distintos, ainda que ele seja oriundo de uma tradição que remonta às origens do direito. E é isso exatamente que esta obra se propôs a fazer: repensar a tradicional distinção entre as espécies de responsabilidade, a fim de discutir a aplicação de institutos de fixação de indenizações até então debatidos no âmbito da responsabilidade civil extracontratual tam-

"o reconhecimento da restituição por ilícitos na jurisprudência da Inglaterra", embora aquele fosse um caso de responsabilidade contratual. O jurista parece equiparar, portanto, atos ilícitos a inadimplementos. ROSENVALD, Nelson. **A responsabilidade civil pelo ilícito lucrativo** – o disgorgement e a indenização restitutória. Salvador: Editora JusPodivm, 2019. p. 69.

[719] GORDLEY, James. Contract and Delict: Toward a Unified Law of Obligations. **Edinburgh Law Review**, Edimburgo, v. 1, n. 3, p. 345-360, maio 1997. p. 360.

bém para casos de responsabilidade contratual – além de questionar e expandir os limites indenizatórios.

Logo, é imperativo reconhecer que os institutos discutidos para remediar situações envolvendo responsabilidade aquiliana (como danos punitivos e lucro da intervenção) podem ser aplicáveis, também, em casos de responsabilidade contratual. Note-se que, como apontado por Bruno Miragem, a própria noção de contrato social enseja uma aproximação dos regimes de responsabilidade, "priorizando-se a efetiva reparação da vítima, como uma espécie de resposta adequada do sistema em relação a uma lesão causada de modo antijurídico", independentemente da origem do dano[720].

Afinal, se a função da responsabilidade civil é eminentemente ressarcitória, a natureza e a origem do dano não deveriam ensejar tratamento diferenciado para caso de responsabilidade contratual e de responsabilidade extracontratual, sobretudo para fins de quantificação da indenização. Assim, a aplicação dos métodos de fixação de indenizações que desconsideram o montante da indenização, usualmente discutidos no âmbito da responsabilidade aquiliana, podem e devem ser também discutidos no âmbito da responsabilidade contratual[721].

Ressalva-se, por fim, que a eventual superação da distinção entre responsabilidade civil contratual e responsabilidade extracontratual e todos os seus consectários (tais quais, a unificação dos seus prazos prescricionais e fixação de indenizações) é bastante controversa[722]. Ainda

720 MIRAGEM, Bruno. Função social do contrato, boa-fé e bons costumes: nova crise dos contratos e a reconstrução da autonomia negocial pela concretização das cláusulas gerais. In: MARQUES, Claudia Lima. **A nova crise do contrato**: estudos sobre a nova teoria contratual. São Paulo: Revista dos Tribunais, 2007. p. 195.

721 Reitera-se que, até mesmo no Reino Unido, juristas têm discutido a possibilidade de concessão de indenizações punitivas por inadimplementos contratuais. Um dos fundamentos que justificam tal posicionamento é que inúmeras situações concretas ensejam tanto ações por responsabilidade civil em sentido estrito como por responsabilidade contratual, de modo que seria incoerente viabilizar remédios distintos para cada uma delas. ROWAN, Solène. Reflections on the Introduction of Punitive Damages for Breach of Contract. **Oxford Journal of Legal Studies**, Oxford, v. 30, n. 3, p. 495-517, jul. 2010. p. 500.

722 Sobre as classificações jurídicas, vale mencionar que, ao tratar sobre a unificação do direito civil e comercial no Código Civil brasileiro de 2002, Claudia Lima Marques e

assim, seja qual for o posicionamento que se adote, é incontestável que as espécies de responsabilidade possuem similitudes e têm, cada vez mais, se aproximado[723] – não sendo razoável que os danos punitivos ou o lucro da intervenção sejam afastados do âmbito contratual tão somente pela sua classificação jurídica.

Da mesma forma, os métodos de fixação de indenizações abordados no segundo capítulo deste livro também são objeto de críticas e acirradas discussões, por irem de encontro à tradição do direito brasileiro de que a indenização se mede pela extensão do dano (salvo quando expressamente previsto em lei, como nas hipóteses de redução equitativa da indenização). O lucro da intervenção, em especial, é instituto recente e pouco explorado pela doutrina nacional, como visto em detalhes anteriormente.

Não bastasse, a aplicação destes dois métodos de fixação de indenizações no âmbito da responsabilidade contratual torna o tema ainda mais polêmico, já que a maioria dos trabalhos desenvolvidos sobre o assunto

Bruno Miragem questionam se tais matérias não seriam objeto de nova fragmentação no futuro, se valendo das lições de Philippe Mastronardi, no sentido de que "a maneira de pensar do jurista é quase sempre bipolar (direitos/deveres, Schuld/Haftung, objetivo/subjetivo, etc.), a procurar diferenças e semelhanças; a distinguir (differenzieren) desde o tempo dos romanos". A título ilustrativo, os referidos juristas apontam para a sugestão da doutrina espanhola de divisão do direito privado em direito privado patrimonial e não patrimonial. MARQUES, Claudia Lima; MIRAGEM, Bruno. **O novo direito privado e a proteção dos vulneráveis**. 2. ed. São Paulo: Revista dos Tribunais, 2014. p. 108. Apesar desta perspectiva (que parece ir ao encontro da teoria dualista da responsabilidade civil), parece que, no que diz respeito à distinção entre responsabilidade contratual e responsabilidade extracontratual, a tendência é precisamente oposta. Cada vez mais a doutrina e a jurisprudência têm desconsiderado a origem do dano, em se tratando de ações indenizatórias, de modo a fomentar a criação de um verdadeiro sistema único de responsabilização.

723 Reinhard Zimmermann chama atenção para a ironia de a matéria de contratos se conectar novamente à responsabilidade aquiliana justamente quando esta última está sujeita ao mais intenso ataque (teórico e prático) da história, tendo em vista, sobretudo, a explosão da responsabilidade civil em casos de acidente de trânsito e responsabilidade médica. ZIMMERMANN, Reinhard. **The Law of Obligations**: Roman Foundations of the Civilian Tradition. Cidade do Cabo: Juta, 2006. p. 903. Independentemente, quer parecer que esta tendência melhor representa o direito moderno, simplificando os atuais regimes de responsabilidade.

restringem-se à responsabilidade aquiliana. Ainda assim, parece-nos que estes debates são necessários para repensarmos e, com isto, aprimorarmos o direito das obrigações, atentando-se para as demandas da sociedade atual.

REFERÊNCIAS

AGUIAR JÚNIOR, Ruy Rosado de. **Extinção dos contratos por incumprimento do devedor.** 2. ed. Rio de Janeiro: AIDE, 2003.

AGUIAR JÚNIOR, Ruy Rosado de. Indenização por perdas e danos. Decadência do direito de anulação do contrato: prescrição da ação de responsabilidade civil prevista na lei societária. Atendimento do critério da razoabilidade no cumprimento do contrato. **Revista de Direito Bancário e do Mercado de Capitais,** São Paulo, v. 8, n. 27, p. 184-200, jan./mar. 2005.

ALVES, José Carlos Moreira. **Direito Romano.** Rio de Janeiro: Forense, 2002.

ANDRADE, Marcus Vinícius dos Santos et. al. **Comentários ao código civil brasileiro:** do direito das obrigações. v. 4. Rio de Janeiro: Forense, 2006.

ANDREWS, Neil. **Contract law.** New York: Cambridge, 2011.

ASSIS, Araken de. **Resolução do contrato por inadimplemento.** 4. ed. São Paulo: Revista dos Tribunais, 2004.

ÁVILA, Humberto (Org.); ÁVILA, Ana Paula Oliveira; SUNDFELD, Carlos Ari. **Fundamentos do estado de direito:** estudos em homenagem ao Professor Almiro do Couto e Silva. São Paulo: Malheiros, 2005.

AZEVEDO, Antônio Junqueira de. Os princípios do atual direito contratual e a desregulamentação do mercado. Direito de exclusividade nas relações contratuais de fornecimento. Função social do contrato e responsabilidade aquiliana do terceiro que contribui para inadimplemento contratual. In: ______. **Estudos e Pareceres de Direito Privado**:. São Paulo: Saraiva, 2004.

AZEVEDO, Antônio Junqueira de. **Negócio jurídico**: existência, validade e eficácia. 4. ed. São Paulo: Saraiva, 2002.

BARBOSA, Ana Beatriz Nunes. Consequentialism and the efficient breach theory. **Revista de Direito Empresarial** - IBMEC, Rio de Janeiro, v. 1, p. 171-189, 2003.

BASSO, Maristela; MARTINS, Letícia. **Responsabilidade civil nas negociações preliminares:** boa-fé, deveres anexos e relações negociais. In: RESPONSABILIDADE civil contemporânea: em Homenagem a Silvio de Salvo Venosa. São Paulo: Atlas, 2011. p. 270-283.

BATTESINI, Eugênio. Regra de hand, graduação da culpa e quantificação da indenização: uma análise à luz do Código Civil Brasileiro de 2002. **Revista VOX-LEX**, Porto Alegre, v. 1, n. 1, p. 69-99, mar./abr. 2016.

BEHR, Volker. Myth and Reality of Punitive Damages in Germany. **Journal of Law and Commerce**, Pittsburgh, v. 24, p. 197-224, primavera, 2004-2005.

BROOKS, Richard R.W.; STREMITZER, Alexander. Remedies On and Off Contract. **The Yale Law Journal**, New Haven, v. 120, n. 4, jan. 2011.

CAENEGEN, R. C. van; MACHADO, Carlos Eduardo Lima (Trad.). BRANDÃO, Eduardo (Rev.). **Uma introdução histórica ao direito privado**. São Paulo: Martins Fontes, 2000.

CAMPOS, Diogo Leite de. Enriquecimento sem causa, responsabilidade civil e nulidade. **Revista dos Tribunais**, São Paulo, v. 71, n. 560, p. 259-266, jun. 1982.

CAMPOS, Miriam de Abreu Machado e. Jus commune contemporâneo? **Revista da Faculdade de Direito Milton Campos,** Belo Horizonte, v. 25, p. 191-288, 2012.

CANARIS, Claus-Wilhelm. Die Reform des Rechts der Leistungsstörungen. **JuristenZeitung**, Berlin, ano 56, n. 10, p. 499-524, mai. 2001.

CANARIS, Claus-Wilhelm. O novo direito das obrigações na Alemanha. **Revista da EMERJ**, Rio de Janeiro, v. 7, n. 27, p. 108-124, jul./set. 2004.

CARDOSO, Patricia. Oponibilidade dos efeitos dos contratos: determinante da responsabilidade civil do terceiro que coopera com o devedor na violação do pacto contratual. **Revista Trimestral de Direito civil - RTDC**, Rio de Janeiro, v. 5, n. 20, p. 125-150, out./dez. 2004.

CARNEIRO, Athos Gusmão. Prescrição trienal e "reparação civil". **Revista de Direito Bancário e do Mercado de Capitais**, São Paulo, v. 13, n. 49, p. 18-19, jul./set. 2010.

CARPENA, Márcio Louzada. Descumprimento de contrato. Cláusula resolutiva expressa: inviabilidade de cumulação de cláusula penal com indenização. Impossibilidade de reversão de multa. Limitação da penal ao valor da obrigação. **Revista Forense**, Rio de Janeiro, v. 100, n. 371, p. 249-59, jan./fev. 2004.

CATALAN, Marcos. **A morte da culpa na responsabilidade contratual**. 2011. 347f. Tese de doutorado – Faculdade de Direito da Universidade de São Paulo, São Paulo, 2011.

CAVALIERI FILHO, Sergio. **Programa de responsabilidade civil**. 11. ed. São Paulo: Atlas, 2014.

COSTA, Mário Júlio de Almeida Costa. **Direito das obrigações**. 8. ed. Coimbra: Almedina, 2000.

CORDEIRO, António Menezes. **Tratado de direito civil**. Direito das obrigações: Gestão de negócios. Enriquecimento sem causa. Responsabilidade civil. v. VIII. Coimbra: Almedina, 1953.

DAUNER-LIEB, Barbara; HEIDEL, Thomas; RING, Gerhard. **BGB Schuldrecht**: §§ 241 – 610. 2. ed. Baden-Baden: Nomos, 2012.

DAVID, René; CARVALHO, Hermínio A. (Trad.). **Os grandes sistemas do direito contemporâneo**. São Paulo: Martins Fontes, 1993.

DIAS, José de Aguiar. **Da responsabilidade civil**. 3. ed. Rio de Janeiro: Forense, 1954.

DIAZ, Júlio Alberto. Possíveis contribuições do Common Law em matéria de estimação da indenização pelo descumprimento contratual. In: CUNHA, Alexandre dos Santos (coord.). **O direito**

da empresa e das obrigações e o novo Código Civil brasileiro: anais do congresso Ítalo Luso Brasileiro de direito civil (2004) direito GV. São Paulo: Quartier Latin, 2006. p. 395-406.

DINIZ, Maria Helena. **Curso de direito civil brasileiro**: responsabilidade civil. v. VII. 20. ed. São Paulo: Saraiva, 2006.

FACHIN, Luiz Edson. **Soluções práticas de direito** - pareceres: contratos e responsabilidade civil. v. I. São Paulo: Revista dos Tribunais, 2011.

FACCHINI NETO, Eugênio. Da responsabilidade civil no novo código. **Revista do Tribunal Superior do Trabalho**, Porto Alegre, v. 76, n. 1, p. 17-63, jan./mar. 2010.

FACCHINI NETO, Eugênio. Os novos danos: análise de direito comparado. **Revista VOXLEX**, Porto Alegre, v. 1, n. 1, p. 15-50, mar./abr. 2016.

FACCHINI NETO, Eugênio; HAEBERLIN, Mártin P. O "estilo" jurídico alemão – Breves considerações sobre alguns dos seus fatores determinantes. **Revista da Ajuris – Associação dos Juízes do Rio Grande do Sul**, Porto Alegre, v. 41, n. 133, p. 245-281, mar. 2014.

FARIAS, Cristiano Chaves de; NETTO, Felipe Braga; ROSENVALD, Nelson. **Novo tratado de responsabilidade civil**. São Paulo: Atlas, 2015.

FELICIANI, Ana Lúcia Alves. Métodos de codificação no direito privado europeu e brasileiro. **Revista de Direito do Consumidor**, São Paulo, v. 24, n. 97, p. 201-237, jan./fev. 2015.

FUCHS, Maximilian; PAUKER, Werner; BAUMGÄRTNER, Alex. **Delikts- und Schadensersatzrecht**. 9. Auflage. Berlin, Heidelberg : Imprint: Springer, 2017.

FONSECA, José Júlio Borges da. Estudo comparativo dos direitos brasileiro a alemão na disciplina das condições gerais dos negócios. **Revista de Direito Mercantil: industrial, econômico e financeiro.**, São Paulo, n. 100, p. 54-62, out./dez. 1995.

FRANCO, Vera Helena de Mello. **Teoria geral do contrato**: confronto com o direito europeu futuro. São Paulo: Revista dos Tribunais, 2011.

FRITZ, Karina Nunes. A responsabilidade pré-contratual por ruptura das negociações. **Revista dos tribunais**, v. 883. p. 10-56, mai. 2009.

GOMES, Júlio Manuel Vieira. Unjust Enrichment: A Few Comparative Remarks. **European Review of Private Law**, Alphen aan den Rijn, v. 9, n. 2/3, p. 449-473, 2001.

GOMES, Luiz Roldão de Freitas. **Elementos de responsabilidade civil**. Rio de Janeiro: Renovar, 2000.

GOMES, Orlando. **Contratos**. 26. ed. Rio de Janeiro: Forense, 2007.

GONÇALVES, Carlos Roberto. **Comentários ao Código Civil**: parte especial. Direito das obrigações. v. XI. São Paulo: Saraiva, 2003.

GONÇALVES, Carlos Roberto. **Direito Civil**: parte geral. 15. ed. São Paulo: Saraiva, 2007.

GORDLEY, James. Contract and Delict: Toward a Unified Law of Obligations. **Edinburgh Law Review**, Edimburgo, v. 1, n. 3, p. 345-360, mai. 1997.

GORDLEY, James. The Future of European Contract Law on the Basis of Europe's Heritage. **European Review of Contract Law**, Alphen aan den Rijn, v. 1, n. 2, p. 163-183, jul. 2005.

GORDLEY, James. **The Philosophical Origins of Modern Contract Doctrine**. New York: Oxford University Press, 1991.

GORDLEY, James; MEHREN, Arthur Taylor Von. **An introduction to the**

comparative study – readings, cases, materials. New York: Cambridge University Press, 2006.

GUIMARÃES, Paulo Jorge Scartezzini. Responsabilidade civil e interesse contratual positivo e negativo (em caso de descumprimento contratual). **Revista de Direito Privado**, São Paulo, v. 16, n. 63, p. 33-58, jul./set. 2015.

GUEDES, Gisela Sampaio da Cruz. **Lucros cessantes**: do bom senso ao postulado normativo da razoabilidade. São Paulo: Revista dos Tribunais, 2011.

HARKE, Jan Dirk. **Allgemeines Schuldrecht**. Berlin, Heidelberg: Imprint: Springer, 2010.

HAMMEN, Horst. Consumidores, investidores privados e não-profissionais: cem anos de proteção dos mais fracos no direito alemão. **Revista do Direito do Consumidor**, São Paulo, n. 72, p. 263-281, out./dez. 2009.

HIRONAKA, Giselda Maria Fernandes Novaes. Responsabilidade pressuposta: evolução de fundamentos e de paradigmas da responsabilidade civil na contemporaneidade. **Revista Jurídica**, São Paulo, v. 56, n. 364, p. 35-62, fev. 2008.

HIRONAKA, Giselda Maria Fernandes Novaes. Tendências atuais da responsabilidade civil: marcos teóricos para o direito do século XXI. **Revista Brasileira de Direito Comparado do Instituto de Direito Comparado Luso-Brasileiro – IDCLB**, Rio de Janeiro, n. 19, p. 189-206, jul./dez. 2000.

IRTI, Natalino; COPETTI NETO, Alfredo (Trad.); TRINDADE, André Karam (Trad.). Direito e Economia. **Revista de Direito Privado**. São Paulo, v. 16, n. 62, p. 13-21, abr./jun. 2015.

JHERING, Rudolf Von; CARVALHO, Adherbal de (Trad.). **Questões de direito civil**. 2. Ed. Rio de Janeiro: H. Garnier, 1910.

JHERING, Rudolf Von; STAUB, Hermann. **Culpa in contrahendo. Die positiven Vertragsverletzungen.** Bad Homburg: Gehlen, 1969.

LANDO, Ole. Das neue Schuldrecht des Burgerlichen Gesetzbuchs und die Grundregeln des europaischen Vertragsrechts. **Rabels Zeitschrift für ausländisches und internationales Privatrecht**, Hamburg, v. 67, n. 2, p. 231-245, abr. 2003.

LANDO, Ole. The rules of european contract law. In.: EUROPEAN PARLIAMENT. **Study of the systems of private law in the EU with regard to discrimination and the creation of a European Civil Code**. Legal Affairs Series, 1999. cap. 3.

LARENZ, Karl; MACÍAS-PICAVEA, Miguel Izquierdo (Trad.). **Derecho Civil**: parte general. Madrid: Rev. de Derecho Privado, 1978.

LARENZ, Karl; WOLF, Manfred. **Allgemeiner Teil des Bürgerlichen Rechts**. ed. 8. Munique: Beck, 1997.

LEITÃO, Luís Manuel Teles de Menezes. O enriquecimento sem causa no novo código civil brasileiro. **Revista CEJ**, Brasília, n. 25, p. 24-33, abr./jun. 2004.

LIMA, Renata Faria Silva. **Equilíbrio econômico-financeiro contratual:** no direito administrativo e no direito civil. Belo Horizonte: Del Rey, 2007.

MACKAAY, Ejan; ROUSSEAU, Stéphane; SZTAJN, Rachel (Trad). **Análise Econômica do Direito**. 2. ed. São Paulo: Atlas, 2015.

MARRERO, Andrew W. Punitive Damages: Why the Monster Thrives. **Georgetown Law Journal**, Washington, v. 105, n. 4, p. 767-818, abr. 2017.

MARQUES, Claudia Lima. Cem anos de Código Civil alemão: o BGB de 1896 e o Código Civil brasileiro de 1916. **Revista**

dos Tribunais, São Paulo, v. 86, n. 741, p. 11-37, jul. 1997.

MARQUES, Claudia Lima. **Contratos no Código de Defesa do Consumidor**: o novo regime das relações contratuais. 6. ed. São Paulo: Revista dos Tribunais, 2011.

MARQUES, Claudia Lima; MIRAGEM, Bruno. **O novo direito privado e a proteção dos vulneráveis**. 2. ed. São Paulo: Revista dos Tribunais, 2014.

MARQUES, Claudia Lima; WEHNER, Ulrich. **Código Civil alemão muda para incluir a figura do consumidor**: renasce o "direito civil geral e social"? Revista de Direito do Consumidor, v. 10, n. 37, p. 271-277, jan./mar. 2001.

MARKESINIS, Basil S. An expanding tort law - the price of a rigid contract law. **Law Quarterly Review**, v. 103, p. 354-397, jul. 1987.

MARKESINIS, Basil S. **Foreign Law & Comparative Methodology** – a subject and a thesis. Oxford: Hart Publishing, 1997.

MARKESINIS, Basil S. **The German Law of Torts** – A Comparative Treatise. 4. ed. Oxford: Hart Publishing, 2002.

MARTINS COSTA, Judith. O fenômeno da supracontratualidade e o princípio do equilíbrio: inadimplemento de deveres de proteção (violação positiva do contrato) e deslealdade contratual em operação de descruzamento acionário. **Revista Trimestral de Direito Civil** - RTDC, Rio de Janeiro, v. 7, n. 26, p. 213-249, abr./jun. 2006.

MARTINS COSTA, Judith. Responsabilidade civil contratual. Lucros cessantes. Resolução. Interesse positivo e interesse negativo. Distinção entre lucros cessantes e lucros hipotéticos. Dever de mitigar o próprio dano. Dano moral e pessoa jurídica. In.: LOTUFO, Renan (Coord.). NANNI, Giovanni Ettore (Coord.). MARTINS, Fernando Rodrigues (Coord.). **Temas relevantes do direito civil contemporâneo**. São Paulo: Atlas, 2012.

MARTINS COSTA, Judith; PARGENDLER, Mariana Souza. Usos e abusos da função punitiva: punitive damages e o Direito brasileiro. **Revista CEJ**, Brasília, n. 28, p. 15-32, mar. 2005.

MARTINS COSTA, Judith; ZANETTI, Cristiano de Souza. Responsabilidade contratual: prazo prescricional de dez anos. **Revista dos Tribunais**, São Paulo, v. 979, p. 215-241, mai. 2017.

MELO, Nehemias Domingos de. **Dano moral**: problemática do cabimento à fixação do quantum. São Paulo: Juarez de Oliveira, 2004.

MENDES, Gilmar Ferreira. Direitos fundamentais: eficácia das garantias constitucionais nas relações privadas - análise da jurisprudência da Corte Constitucional Alemã. **Cadernos de Direito Constitucional e Ciência Política**, São Paulo, v. 07, n. 27, p. 33-44, abr./jun. 1999.

MIRAGEM, Bruno. **Direito Civil**: Direito das Obrigações. São Paulo: Saraiva, 2017.

MIRAGEM, Bruno. **Direito Civil**: Responsabilidade civil. São Paulo: Saraiva, 2015.

MIRAGEM, Bruno. **Abuso do direito**: ilicitude objetiva e limite ao exercício de prerrogativas jurídicas no Direito Privado. 2. ed. São Paulo: Revista dos Tribunais, 2013.

MIRAGEM, Bruno. Função social do contrato, boa-fé e bons costumes: nova crise dos contratos e a reconstrução da autonomia negocial pela concretização das cláusulas gerais. In: MARQUES, Claudia Lima. **A nova crise do contrato**: estudos sobre a nova teoria contratual. São Paulo: Revista dos Tribunais, 2007. 560 p. p. 176-225.

MIRANDA, Francisco Cavalcanti Pontes de. **Tratado de direito privado**: parte geral, tomo 6. 3. ed. Rio de Janeiro: Borsoi, 1970.

MIRANDA, Francisco Cavalcanti Pontes de. **Tratado de direito privado**: parte especial, tomo 22. 3. ed. São Paulo: Revista dos Tribunais, 1984.

MIRANDA, Francisco Cavalcanti Pontes de. **Tratado de direito privado**: parte especial, tomo 26. 3. ed. São Paulo: Revista dos Tribunais, 1984.

MÖLLER, Reinhard. **Das Präventionsprinzip des Schadensrechts**. Berlin: Duncker & Humblot, 2006.

MONTEIRO FILHO, Carlos Edison do Rêgo. **Responsabilidade contratual e extracontratual**: contrastes e convergências no direito contemporâneo. Rio de Janeiro: Processo, 2016.

MORAES, Maria Celina Bodin de. **Danos à pessoa humana**: uma leitura civil-constitucional dos danos morais. 2. ed. Rio de Janeiro: Processo, 2017.

MORAES, Maria Celina Bodin de. Punitive damages em sistemas civilistas: problemas e perspectivas. **Revista Trimestral de Direito Civil**, Rio de Janeiro, v. 18, p. 45-78, abr./jun. 2004.

MUNIZ, Joaquim de Paiva. Apontamentos sobre a análise econômica de certos institutos do direito contratual. **Revista de Direito Empresarial - IBMEC**, Rio de Janeiro, v. 2, p. 69-90, 2004.

NADER, Paulo. **Curso de direito civil**: obrigações. v.2. 6. ed. Rio de Janeiro: Forense, 2012.

NALIN, Paulo Ribeiro. Presunção de lucros cessantes: reflexões em torno de uma tendência jurisprudencial. **Revista Trimestral de Direito Civil**, Rio de Janeiro, v. 1, n. 3, p. 3-14, jul./set. 2000.

NEGREIROS, Teresa. **Teoria do contrato:** novos paradigmas. Rio de Janeiro: Renovar, 2002.

NERY, Rosa Maria de Andrade; NERY JUNIOR, Nelson. **Instituições de direito civil**. v. II. São Paulo: Revista dos Tribunais, 2015.

NORONHA, Fernando. **Direito das obrigações**. 4. ed. São Paulo: Saraiva, 2013.

NORDMEIER, Carl Friedrich. O novo direito das obrigações no Código Civil Alemão. **Revista Cadernos do Programa de Pós-Graduação em Direito PPGDir./UFRGS**, Porto Alegre, v. 1, mar. 2004.

PARGENDLER, Mariana Souza. The Role of the State in Contract Law: The Common-Civil Law Divide. **Yale Journal of International Law**, New Haven, v. 43, n. 1, p. 143-189, mar/2018.

PEREIRA, Caio Mário da Silva. **Instituições de direito civil**. v. I. 21. ed. Rio de Janeiro: Forense, 2006.

PEREIRA, Caio Mário da Silva. **Responsabilidade civil**. Rio de Janeiro: Forense, 2001.

PEREIRA, Regis Fichtner. **A responsabilidade civil pré-contratual**: teoria geral e responsabilidade pela ruptura das negociações contratuais. Rio de Janeiro: Renovar, 2001.

PINHEIRO, Armando Manuel da Rocha Castelar; SADDI, Jairo. **Direito, economia e mercados.** Rio de Janeiro: Elsevier, 2005.

PINTO, Paulo Mota. **Interesse contratual negativo e interesse contratual positivo**. v. I e II. Coimbra: Coimbra, 2008.

POSNER, Richard A. **Economic analysis of law**. 9. ed. Nova Iorque: Wolters Kluwer, 2014.

RAMOS, Erasmo. A influência do Bürgerliches Gesetzbuch alemão na parte geral do Novo Código Civil português. **Revista da Faculdade de Direito da Universidade Federal do Rio Grande do Sul,** Porto Alegre, v. 15, p. 75-98, 1998.

REALE, Miguel. **Estudos preliminares do código civil**. São Paulo: Revista dos Tribunais, 2003.

REIMANN, Mathias; ZEKOLL, Joachim. **Introduction to German Law**. Munique: C. H. Beck, 2005.

REISDORFER, Renata Carlos Steiner. **Descumprimento contratual:** boa-fé e violação positiva do contrato. São Paulo: Quartier Latin, 2014.

RIZZARDO, Arnaldo; RIZZARDO FILHO, Arnaldo; RIZZARDO, Carine Ardissone. **Prescrição e decadência**. Rio de Janeiro: Forense, 2015.

RIZZARDO, Arnaldo. **Responsabilidade Civil**. 7 ed. Rio de Janeiro: Forense, 2015.

RODRIGUES, Carmen Beatriz de Lemos Tiburcio. **Temas de direito internacional**. Rio de Janeiro: Renovar, 2006.

RODRIGUES JUNIOR, Otavio Luiz. A influência do BGB e da doutrina alemã no direito civil brasileiro do século XX. **Revista dos Tribunais**, São Paulo, v. 102, n. 938, p. 79-155, dez. 2013.

ROPPO, Enzo; COIMBRA, Ana (Trad.); GOMES, Manuel Januário da Costa (Trad.). **O contrato**. Coimbra: Almedina, 1988.

ROSENVALD, Nelson. **A responsabilidade civil pelo ilícito lucrativo** – o disgorgement e a indenização restitutória. Salvador: Editora JusPodivm, 2019.

ROWAN, Solène. Reflections on the Introduction of Punitive Damages for Breach of Contract. **Oxford Journal of Legal Studies**, Oxford, v. 30, n. 3, p. 495-517, jul. 2010.

SACCO, Rodolfo. **Introdução ao direito comparado**. São Paulo: Revista dos Tribunais, 2001.

SAVI, Sérgio. **Responsabilidade civil do enriquecimento sem causa**. São Paulo: Atlas, 2012.

SCHMIDT, Jan Peter. Responsabilidade civil no direito alemão e método funcional no direito comparado. **Revista Trimestral de Direito Civil**, Rio de Janeiro, v. X, n. 40, p. 139-150, out./dez. 2009.

SCHREIBER, Anderson. A tríplice transformação do adimplemento. Adimplemento substancial, inadimplemento antecipado e outras figuras. **Revista Trimestral de Direito Civil**, Rio de Janeiro, v. 08, n. 32, p. 3-27, out./dez. 2007.

SCHREIBER, Anderson. **Novos paradigmas da responsabilidade civil**: da erosão dos filtros da reparação à diluição dos danos. 5 ed. São Paulo: Atlas, 2013.

SCHREIBER, Anderson. Reparação não pecuniária dos danos morais. **Revista VOXLEX**, Porto Alegre, v. 1, n. 1, p. 51-67mar./abr. 2016.

SCHWARTZ, Alan. The default rule paradigm and the limits of contract law. **Southern California Interdisciplinary Law Journal**, n. 389, 1993-1994.

SEBOK, Anthony J. Punitive damages in the United States. In: KOZIOL, Helmut (Ed.); WILCOX, Vanessa (Ed.). **Punitive damages**: Commom Law and Civil Law perspectives. Mörlenbach: Springer, 2009.

SILVA, Almiro do Couto e. Romanismo e germanismo no Código Civil brasileiro. **Revista da Procuradoria Geral do Estado do Rio Grande do Sul,** Porto Alegre/RS, v. 27, n. 57, p. 295-313, dez. 2003.

SILVA, Clóvis Verissimo do Couto e. **A obrigação como processo**. Porto Alegre: Emma, 1964.

SILVA, Clóvis Veríssimo do Couto e. O conceito de dano no direito brasileiro e no direito comparado. **Revista dos Tribunais**. São Paulo, n. 667, v. 80, maio 1991.

SILVA, Clóvis Veríssimo do Couto e. Para uma história dos conceitos no direito civil e no direito processual civil: (a atualidade do pensamento de Otto Karlowa e de Oskar Bülow). **Revista de Processo**, São Paulo, v. 10, n. 37, p. 238-270, jan./mar. 1985.

SIEMS, Mathias. Disgorgement of Profits for Breach of Contract: A Comparative Analysis. **Edinburgh Law Review**. Edimburgo, v. 7, n. 1, p. 27-59, jan. 2003.

SHAVELL, Steven. **Foundations of economic analysis of law**. Cambridge (USA): Belknap Press of Harvard University Press, 2004.

STOCO, Rui. **Tratado de responsabilidade civil**: doutrina e jurisprudência. 8. ed. São Paulo: Revista dos Tribunais - RT, 2011.

STURNER, Rolf. Sobre as reformas recentes no direito alemão: e alguns pontos em comum com o projeto brasileiro para um novo Código de Processo Civil. **Revista de Processo**, São Paulo, v. 36, n. 193, p. 355-371, mar. 2011.

TEPEDINO, Gustavo. Prescrição aplicável à responsabilidade contratual: crônica de uma ilegalidade anunciada. **Revista Trimestral de Direito Civil – RTDC**, Rio de Janeiro, v. 10 n. 37, p.3-5, jan./mar.2009.

TEPEDINO, Gustavo; BARBOZA, Heloisa Helena; MORAES, Maria Celina Bodin de. **Código Civil interpretado conforme a Constituição da República**. 2. ed. Rio de Janeiro: Renovar, 2007.

THEODORO JR., Humberto. **Comentários ao novo Código Civil**: dos atos jurídicos lícitos. Dos atos ilícitos. Da prescrição e decadência. Da prova. v. III, t. II. 3. ed. Rio de Janeiro: Forense, 2005.

TIMM, Luciano Benetti. Common law e contract law: uma introdução ao direito contratual norte-americano. **Revista Semestral de Direito Empresarial**, Rio de Janeiro, n. 10, p. 107-150, jan./jun. 2012.

TOMAZETTE, Marlon. A viabilidade da análise econômica do direito no Brasil. **Revista Tributária e de Finanças Públicas**, São Paulo, v. 15, n. 75, p. 177-198, jul./ago. 2007.

USTÁRROZ, Daniel. **Temas atuais de direito contratual.** Porto Alegre: Notadez, 2010.

VARELA, João de Matos Antunes. **Das obrigações em geral**. v. I. 9. ed. Coimbra: Livraria Almedina, 1998.

VARELA, João de Matos Antunes. **Das obrigações em geral**. V. II. 7 ed. Coimbra: Livraria Almedina, 1997.

VENOSA, Sílvio de Salvo. **Direito civil**: teoria geral das obrigações e teoria geral dos contratos. 13. ed. São Paulo: Atlas, 2013.

WALD, Arnoldo. **Curso de Direito Civil Brasileiro**: obrigações e contratos. v. II. 13. ed. São Paulo: Revista dos Tribunais, 1998.

WALD, Arnoldo; GIANCOLI, Brunno Pandori. **Direito Civil**: responsabilidade civil. v. VII. 2. ed. São Paulo: Saraiva, 2012.

WESTERMANN, Harm Peter; LAUX, Armando Edgard (Trad.). **Código civil alemão**: direito das obrigações; parte geral. Porto Alegre: Fabris, 1983.

WITZ, Claude. **Droit privé allemand** – 1. Actes juridiques, droits subjectifs. Paris: Litec, 1992.

WIEACKER, Franz; HESPANHA, A. M. Botelho (Trad.). **História do direito privado moderno.** 2. ed. Lisboa: Fundação Calouste Gulbenkian, 1993.

ZIMMERMANN, Reinhard. **The Law of Obligations**: Roman Foundations of the Civilian Tradition. Cidade do Cabo: Juta, 2006.

ZIMMERMANN, Reinhard. **The New German Law of Obligations**: Historical and Comparative Perspectives. New York: Oxford University Press, 2005.

ZIMMERMANN, Reinhard; KOCH, Bernhard A. **Digest of European Tort Law**: Essential Cases on Damage. v. II. Berlin: Walter de Gruyter, 2011.

ZIMMERMANN, Reinhard; WHITTAKER, Simon. **Good faith in European Contract Law**. New York: Cambridge University Press, 2000.

ZWEIGERT, Konrad; KÖTZ, Hein. **Introduction to Comparative Law**. Nova Iorque: Oxford, 1995.

LISTA DE JULGADOS

ALEMANHA, BGH, 04.06.1992 - IX ZR 149/91.

ALEMANHA, BGH, 15.11.1994 - VI ZR 56/94.

BRASIL, AgRg no REsp 439.628/MG, Rel. Ministro ARI PARGENDLER, TERCEIRA TURMA, julgado em 16/03/2006, DJ 10/04/2006, p. 169

BRASIL, REsp 437.614/SP, Rel. Ministro HÉLIO QUAGLIA BARBOSA, QUARTA TURMA, julgado em 12/12/2006, DJ 05/02/2007.

BRASIL, REsp 838.550/RS, Rel. Ministro CESAR ASFOR ROCHA, QUARTA TURMA, julgado em 13/02/2007, DJ 21/05/2007, p. 589.

BRASIL, AgRg no Ag 1366967/MG, Rel. Ministro MARCO BUZZI, QUARTA TURMA, julgado em 18/02/2016, DJe 24/02/2016). Também nesse sentido: REsp 1180609/SP, Rel. Ministro CASTRO MEIRA, SEGUNDA TURMA, julgado em 08/06/2010, DJe 18/06/2010.

BRASIL, REsp 945.369/RJ, Rel. Ministra DENISE ARRUDA, Rel. p/ Acórdão Ministro BENEDITO GONÇALVES, PRIMEIRA TURMA, julgado em 05/10/2010, DJe 18/10/2010.

BRASIL, REsp 1168547/RJ, Rel. Ministro LUIS FELIPE SALOMÃO, QUARTA TURMA, julgado em 11/05/2010, DJe 07/02/2011.

BRASIL, REsp 1087471/MT, Rel. Ministro SIDNEI BENETI, TERCEIRA TURMA, julgado em 14/06/2011, DJe 17/06/2011.

BRASIL, REsp 1051270/RS, Rel. Ministro LUIS FELIPE SALOMÃO, QUARTA TURMA, julgado em 04/08/2011, DJe 05/09/2011.

BRASIL, Ag 1431051/DF, Rel. Ministro RAUL ARAÚJO, QUARTA TURMA, julgado em 12/06/2012, DJe 21/08/2012.

BRASIL, EREsp 903.258/RS, Rel. Ministro ARI PARGENDLER, CORTE ESPECIAL, julgado em 15/05/2013, DJe 29/05/2013.

BRASIL, AgRg no Ag 1401863/PR, Rel. Ministro ANTONIO CARLOS FERREIRA, QUARTA TURMA, julgado em 12/11/2013, DJe 19/11/2013.

BRASIL, REsp 1.347.136/DF, processado sob o regime do art. 543-C do CPC/1973, Rel. Min. ELIANA CALMON, PRIMEIRA SEÇÃO, DJe de 07/03/2014.

BRASIL, REsp 1316149/SP, Rel. Ministro PAULO DE TARSO SANSEVERINO, TERCEIRA TURMA, julgado em 03/06/2014, DJe 27/06/2014.

BRASIL, REsp 1301595/RJ, Rel. Ministro HERMAN BENJAMIN, CORTE ESPECIAL, julgado em 29/05/2014, DJe 07/04/2015.

BRASIL, AgRg no REsp 1386808/SC, Rel. Ministro MARCO BUZZI, QUARTA TURMA, julgado em 21/05/2015, DJe 29/05/2015.

BRASIL, AgRg no REsp 1291531/DF, Rel. Ministro RICARDO VILLAS BÔAS CUEVA, TERCEIRA TURMA, julgado em 05/11/2015, DJe 10/11/2015.

BRASIL, AgRg no AREsp 165.114/PR, Rel. Ministro MARCO BUZZI, QUARTA TURMA, julgado em 17/11/2015, DJe 23/11/2015.

BRASIL, AgRg no AREsp 783.719/SP, Rel. Ministra MARIA ISABEL GALLOTTI, QUARTA TURMA, julgado em 10/03/2016, DJe 17/03/2016.

BRASIL, AgRg no REsp 1002684/AL, Rel. Ministro RAUL ARAÚJO, QUARTA TURMA, julgado em 05/05/2016, DJe 17/05/2016.

BRASIL, REsp 1528596/SP, Rel. Ministro JOÃO OTÁVIO DE NORONHA, TERCEIRA TURMA, julgado em 10/05/2016, DJe 23/05/2016.

BRASIL, REsp 1508590/TO, Rel. Ministro RICARDO VILLAS BÔAS CUEVA, Rel. p/ Acórdão Ministro MARCO AURÉLIO BELLIZZE, TERCEIRA TURMA, julgado em 14/06/2016, DJe 27/06/2016.

BRASIL, AgRg no AREsp 175.821/SP, Rel. Ministro RICARDO VILLAS BÔAS CUEVA, TERCEIRA TURMA, julgado em 23/08/2016, DJe 05/09/2016.

BRASIL, REsp 1360969/RS, Rel. Ministro MARCO BUZZI, Rel. p/ Acórdão Ministro MARCO AURÉLIO BELLIZZE, SEGUNDA SEÇÃO, julgado em 10/08/2016, DJe 19/09/2016.

BRASIL, AgRg no REsp 1432129/DF, Rel. Ministro RICARDO VILLAS BÔAS CUEVA, TERCEIRA TURMA, julgado em 01/09/2016, DJe 16/09/2016.

BRASIL, AgInt no AgRg no AREsp 267.726/SP, Rel. Ministro ANTONIO CARLOS FERREIRA, QUARTA TURMA, julgado em 18/10/2016, DJe 24/10/2016.

BRASIL, AgInt no AREsp 794.821/RS, Rel. Ministro MARCO AURÉLIO BELLIZZE, TERCEIRA TURMA, julgado em 25/10/2016, DJe 14/11/2016.

BRASIL, REsp 1281594/SP, Rel. Ministro MARCO AURÉLIO BELLIZZE, TERCEIRA TURMA, julgado em 22/11/2016, DJe 28/11/2016.

BRASIL, REsp 1474832/SP, Rel. Ministro PAULO DE TARSO SANSEVERINO, Rel. p/ Acórdão Ministro RICARDO VILLAS BÔAS CUEVA, TERCEIRA TURMA, julgado em 13/12/2016, DJe 03/03/2017.

BRASIL, AgInt no REsp 1490387/RS, Rel. Ministro RICARDO VILLAS BÔAS CUEVA, TERCEIRA TURMA, julgado em 18/05/2017, DJe 01/06/2017.

BRASIL, REsp 1510619/SP, Rel. Ministro RICARDO VILLAS BÔAS CUEVA, TERCEIRA TURMA, julgado em 27/04/2017, DJe 19/06/2017.

BRASIL, REsp 1466177/SP, Rel. Ministro LUIS FELIPE SALOMÃO, QUARTA TURMA, julgado em 20/06/2017, DJe 01/08/2017.

BRASIL, AgInt no AREsp 893.943/SP, Rel. Ministro PAULO DE TARSO SANSEVERINO, TERCEIRA TURMA, julgado em 08/08/2017, DJe 22/08/2017.

BRASIL, REsp 1632842/RS, Rel. Ministro PAULO DE TARSO SANSEVERINO, TERCEIRA TURMA, julgado em 12/09/2017, DJe 15/09/2017.

BRASIL, REsp 1669002/RJ, Rel. Ministra NANCY ANDRIGHI, TERCEIRA TURMA, julgado em 21/09/2017, DJe 02/10/2017.

BRASIL, AgInt no AgInt no AREsp 273.735/PR, Rel. Ministra MARIA ISA-

BEL GALLOTTI, QUARTA TURMA, julgado em 26/09/2017, DJe 03/10/2017.

BRASIL, AgInt no AgInt no AREsp 986.993/RJ, Rel. Ministro PAULO DE TARSO SANSEVERINO, TERCEIRA TURMA, julgado em 09/11/2017, DJe 20/11/2017.

BRASIL, AgInt no AgInt no AREsp 1001068/MG, Rel. Ministro ANTONIO CARLOS FERREIRA, QUARTA TURMA, julgado em 21/11/2017, DJe 27/11/2017.

BRASIL, REsp 1695725/ES, Rel. Ministro HERMAN BENJAMIN, SEGUNDA TURMA, julgado em 16/11/2017, DJe 19/12/2017.

BRASIL, REsp 1327773/MG, Rel. Ministro LUIS FELIPE SALOMÃO, QUARTA TURMA, julgado em 28/11/2017, DJe 15/02/2018.

BRASIL, AgInt no REsp 1704671/SP, Rel. Ministro MARCO AURÉLIO BELLIZZE, TERCEIRA TURMA, julgado em 06/03/2018, DJe 15/03/2018.

BRASIL, REsp 1717160/DF, Rel. Ministra NANCY ANDRIGHI, TERCEIRA TURMA, julgado em 22/03/2018, DJe 26/03/2018.

BRASIL, AgInt nos EDcl no REsp 1631429/SC, Rel. Ministro MARCO AURÉLIO BELLIZZE, TERCEIRA TURMA, julgado em 13/03/2018, DJe 27/03/2018.

BRASIL, AgInt no AREsp 1113334/SP, Rel. Ministro MARCO AURÉLIO BELLIZZE, TERCEIRA TURMA, julgado em 15/05/2018, DJe 25/05/2018.

BRASIL, AgInt nos EDcl no AREsp 110.662/SP, Rel. Ministro LÁZARO GUIMARÃES (DESEMBARGADOR CONVOCADO DO TRF 5ª REGIÃO), QUARTA TURMA, julgado em 05/06/2018, DJe 12/06/2018.

BRASIL, AgInt no AREsp 1141991/RJ, Rel. Ministro MARCO BUZZI, QUARTA TURMA, julgado em 05/06/2018, DJe 13/06/2018.

BRASIL, AgInt no REsp 1496308/DF, Rel. Ministro LUIS FELIPE SALOMÃO, QUARTA TURMA, julgado em 21/06/2018, DJe 26/06/2018.

BRASIL, REsp 1677955/RJ, Rel. Ministro RICARDO VILLAS BÔAS CUEVA, TERCEIRA TURMA, julgado em 18/09/2018, DJe 26/09/2018.

BRASIL, AgInt no AREsp 1136518/BA, Rel. Ministro MOURA RIBEIRO, TERCEIRA TURMA, julgado em 19/06/2018, DJe 28/06/2018.

BRASIL, AgInt no AREsp 1162773/AM, Rel. Ministro MARCO BUZZI, QUARTA TURMA, julgado em 26/06/2018, DJe 29/06/2018.

BRASIL, AgInt no AREsp 1258616/SP, Rel. Ministro MARCO AURÉLIO BELLIZZE, TERCEIRA TURMA, julgado em 26/06/2018, DJe 29/06/2018

BRASIL, EREsp 1280825/RJ, Rel. Ministra NANCY ANDRIGHI, SEGUNDA SEÇÃO, julgado em 27/06/2018, DJe 02/08/2018.

BRASIL, AgRg no AREsp 748.412/SC, Rel. Ministro NAPOLEÃO NUNES MAIA FILHO, PRIMEIRA TURMA, julgado em 26/06/2018, DJe 02/08/2018.

BRASIL, AgInt no AREsp 747.320/DF, Rel. Ministro LÁZARO GUIMARÃES (DESEMBARGADOR CONVOCADO DO TRF 5ª REGIÃO), QUARTA TURMA, julgado em 14/08/2018, DJe 22/08/2018.

BRASIL, AgInt no AgInt nos EDcl no REsp 1513839/PE, Rel. Ministro LÁZARO GUIMARÃES (DESEMBARGADOR CONVOCADO DO TRF 5ª REGIÃO), QUARTA TURMA, julgado em 14/08/2018, DJe 23/08/2018.

BRASIL, AgInt no AREsp 1056650/SP, Rel. Ministro LÁZARO GUIMARÃES

(DESEMBARGADOR CONVOCADO DO TRF 5ª REGIÃO), QUARTA TURMA, julgado em 21/08/2018, DJe 24/08/2018.

BRASIL, AgInt no AREsp 1264724/SP, Rel. Ministro RICARDO VILLAS BÔAS CUEVA, TERCEIRA TURMA, julgado em 21/08/2018, DJe 31/08/2018.

BRASIL, AgInt no REsp 1731038/DF, Rel. Ministro MOURA RIBEIRO, TERCEIRA TURMA, julgado em 21/08/2018, DJe 05/09/2018.

BRASIL, REsp 1641868/SP, Rel. Ministro MOURA RIBEIRO, TERCEIRA TURMA, julgado em 05/06/2018, DJe 06/09/2018.

BRASIL, AgInt no REsp 1399280/RS, Rel. Ministro MARCO BUZZI, QUARTA TURMA, julgado em 30/08/2018, DJe 12/09/2018.

BRASIL, AgRg no AREsp 132.795/SP, Rel. Ministro MARCO BUZZI, QUARTA TURMA, julgado em 30/08/2018, DJe 13/09/2018.

BRASIL, REsp 1750570/RS, Rel. Ministro RICARDO VILLAS BÔAS CUEVA, TERCEIRA TURMA, julgado em 11/09/2018, DJe 14/09/2018.

BRASIL, AgInt no AREsp 1099952/RS, Rel. Ministro ANTONIO CARLOS FERREIRA, QUARTA TURMA, julgado em 11/09/2018, DJe 18/09/2018.

BRASIL, AgInt no AREsp 1296944/SP, Rel. Ministro LUIS FELIPE SALOMÃO, QUARTA TURMA, julgado em 18/09/2018, DJe 21/09/2018.

BRASIL, AgInt no REsp 1608493/PR, Rel. Ministro LÁZARO GUIMARÃES (DESEMBARGADOR CONVOCADO DO TRF 5ª REGIÃO), QUARTA TURMA, julgado em 18/09/2018, DJe 26/09/2018

BRASIL, AgInt no AREsp 1105185/RJ, Rel. Ministro NAPOLEÃO NUNES MAIA FILHO, PRIMEIRA TURMA, julgado em 20/09/2018, DJe 01/10/2018.

BRASIL, AgInt no REsp 1729847/SP, Rel. Ministro MARCO AURÉLIO BELLIZZE, TERCEIRA TURMA, julgado em 01/10/2018, DJe 05/10/2018.

BRASIL, REsp 1698701/RJ, Rel. Ministro RICARDO VILLAS BÔAS CUEVA, TERCEIRA TURMA, julgado em 02/10/2018, DJe 08/10/2018.

BRASIL, AgInt no AREsp 812.782/PR, Rel. Ministro OG FERNANDES, SEGUNDA TURMA, julgado em 17/10/2018, DJe 23/10/2018.

BRASIL, AgInt no AgInt no AREsp 942.502/RS, Rel. Ministra MARIA ISABEL GALLOTTI, QUARTA TURMA, julgado em 16/10/2018, DJe 24/10/2018.

BRASIL, AgInt no AREsp 1328472/GO, Rel. Ministro LUIS FELIPE SALOMÃO, QUARTA TURMA, julgado em 23/10/2018, DJe 29/10/2018.

BRASIL, AgInt no REsp 1719517/RS, Rel. Ministra MARIA ISABEL GALLOTTI, QUARTA TURMA, julgado em 06/11/2018, DJe 14/11/2018.

BRASIL, AgInt no AREsp 1172987/RS, Rel. Ministro MARCO AURÉLIO BELLIZZE, TERCEIRA TURMA, julgado em 12/11/2018, DJe 16/11/2018.

BRASIL, AgInt no REsp 1742038/SP, Rel. Ministra NANCY ANDRIGHI, TERCEIRA TURMA, julgado em 25/02/2019, DJe 27/02/2019.

BRASIL, AgInt no REsp 1717845/RS, Rel. Ministro RAUL ARAÚJO, QUARTA TURMA, julgado em 12/02/2019, REPDJe 26/02/2019, DJe 25/02/2019.

BRASIL, AgInt no AREsp 1277430/RS, Rel. MIN. MARIA ISABEL GALLOTTI, QUARTA TURMA, julgado em 12/03/2019, DJe 15/03/2019.

BRASIL, EREsp 1281594/SP, Rel. MIN. BENEDITO GONÇALVES, Rel. p/

Acórdão MIN. FELIX FISCHER, CORTE ESPECIAL, julgado em 15/05/2019, DJe 23/05/2019.

BRASIL, EDcl no AgRg no REsp 1379860/DF, Rel. MIN. ANTONIO CARLOS FERREIRA, QUARTA TURMA, julgado em 30/05/2019, DJe 10/06/2019.

BRASIL, AgInt no REsp 1796574/SP, Rel. MIN. NANCY ANDRIGHI, TERCEIRA TURMA, julgado em 10/06/2019, DJe 12/06/2019.

BRASIL, AgInt no REsp 1704110/DF, Rel. MIN. NANCY ANDRIGHI, TERCEIRA TURMA, julgado em 24/06/2019, DJe 26/06/2019.

BRASIL, AgInt no AgInt no AgInt no AREsp 1246079/PR, Rel. MIN. NANCY ANDRIGHI, TERCEIRA TURMA, julgado em 24/06/2019, DJe 26/06/2019.

BRASIL, AgInt no REsp 1698259/SP, Rel. MIN. PAULO DE TARSO SANSEVERINO, TERCEIRA TURMA, julgado em 01/07/2019, DJe 02/08/2019.

BRASIL, REsp 1721694/SP, Rel. MIN. NANCY ANDRIGHI, TERCEIRA TURMA, julgado em 03/09/2019, DJe 05/09/2019.

BRASIL, AgInt no REsp 1802493/SP, Rel. MIN. PAULO DE TARSO SANSEVERINO, TERCEIRA TURMA, julgado em 09/09/2019, DJe 13/09/2019.

BRASIL, AgInt nos EDcl no AREsp 1002996/SP, Rel. MIN. ANTONIO CARLOS FERREIRA, QUARTA TURMA, julgado em 16/09/2019, DJe 27/09/2019.

BRASIL, AgInt no REsp 1555035/RJ, Rel. Ministro MOURA RIBEIRO, TERCEIRA TURMA, julgado em 11/11/2019, DJe 18/11/2019.

BRASIL, AgInt no REsp 1676876/RO, Rel. Ministro PAULO DE TARSO SANSEVERINO, TERCEIRA TURMA, julgado em 18/11/2019, DJe 21/11/2019.

BRASIL, AgInt nos EDcl no REsp 1823166/AP, Rel. Ministro RICARDO VILLAS BÔAS CUEVA, TERCEIRA TURMA, julgado em 10/02/2020, DJe 12/02/2020.

BRASIL, AgInt no AREsp 1554491/PB, Rel. Ministro RAUL ARAÚJO, QUARTA TURMA, julgado em 10/03/2020, DJe 31/03/2020.

BRASIL, REsp 1846331/DF, Rel. Ministra NANCY ANDRIGHI, TERCEIRA TURMA, julgado em 10/03/2020, DJe 13/03/2020.

BRASIL, AgInt no AREsp 938.857/SP, Rel. Ministro RICARDO VILLAS BÔAS CUEVA, TERCEIRA TURMA, julgado em 30/03/2020, DJe 07/04/2020.

BRASIL, AgInt no AREsp 1435600/SP, Rel. Ministro ANTONIO CARLOS FERREIRA, QUARTA TURMA, julgado em 04/05/2020, DJe 06/05/2020.

BRASIL, AgInt nos EDv nos EREsp 1705306/RS, Rel. Ministro RICARDO VILLAS BÔAS CUEVA, SEGUNDA SEÇÃO, julgado em 05/05/2020, DJe 07/05/2020.

BRASIL, AgInt no AREsp 1611241/MS, Rel. Ministro MARCO AURÉLIO BELLIZZE, TERCEIRA TURMA, julgado em 25/05/2020, DJe 28/05/2020.

BRASIL, AgInt no REsp 1745198/RS, Rel. Ministra MARIA ISABEL GALLOTTI, QUARTA TURMA, julgado em 22/06/2020, DJe 26/06/2020.

BRASIL, Apelação Cível Nº 70003521176, Nona Câmara Cível, Tribunal de Justiça do RS, Relator: Ana Lúcia Carvalho Pinto Vieira Rebout, Julgado em 11/12/2002.

BRASIL, Apelação Cível Nº 70062583711, Décima Nona Câmara Cível, Tribunal de Justiça do RS, Relator: Eduardo João Lima Costa, Julgado em 18/12/2014.

BRASIL, Apelação Cível Nº 70061708418,

Décima Nona Câmara Cível, Tribunal de Justiça do RS, Relator: Eduardo João Lima Costa, Julgado em 11/06/2015.

BRASIL, Apelação Cível Nº 70066648676, Décima Câmara Cível, Tribunal de Justiça do RS, Relator: Marcelo Cezar Muller, Julgado em 26/11/2015.

BRASIL, Apelação Cível Nº 70066863507, Nona Câmara Cível, Tribunal de Justiça do RS, Relator: Eugênio Facchini Neto, Julgado em 16/12/2015.

BRASIL, Apelação Cível Nº 70073064339, Décima Oitava Câmara Cível, Tribunal de Justiça do RS, Relator: Giuliano Viero Giuliato, Julgado em 09/05/2017.

BRASIL, Apelação Cível Nº 70072243686, Quinta Câmara Cível, Tribunal de Justiça do RS, Relator: Jorge André Pereira Gailhard, Julgado em 31/05/2017.

BRASIL, Apelação Cível Nº 70072264112, Décima Segunda Câmara Cível, Tribunal de Justiça do RS, Relator: Guinther Spode, Julgado em 13/06/2017.

BRASIL, Apelação Cível Nº 70074188723, Nona Câmara Cível, Tribunal de Justiça do RS, Relator: Eugênio Facchini Neto, Julgado em 27/09/2017.

BRASIL, Apelação Cível nº 70076033372, Décima Quinta Câmara Cível, Tribunal de Justiça do RS, Relator: Adriana da Silva Ribeiro, Julgado em 28/03/2018.

BRASIL, Apelação Cível Nº 70077041531, Décima Câmara Cível, Tribunal de Justiça do RS, Relator: Paulo Roberto Lessa Franz, Julgado em 26/04/2018.

BRASIL, TJSP; Apelação 7.155.293-9; Relator Pedro Alexandrina Ablas; Órgão Julgador: 14ª Câmara de Direito Privado; Foro Central Cível - 36.VARA CIVEL; Data do Julgamento: 09/04/2008.

BRASIL, TJSP; Apelação 9112793-79.2007.8.26.0000; Relator (a): J.L. Mônaco da Silva; Órgão Julgador: 5ª Câmara de Direito Privado; Foro Central Cível - 24.VARA CIVEL; Data do Julgamento: 12/06/2013; Data de Registro: 25/06/2013.

BRASIL, sentença na ação civil pública n. 0412318-20.2015.8.19.0001, envolvendo a Volkswagen do Brasil Ltda., julgado pela 1ª Vara Empresarial do Rio de Janeiro em 2017.

ESTADOS UNIDOS, Genay v. Norris, 1 S. C. L. 6, 7 (1784).

ESTADOS UNIDOS, Aluminum Co. of America v. Essex Group, 499 F. Supp. 53 (W.D. Pa. 1980).

ESTADOS UNIDOS, Snepp v. United States, 444 U.S. 507 (1980).

ESTADOS UNIDOS, Liebeck v. McDonald's Restaurants, P.T.S. Inc. 1995 WL 360309 (N.M. Dist. 1994).

ESTADOS UNIDOS, Gore v. BMW of North America, Inc. 646 So. 2d 619, 625-29 (Ala. 1994).

ESTADOS UNIDOS, Ventura v. Titan, 65 F. 3d 725, 8th Cir. (1995).

ESTADOS UNIDOS, Samsung Electronics Co. v. Apple Inc., 580 U.S. ___ (2016)

REINO UNIDO, Hadley v Baxendale (1854) 9 Exch 341.

REINO UNIDO, Tito v Waddell (No 2) [1977] Ch 106.

REINO UNIDO, Kuddus v Chief Constable of Leicestershire Constabulary [2001] UKHL 29.

REINO UNIDO, Attorney General v Blake [2000] UKHL 45, [2001] 1 AC 268.

REINO UNIDO, Esso Petroleum Co Ltd v Niad Ltd [2001] EWHC 6 (Ch).